LES COULISSES DE LA GRANDE DISTRIBUTION

Christian Jacquiau

LES COULISSES DE LA GRANDE DISTRIBUTION

Albin Michel

22, rue Huyghens, 75014 Paris

www.albin-michel.fr

ISBN 2-226-11506-4

en 1883, déjà...

« Nous attirons toutes les femmes et les tenons à notre merci, séduites, affolées devant l'entassement de nos marchandises, vidant leur porte-monnaie sans compter ! Il faut pour cela un article qui flatte, qui fasse époque. Ensuite, vous pouvez vendre les autres articles aussi cher qu'ailleurs, elles croiront les payer chez vous meilleur marché.

Les prix, au lieu d'être faits comme autrefois par une cinquantaine de maisons, sont faits aujourd'hui par quatre ou cinq, qui les ont baissés, grâce à la puissance de leurs capitaux et à la force de leur clientèle. Les fabricants ne pouvaient même plus vivre sans les grands magasins, car dès qu'un d'entre eux perdait leur clientèle, la faillite devenait fatale.

Les grands fabricants sont à genoux devant les grands magasins. J'en connais trois ou quatre qui se les disputent, qui consentent à perdre pour obtenir leurs ordres. Mais pourquoi tous les fabricants ne s'entendent-ils pas ensemble ? Ils leur feraient la loi, au lieu de la subir.

Il y avait là une évolution naturelle du commerce, on n'empêcherait pas les choses d'aller comme elles devaient aller, quand tout le monde y travaillait, bon gré, mal gré. Mouret avait inventé cette mécanique à écraser le monde, dont le fonctionnement brutal indignait Denise ; il avait semé le quartier de ruines, dépouillé les uns, tué les autres ; et elle l'aimait quand même pour la grandeur de son œuvre, elle l'aimait davantage à chacun des excès de son pouvoir, malgré le flot de larmes qui la soulevait, devant la misère sacrée des vaincus... »

Émile Zola
Au Bonheur des Dames

Introduction

Nous sommes en 1949. Édouard Leclerc, un ancien séminariste, exerce le métier d'épicier ambulant. Son magasin ? Une vieille camionnette qui le conduit jusqu'à ses clients, sur les superbes petites routes de sa Bretagne natale.

L'image du commerce d'après-guerre est liée au « marché noir », à la gestion plus ou moins organisée de la pénurie des approvisionnements, à de substantielles marges et à un certain paternalisme à l'égard des salariés. Pour le consommateur, le commerçant s'apparente le plus souvent à un voleur. Les étiquettes valsent sous la multiplication des intermédiaires. Dix à douze échelons s'intercalent entre le producteur et le consommateur, chacun prélevant au passage sa rémunération : ramasseur, expéditeur, groupeur, courtier, répartiteur, représentant, mandataire, grossiste, demi-grossiste, détaillant... Le prix payé au producteur pour un kilo de tomates a été multiplié par quatre dans le panier de la ménagère.

Édouard Leclerc, en limitant le nombre des intermédiaires et en comprimant leurs rémunérations, veut redonner du pouvoir d'achat au consommateur.

Il ouvre son premier magasin : une petite épicerie de 50 m^2, sur la commune de Landerneau dans le Finistère.

Les prix pratiqués y sont de 20 à 70 % moins chers que chez ses concurrents. C'est la ruée...

Le magasin est isolé. L'épicier a fait teinter les vitres pour que les rares passants ne puissent reconnaître les visages des consommateurs qui viennent dans son magasin pour y « acheter pauvre ». La suspicion s'installe. Des bruits courent : « Qui se cache derrière Leclerc, qui le manipule ? »

Le « phénomène Leclerc » est largement relayé par la presse. Il devient d'ampleur nationale. Pierre Desgraupes se rend, en 1959, à Landerneau pour y interviewer Édouard Leclerc dans le cadre de sa célèbre émission « Cinq colonnes à la Une ».

Brest, Morlaix, Rennes accueillent à leur tour des Leclerc. Soixante magasins ouvrent en dix ans.

Leclerc est aux portes de Paris. Il veut réussir son entrée et s'en donne les moyens. Il sait qu'il peut compter sur le pouvoir politique qui a la volonté de contenir les prix.

Les syndicats d'épiciers ne décolèrent pas. Les clients font leurs courses chez Leclerc sous la protection des gardes mobiles. Très vite, les commerçants font pression sur les fournisseurs pour qu'ils ne livrent pas ce concurrent qui dérange.

Avant de conquérir la capitale, il s'assure du soutien de Michel Debré, le Premier ministre. Le 10 octobre 1959, il lui fait part de ses intentions et sollicite son aide, dans une lettre-plaidoyer : « J'ai longuement préparé l'ouverture des magasins de Paris, mais avant de commencer cette guerre économique dans notre capitale, je veux avoir la certitude que nos fournisseurs seront obligés de nous livrer aux mêmes conditions qu'aux autres. Je vous précise donc que la date d'ouverture de Paris ne dépend plus que de vous et de vos ministres. » Édouard Leclerc dénonce nominativement les industriels qui font de la résistance : « Parmi ces industriels nous retrouvons les fromageries Bel, la biscuiterie Alsacienne de Maisons-Alfort qui, l'autre jour encore, au cours d'une conversation de près de trois heures, m'affirmait que l'État ne ferait pas la loi chez elle. »

Message reçu : une circulaire interdit le « refus de vente ». Un mois plus tard, Leclerc s'installe à Paris.

Le 18 novembre 1959 est inauguré, à Issy-les-Moulineaux, le premier Leclerc de la banlieue parisienne. Toute la presse est là pour relater l'événement. *Paris-Match* consacre cinq pages à Édouard Leclerc et à sa famille.

Aux États-Unis les libres-services et supermarchés ont été adoptés depuis longtemps. À Dayton, NCR, un fabricant de caisses enregistreuses essaie de convertir les commerçants aux vertus du libre-service. Il fait animer les séminaires qu'il destine aux commerçants du monde entier par un Américain d'origine colombienne, un certain Bernardo Trujillo, génie de la communication, mi-comédien mi-gourou. Sa capacité de conviction, son aura, son charisme déplacent les foules. Les commerçants accourent. Il base sa théorie sur un slogan alarmiste : « Les centres-villes sont à l'agonie. Il faut réagir ou mourir. » Visionnaire ou acteur du futur ? L'histoire lui donnera raison.

Toute la distribution française en fait son gourou : les dirigeants d'Auchan, Carrefour, Castorama, Darty, Intermarché, la Fnac, pour ne parler que de la grande distribution, iront assister à ce séminaire. Ses préceptes sont simples, évidents, basiques. Ils peuvent paraître presque naïfs aujourd'hui mais, à l'époque, ils révolutionnent les mentalités : « Faites du cirque en permanence », « Empilez haut et vendez à prix bas », « Les pauvres ont besoin de prix bas, les riches adorent les prix bas » et le fameux « No parking, no business » qui a le mérite de se comprendre dans toutes les langues. L'avenir est au « tout automobile ». Le commerce doit s'y adapter. Pas de possibilité de stationnement : pas de commerce ! Tout est dit. Trujillo exprime l'évidence : « Vous avez des usines à produire des marchandises en quantité et vous vendez... à la main. Il vous faut des usines à vendre. »

Marcel Fournier et Louis Defforey, respectivement commerçants à Annecy et à Lagnieu, ont créé une petite société de distribution alimentaire en libre-service. Ils s'inscrivent à l'incontournable séminaire. Ils savent qu'autour des villes, les banlieues vont se développer. L'éloignement des lieux de résidence, l'augmentation du niveau de vie, les progrès de l'industrie conduiront inéluctablement, comme aux États-Unis, au développement de l'automobile. Le réfrigérateur s'installera progressivement dans les foyers, permettant de stocker les produits frais et d'éviter la corvée quotidienne des courses.

Avec le développement de la publicité, tous les ingrédients sont réunis pour l'avènement d'un nouveau commerce.

Les deux compères repèrent en région parisienne un terrain dont personne ne veut. Il est situé en Essonne, sur la petite commune de Sainte-Geneviève-des-Bois. Les magasins populaires qui lorgnaient ce terrain y ont renoncé. Ils sont persuadés que compte tenu de la taille de la ville, on ne peut y faire un grand magasin. Les deux précurseurs raisonnent à l'opposé : « La ville est trop petite, il faut y faire un magasin encore plus grand pour y attirer les habitants des communes voisines. »

Les banquiers refusent de suivre ces jeunes fous. Le 15 juin 1963 est néanmoins inauguré, sur une surface de 2 500 m², le premier hypermarché à l'enseigne Carrefour. La romancière Françoise Sagan, que l'on dit apparentée à la famille Defforey, accepte d'en être la marraine. Le magasin est trois fois plus grand que ce qui s'est fait jusqu'à présent. Il dispose de 350 places de parking, d'une pompe à essence et de grands chariots à roulettes. Pour la première fois au monde, un magasin propose tout sous un même toit : du frais et du non-frais, du bazar et de l'alimentaire, du textile et de l'électroménager... *Le Monde* reconstitue l'événement : « Pour la première fois, le commerçant ne va plus vers son client. C'est le client qui est supposé venir à lui... D'où le parking, gratuit, de plusieurs centaines de places. Rusée, la société Carrefour, pour attirer la foule dans cette banlieue parisienne lointaine, proposait samedi de l'essence à prix cassé : 0,93 franc le litre. L'appât a fonctionné, si l'on en juge par la longueur de la queue de voitures qui attendaient pour faire le plein... Dommage que les pompes à essence aient fini par tomber en panne. La suppression du pompiste permet peut-être de serrer les prix, mais elle a des inconvénients... »

Les commerçants de Sainte-Geneviève-des-Bois ne croient pas en la concurrence de ce nouvel arrivant. Ils pensent être obligés de baisser leurs prix mais sont persuadés que les clients se lasseront vite de devoir prendre leur voiture pour aller faire leurs courses et d'être obligés de se servir eux-mêmes. Carrefour n'a pas la même analyse. Plus de 5 000 clients se sont précipités dans le magasin dès le premier samedi. Chacun y a dépensé trois fois plus que dans les supermarchés classiques.

D'autres auditeurs du séminaire de la NCR leur emboîtent le pas : Continent s'installe en Normandie, Cora dans l'Est et Auchan dans le Nord.

En dix ans, 35 000 commerçants disparaissent.

À l'origine, la grande distribution est une idée originale et séduisante. La concurrence n'a jamais fait de mal à personne, et le commerce traditionnel en avait grand besoin. Elle crée l'émulation, elle apporte l'innovation, elle oblige à se surpasser, à aller plus loin, plus et mieux. La concurrence est indéniablement un facteur de progrès.

Psychologiquement, l'abondance de biens ainsi offerts procure un sentiment sécurisant d'aisance et d'opulence. Ces magasins proposent régulièrement des promotions sur les quantités, sur les prix et parfois même sur les deux à la fois. À en juger par la taille des étiquettes, elles ne peuvent que constituer d'excellentes affaires pour qui saura se laisser guider. Les produits peuvent être touchés, palpés, soupesés, retournés, examinés, comparés et manipulés. On regarde, on désire, on aime, on prend. Tout est soumis à la seule volonté du consommateur.

La grande distribution est belle fille, elle ne manque pas d'arguments. Elle a eu besoin d'être convaincante, le temps que la concurrence... disparaisse. Dans un monde où l'apparence, la forme, le superficiel dominent, la réalité des choses a beaucoup moins d'importance que la perception que l'on peut en avoir. Cela s'applique aussi bien aux médias qu'aux hommes politiques ou aux paquets de lessive. Il y a, dans certains cas, confusion des genres.

De dérapages en excès, de dérives en abus, de corruptions en pratiques condamnables, les maîtres de la grande distribution se sont progressivement éloignés de l'esprit généreux qui semblait les animer à l'origine. Peu à peu, les masques se lézardent.

Et si tout cela n'était qu'un immense super-marché de dupes, qu'une immense machine à la solde d'une poignée d'ultra-capitalistes prêts à tout pour satisfaire leurs besoins insatiables de profits ?

Et s'il n'y avait là qu'illusion, pour mieux nous contrôler, nous canaliser, nous capter et en définitive, nous imposer une loi : *leur* loi ? Façon élégante de travestir la loi du plus fort.

Une loi de la jungle, habillée, modélisée, couturée, avec talent, en loi du marché, mondiale et irréversible, par ces excellents couturiers que sont nos élégants « déconomistes de salons ».

Ces mastodontes de la vie moins chère sont-ils devenus, à notre insu et avec la complicité active de nos politiciens, de redoutables prédateurs de notre économie et de nos emplois ? Prédateurs du commerce, de l'artisanat local et de proximité dans un premier temps, prédateurs de l'agriculture et du monde rural dans un deuxième temps, prédateurs de nos emplois, de nos entreprises et de notre industrie dans un troisième temps, prédateurs des ressources financières, de la richesse humaine et de notre futur, enfin. Prédateurs et prêts à tout ?

Quel intérêt supérieur non identifié peut pousser nos ministres, socialistes de surcroît, à favoriser ainsi ces mécanismes ? Pourquoi s'acharnent-ils à essayer de nous faire croire que ces appareils ultra-capitalistes sont de merveilleuses machines à fabriquer du bien-être social ? Qui sont ces personnages influents qui se cachent derrière ce que les communiquants bien élevés appellent « les défenseurs du panier de la ménagère » ?

Une visite organisée dans l'arrière-boutique de ce monde finalement méconnu prouve que, si l'endroit vaut le déplacement, l'envers mérite plus qu'un détour.

Première partie

LES « CONTRATS » DE LA GRANDE DISTRIBUTION

1.

Le référencement

Imaginons un chef d'entreprise, un vrai, pas un fonctionnaire parachuté de la technostructure galopante pour jouer à la marchande avec le denier public. Imaginons une véritable entreprise, pas un mastodonte plus ou moins nationalisé, assisté et gavé de fonds publics à fonds perdus. Imaginons encore une usine, avec des agents de fabrication, des cadres, un bureau d'études et des commerciaux puis du matériel, des machines, des investissements lourds, des leasings et des emprunts à rembourser. En un mot, une entreprise, comme nous en avions des centaines de milliers, comme nous en avons de moins en moins. Imaginons, en période de crise, ce que serait pour cette entreprise l'ouverture à de nouveaux marchés, l'accès à un réseau de grande distribution. D'un seul coup de baguette magique, appelé « référencement », l'entreprise pourrait voir ses marchés se développer de façon exponentielle. L'aventure est d'autant plus désirée que le développement ne peut plus passer désormais que par ces nouveaux marchés.

La grande distribution est devenue un point de passage obligatoire pour la plupart des industriels. Seuls ceux qui ne sont pas concernés par la distribution de masse aux particuliers y échappent encore. Se faire référencer par un grand distributeur, c'est avoir la certitude d'accéder à un marché colossal et en pleine expansion. C'est aller de l'avant et s'adapter à son époque, avec toute la connotation de « modernisme » sous-entendue. Un industriel, normalement constitué, ne peut résister bien longtemps. Ils sont nombreux ceux qui attendent sur les parkings des centrales d'achats pour obtenir une place mais il n'y a pas de billet de retour pour ce voyage vers le futur.

Centrales d'achats et de référencement

Chaque réseau centralise les achats de l'ensemble des supermarchés et hypermarchés qui commercent sous son enseigne. Un industriel fournisseur n'a donc face à lui qu'un seul interlocuteur pour un même réseau. Il n'a pas le droit de commettre la moindre erreur lors d'un rendez-vous de négociation puisque jamais plus il ne pourra espérer trouver un débouché équivalent. Il n'y a pas d'alternative. Une seule centrale d'achats pour des centaines d'hypermarchés et de supermarchés, c'est plus qu'un rêve, une réalité... Une telle organisation ne signifie pas que le fournisseur n'aura pour autant qu'un seul site à livrer et que c'est la centrale qui se chargera de la redistribution auprès de ses adhérents. La centrale d'achats achète *en gros*, l'industriel livre *en détail.*

Un industriel doit, pour devenir fournisseur d'un grand réseau de distribution, passer par la phase de « référencement », étape obligatoire. Être référencé, c'est faire reconnaître le produit comme étant digne de figurer sur les rayons des hypermarchés. Digne par sa qualité et par le fait qu'il correspond aux besoins du consommateur, digne d'intérêt surtout pour le distributeur, en termes financiers naturellement. Non référencé, le produit, fût-il le meilleur pour le consommateur final, n'aura accès à aucun des maillons de la chaîne de distribution.

C'est l'industriel, dans cette relation client/fournisseur, qui est demandeur. Le client/distributeur n'a pas besoin de ces produits pour attirer le consommateur. C'est, du moins, ce qu'il prétend.

Les relations normales du commerce se schématisent par l'échange d'un bien, moyennant en contrepartie le paiement d'un prix convenu. Ces règles, telles qu'elles résultent du Code de commerce, trop simples et trop transparentes, ne s'appliquent pas à la grande distribution et à ses *partenaires*. Le mot *partenaire* est employé ici au sens de partenaire de jeu. Comme la souris peut être la partenaire du chat, mais rares sont les chats qui finissent entre les dents acérées des souris.

Pour vendre un produit à la grande distribution, il ne suffit pas d'offrir un produit de qualité, ni d'en déterminer le juste prix qui rémunère à la fois le fabricant et le distributeur sans trop léser l'acheteur final, il faut encore mériter son référencement.

Le référencement : mode d'emploi

Le référencement a un prix, qui n'est pas le prix du produit. La règle est simple, il suffit de payer : de 500 francs à 1 000 francs par produit pour un supermarché et de 3 000 francs à 5 000 francs pour un hypermarché. Inutile, à ce stade, d'être un grand financier. Une simple multiplication fera l'affaire, et dans la grande distribution, les multiplications, on connaît.

Prenons l'exemple d'un grand distributeur qui regrouperait sous son enseigne 1 500 supermarchés et 200 hypermarchés. Cela peut représenter un joli débouché pour ceux qui ont la chance d'être ses fournisseurs. Imaginons maintenant un industriel qui confectionne des tablettes de chocolat. Il dispose d'un produit de qualité, jouit d'une excellente image de marque et veut franchir le pas. Il le doit d'autant plus que l'affaiblissement du commerce traditionnel ne lui permet plus, malgré son propre potentiel, d'envisager l'avenir sereinement. Sa gamme comporte cinq produits différents : *chocolat noir, blanc, au lait, aux noisettes et aux amandes.* Chacune de ces variétés est conditionnée en tablettes de 125 grammes, rien que du classique.

Résumons l'énoncé du problème : « Comment distribuer cinq tablettes de chocolat dans 1 500 supermarchés et 200 hypermarchés, sachant que chaque tablette pèse 125 grammes et que la centrale d'achat du grand distributeur est située dans un élégant quartier d'affaires parisien ? »

Un seul chèque suffira. Pour le moment...

Pour le seul référencement de ses cinq tablettes de chocolat, l'entreprise devra verser à la centrale d'achat : 1 000 francs par produit, soit 5 000 francs pour les cinq variétés, ce qui pour les 1 500 supermarchés de l'enseigne ne représente que la modique somme de 7 500 000 francs auxquels il conviendra d'ajouter le coût du référencement de ces mêmes produits pour les hypermarchés.

Le ticket d'entrée dans les hypermarchés est plus élevé. C'est relativement normal, dans cette logique, puisqu'un hypermarché offre davantage de débouchés qu'un supermarché, en terme de volumes. Pour les 200 hypermarchés de notre exemple, l'industriel devra cette fois débourser la somme de 5 000 francs par produit. Pour ses cinq tablettes, il suffira de multiplier par cinq pour obtenir les 25 000 francs à payer pour le référencement de chaque hypermarché du réseau.

Il ne reste plus alors qu'à multiplier les 25 000 francs

par le nombre d'hypermarchés, et d'ajouter les 5 millions de francs ainsi obtenus aux 7 500 000 francs des supermarchés, pour déterminer le montant du chèque à établir, soit : 12 500 000 francs !

Le référencement n'est pas obligatoire, il est vital

Le référencement est facile et ne coûte pas cher à la centrale d'achats. Il n'est que la contrepartie d'un concept inventé et imposé par la grande distribution française : le droit de vendre. Il est dommage que le Code de commerce promulgué par la loi du 15 septembre 1807[1] ait été rédigé avant l'invention de la grande distribution à la française. S'ils avaient pu être consultés à l'époque, les grands distributeurs auraient pensé à faire insérer quelques articles sur le droit de vente. Ils ont su s'adapter et se débrouillent très bien sans.

Ce n'est pourtant qu'un des aspects du gigantesque racket mis en place au détriment du monde industriel et commercial, au préjudice de l'économie nationale et des emplois qui y sont attachés. Plus de 12 millions de francs, pour cinq petites tablettes de chocolat, il faudra en vendre des petits carrés de magnésium pour dégager la marge qui permettra de supporter de tels coûts.

Cette règle s'appliquera bien entendu au référencement de tout nouveau produit proposé par l'industriel, par ses confrères ou par ses concurrents. Le référencement se fera ou ne se fera pas, selon que l'industriel aura accepté ou refusé cette pratique qui lui est imposée par la grande distribution. Il est difficile, voire impossible, de refuser de se plier à de telles exigences lorsque ses propres clients, les commerçants à taille humaine, se fragilisent et disparaissent peu à peu du fait même du développement de ces structures aux ambitions quasi monopolistiques. Avec des échéances à honorer, des remboursements importants liés au financement des investissements, des salariés de plus en plus menacés par le chômage, on ne peut résister bien longtemps à l'appel au progrès de la distribution moderne. Le référencement étant devenu obligatoire, sauf à renoncer à toute possibilité de développement et surtout de survie, l'industriel intègre dans ses prix de revient le coût de ce très cher ticket d'entrée.

Ce droit d'accès acquitté, les débouchés étant largement assurés, l'industriel pourrait n'avoir plus qu'à se consacrer à la gestion de sa production et à essayer de se rattraper sur le volume. Cela serait simple, mais trop favorable à l'industriel/employeur.

Le référencement n'est jamais tout à fait acquis. Malgré la nouvelle réglementation, un produit référencé peut ne plus être commandé. Une technique consiste à exiger des compensations pour le non-déréférencement d'un article ou d'une gamme d'articles, en réclamant à l'industriel une indemnité financière versée à la centrale d'achats.

Une autre pratique consiste à remettre en cause les prix négociés initialement, en exigeant les conditions les plus basses du marché. Les compensations étant rétroactives, aucun prix n'est jamais définitif. Ainsi, les chefs de rayon sont chargés de relever les prix des magasins concurrents dans un périmètre assez large, ce qui permet au distributeur de réclamer la différence entre le prix pratiqué et celui plus bas de son concurrent, supposé bénéficier d'un traitement plus favorable de la part de l'industriel.

Cette petite subtilité pourra faire l'objet d'une compensation annuelle. Elle vaudra tous les « électrocardiogrammes » et autres « contrôles cardio-vasculaires » pour le directeur financier qui devra en ordonner le paiement qu'il n'avait pas budgétisé.

Ces pratiques sont courantes en matière de prix. Il n'y a pas d'ententes dans la grande distribution, tout juste un esprit de famille.

L'exclusion a un prix

Les industriels référencés veillent jalousement sur leur privilège et sont soucieux du maintien d'une sévère sélection naturelle. Les élus qui ont assisté le député du Loiret, Jean-Paul Charié, dans ses remarquables travaux [2], ont fait de bien curieuses constatations.

Sous le titre « Un fournisseur achète l'exclusion de son concurrent », ils décrivent par le menu des pratiques que les hommes de terrain dénoncent depuis de nombreuses années, sans jamais être entendus, ni même écoutés. L'anecdote serait croustillante si elle ne démontrait que nous en sommes arrivés à une véritable dictature économique de l'ultracapitalisme déshumanisé. Le rapport à l'Assemblée nationale consacre une page à cette pratique devenue courante :

« Une entreprise de dimension nationale, fournisseur d'un produit de grande consommation, leader sur son marché, s'est inquiétée de l'arrivée d'un nouveau produit fabriqué par une petite entreprise. L'innovation était pertinente, et répondait bien aux attentes d'une partie des consommateurs. Compte tenu de ses contraintes spécifiques de gestion, de production et de capacité d'investissement, la PME ne pouvait lancer son produit chez tous les revendeurs. Pour des questions de volume et de marché elle devait s'engager en priorité avec une enseigne. L'accord fut conclu. Le concurrent l'a su et a proposé à cette enseigne le marché suivant :

pendant trois mois, nous vous consentons des avantages et remises supplémentaires pour augmenter votre marge d'exploitation, mais en échange, vous écartez ce nouveau produit. L'enseigne y a vu une opportunité et a accepté. La PME n'a pas vendu ses produits. Elle n'a pu attendre, encore moins proposer une quelconque surenchère. Elle aurait dû dénoncer haut et fort cette pratique mais comme elle avait d'autres produits achetés par la même enseigne, elle aurait tout perdu. Elle a préféré se taire ! »

Les députés concluent en faux candides : « Si le fournisseur avait été obligé d'offrir la même remise à tous ses clients, il n'aurait pas pu la financer et la loyauté de concurrence aurait été respectée. »

Invité d'Emmanuel Chain[3], Richard Branson, fondateur du groupe Virgin, a évoqué l'hypothèse d'« ententes » entre les géants américains du soda et la grande distribution française pour l'empêcher de commercialiser son « Virgin Cola ». Arborant son éternel sourire d'adolescent, Branson dénonce les grandes firmes productrices de Cola « qui empêchent la libre concurrence » et les grands distributeurs dont la responsabilité est « de laisser le choix au public et de le faire bénéficier de la concurrence ».

Théoriquement, ce devrait même être leur vocation.

2.

La négociation commerciale

L'être humain s'adapte en fonction des contraintes qu'il subit. La réputation du fameux « système D » français n'est pas usurpée, mais être débrouillard ne signifie pas être foncièrement malhonnête.

Être déloyal, cela s'apprend. Pour amener leurs fournisseurs à négocier, les grands distributeurs ont mis au point des techniques redoutables. Les chefs de rayon sont formés à jouer de la déstabilisation et de la mise sous pression de leurs interlocuteurs.

Grégoire Philonenko [1], comme les autres chefs de rayon, a été formé à cette pédagogie de la déloyauté organisée, utilisée en tant que technique moderne de négociation. La déstabilisation peut se caractériser par des ruptures de rythme : « On impose un rythme, soutenu, puis lent, accéléré, posé, à contretemps des rythmes identifiés chez l'interlocuteur », ou par l'inconfort physique, comme « le coup de la chaise bancale », par exemple.

En classe de BTS, une enseignante, fière de son passé d'acheteuse dans la grande distribution, explique dans une université de Marne-la-Vallée comment elle s'y prenait pour scier le pied d'une chaise et en rendre l'assise parfaitement inconfortable. Un de ses trucs, dévoilé avec délectation : scier les deux pieds avant d'une chaise pour les rendre plus courts que les deux pieds arrière. C'est la colonne vertébrale du vendeur qui compense l'équilibre rompu. Après quelques heures de ce traitement, le patient n'a plus qu'à se trouver un bon kinésithérapeute. Les jeunes formés à ces techniques sont aussi ceux qui, leur brevet de technicien supérieur en poche, auront à faire face à de telles pratiques agressives, appelées pudiquement « négociation commerciale ».

Les subtilités de la négociation commerciale

La déstabilisation passe par bien d'autres méthodes. Ce sont, par exemple, les courants d'air ou à contrario la raréfaction de l'air. Pour ceux qui y sont sensibles, l'épreuve est radicale. Pour les plus claustrophobes, le test du box étanche, exigu et sans ouverture sur l'extérieur est un facteur tout autant déstabilisant. La panoplie est large et la liste bien longue de ces petites subtilités, toutes plus efficaces les unes que les autres.

La température a son importance. Selon l'individu, un box surchauffé ou totalement glacial pourra être un élément déterminant amplifiant sa hâte d'en finir et de quitter les lieux, même au prix d'une médiocre négociation. Les négociateurs ne manquent pas d'idées. Les attaques personnelles, la mauvaise foi évidente, les fausses colères font partie des moyens de pression couramment utilisés, tout comme les changements de négociateur. Cette exquise petite manœuvre consiste à changer d'interlocuteur alors que la négociation est déjà bien avancée. Le nouveau négociateur ne vient jamais seul. Il est en général accompagné de nouvelles exigences. Elles ne se substituent pas aux premières mais viennent s'y ajouter.

Conscient de la tension qui s'est installée entre le représentant du distributeur et lui, le négociateur peut être tenté de parler d'autre chose, manière courtoise d'essayer de trouver un thème plus consensuel et donc plus agréable. À peine abordé l'un ou l'autre de ces thèmes de diversion, il ne tardera pas à se trouver quelqu'un qui, en haussant la voix, précisera : « On n'est pas là pour s'amuser. » Il ne le savait pas mais, dans cette comédie, le rôle des sérieux et des distraits a été savamment réparti bien avant l'entrée en scène du représentant commercial. Dommage pour lui, tant pis pour la relation humaine, l'heure est à la négociation. Il ne s'agit en fait que d'appliquer tout facteur déterminant dans la déstabilisation, rien d'autre. Pour ce qui est de la pression : le chantage, la menace, le fait accompli, le harcèlement, le pourrissement de la situation, les ultimatums viendront compléter, en leur temps, la parfaite panoplie du négociateur telle qu'elle est décrite par le chef de rayon repenti. D'autres subtilités seront mises au point, il ne faut pas en douter.

Pour ne rien laisser au hasard, les apprentis racketteurs sont formés aux techniques de la négociation commerciale et plus particulièrement à interpréter les faits, gestes et attitudes de leurs interlocuteurs. Tous les moyens sont bons pour exploiter leurs faiblesses et rabaisser encore les représentants commerciaux jusqu'à ce qu'ils avouent leur volonté de travailler à n'importe quelle condition avec ces prédateurs du monde moderne. La reddition est à ce prix.

Les inspecteurs du travail viennent contrôler, avec aisance, les annexes des bureaux douillets des buildings confortables pour voir s'il y a bien du papier là où il doit y en avoir. Ils n'accompagnent jamais les représentants commerciaux qui sont soumis au quotidien à des épreuves qui confinent à la torture psychologique. Comme dans la jungle, la sélection se fait naturellement, même si les petites annonces de recrutement ne précisent jamais : « Âmes sensibles, amoureux déçus et candidats ayant à gérer des problèmes familiaux, s'abstenir... » Il faut des nerfs d'acier pour encaisser de telles pressions. Il faut faire preuve d'un détachement surhumain pour ne pas sombrer dans la déprime en subissant de tels traitements. Les Anglo-Saxons[2], qui n'ont pas la réputation de faire dans la tendresse lorsqu'il s'agit de négociation commerciale, l'affirment sans détour : « La France est le seul pays européen où règne un tel équilibre de la terreur. »

Ces pratiques sont courantes. Pire, elles sont enseignées comme autant de techniques modernes de négociation dans les universités françaises. Chaque réseau de grande distribution a ses particularités. Chaque centrale d'achat a sa propre politique, seul l'objectif reste le même : obtenir les meilleurs prix qui dégageront des profits maximum.

3.

Le modèle Carrefour

À Évry dans l'Essonne, où est installée la centrale d'achats de Carrefour, 150 acheteurs sont chargés de sélectionner et référencer les produits qui auront le privilège d'être exposés sur les rayons de la gloire. En dehors de quelques produits régionaux très spécifiques, toutes les commandes y sont centralisées pour l'ensemble des magasins. Les chefs de rayon de Carrefour ont été déchargés de leurs fonctions d'acheteurs depuis la réorganisation opérée en février 1994.

L'organisation de cette centrale[1] s'articule autour de trois directions : les marchandises non alimentaires, les produits Carrefour et les produits frais. Le distributeur a décidé de travailler le secteur « produits frais » qui regroupe le poisson, la viande, les légumes et les fruits, le fromage, la charcuterie, la boulangerie et les fleurs, avec un nombre très limité de fournisseurs.

Avec cinq marques pour un produit (pour les assortiments les plus restreints), le rapport de force en faveur du distributeur est encore renforcé. Le nombre de marques disponibles sur les rayons de Carrefour est de moitié inférieur à ce qui se pratique chez ses concurrents. C'est un choix délibéré. Cinq marques pour un produit, cela rend les places chères. La compétition est rude parmi les concurrents. Ils devront acquérir ce privilège à prix d'or, apprendre à le mériter, et aussi à le conserver. Les perdants peuvent toujours essayer de trouver d'autres débouchés dans un monde où la concentration se fait de plus en plus pressante.

Cinq marques seulement, cela implique une sélection rigoureuse. En premier lieu, à tout seigneur tout honneur : la marque leader sur le produit sera retenue. Elle est incontournable et devra, naturellement, être présente sur les rayons de l'ensemble des points de ventes du réseau.

En second : la deuxième marque du marché, pour équilibrer la première mais aussi lui faire comprendre qu'elle n'est pas seule, au cas où. Il n'est pourtant plus besoin d'insister. Les industriels ont à présent assez bien intégré les messages de la grande distribution.

En troisième lieu et en bonne place, se positionne le fameux « produit libre », marque de distributeur de Carrefour. Le cahier des charges est exigeant : « la qualité du produit leader », rien de moins ; « le prix plus bas d'environ 15 % », au moins. Compétitif assurément. La concurrence est confortable pour les produits « maison ». Il ne reste plus qu'à trouver l'heureux industriel qui acceptera de remplir les conditionnements Carrefour avec des produits correspondant aux critères énoncés.

En quatrième position, il est impératif de faire figurer, parmi les cinq produits retenus, une marque dite de « premier prix » (« bas de gamme » aurait une connotation trop péjorative). Les fauchés, exclus, laissés-pour-compte et autres marginalisés, mais encore solvables, de notre belle société de consommation sont de plus en plus nombreux. Il ne fallait pas les oublier ni les négliger, d'autant plus que premier prix ne veut pas forcément dire faible marge. Bien au contraire.

Être le premier ou le second, cela se mérite. Cela représente aussi des débouchés extraordinaires. La taille des linéaires étant la même que dans les réseaux concurrents, l'espace disponible pour chacun des cinq produits est beaucoup plus important. Les marges des industriels sont encore comprimées. Ce sera autant de gagné pour le distributeur.

Chez Carrefour, comme ailleurs, l'argument serait tout trouvé si un industriel venait à se plaindre du sort qui lui est réservé : « Ce n'est pas parce que vos prix de vente sont trop bas, mais parce que vos charges sont trop élevées[2]. » Un industriel est toujours trop cher pour son distributeur. Il n'est pas de message plus clair.

Le leader, son second, la marque du distributeur et la marque « premier prix » occupent quatre des cinq places disponibles. La dernière place restante va se monnayer très cher. Ils sont nombreux, les candidats qui essaieront d'obtenir les faveurs du distributeur. Il n'y aura qu'un élu.

En limitant ainsi le nombre de ses fournisseurs, Carrefour augmente le poids qu'il représente dans le chiffre d'affaires de ceux-ci et donc, sa capacité de « négociation ». L'enseigne dispose d'autres armes, tout aussi redoutables.

Négocier avec Carrefour

Les professionnels qui ont l'habitude de travailler avec Carrefour connaissent bien la méthodologie habituellement utilisée par les hommes de la centrale d'Évry. Les acheteurs en ont fait une règle d'or, qui s'applique avec des variantes chez les concurrents.

Première règle : réagir par la négative à toute première proposition, histoire de mettre le vendeur dans l'ambiance. Il faut « négativer », le mettre en situation d'infériorité et lui démontrer que les jeux ne sont pas faits. À priori, l'offre n'intéresse jamais l'acheteur. Il faudra donc que le vendeur fasse preuve de beaucoup de persuasion et d'imagination pour que l'acheteur réagisse positivement à une première proposition.

Deuxième règle : jouer les modestes, se présenter comme un exécutant. En apparaissant comme un simple rouage du processus d'achat, l'acheteur dévalorise le vendeur. Il lui démontre que le décideur est ailleurs et n'a pas de temps à consacrer à quelqu'un de son niveau. Le manager a délégué cette tâche à laquelle il n'accorde que peu d'importance et l'annonce ainsi clairement.

Cette présentation des choses a pour autre avantage de permettre au négociateur de pouvoir user d'une stratégie de repli et, s'il en est besoin, de revenir en arrière sans mettre sa parole en cause. L'acheteur ne change jamais d'avis mais sa hiérarchie peut ne pas le suivre. La stratégie est imparable, et cette démarche astucieuse permet de faire passer de nouvelles exigences, tout en considérant les premières comme acquises.

Troisième règle : se répartir les rôles. La grande distribution est un gigantesque show. Les acheteurs de la grande distribution sont de grands enfants, qui se répartissent les rôles de « voleurs » et de « gendarmes » dans leur cour de récréation. Ils se griment pour mieux tromper l'ennemi. Certains seront les bons, d'autres les méchants. Les rôles ne sont pas figés, même si, là non plus, il n'est pas très fréquent de voir un voleur se muer en gendarme. Les jeux de rôles ne sont pas forcément des jeux drôles pour tout le monde mais ils font partie du décor utilisé par les acheteurs pour déstabiliser l'adversaire. Ainsi, certains acheteurs soufflent le chaud pendant que d'autres soufflent le froid au cours d'une même négociation. Les gentils vont dans le sens du vendeur, l'aident à négocier et se chargent de lui expliquer ce qu'il convient de concéder face aux méchants intransigeants. L'important est d'amener le vendeur à négocier quels que soient les moyens mis en œuvre.

Quatrième règle : fatiguer l'adversaire pour épuiser sa capacité de résistance. La majeure partie des concessions se font au dernier moment, dans l'ultime étape de la négociation. Les discussions avancent. Le vendeur prend confiance et se met à rêver qu'il va aboutir. Survient alors ce petit grain de sable qui risque de tout faire basculer. Tout perdre à l'issue d'une négociation acharnée, le vendeur ne peut l'accepter. Il est prêt, au cours des derniers instants, à passer par tous les points de passage supplémentaires que pourrait lui imposer l'acheteur, pour conclure. On ne lui demande rien de plus.

Cinquième règle appliquée par les acheteurs : demander l'impossible, il en restera toujours quelque chose. En demandant ce qu'il n'ose espérer, l'acheteur se ménage une possibilité de négociation importante sans entamer en quoi que ce soit l'objectif qu'il s'était préalablement fixé. Cela lui permet de revenir sur ses prétentions initiales, et de donner l'illusion que lui aussi sait faire des concessions. Il ne s'agit que d'un artifice de plus, mais comment opposer un refus à quelqu'un qui n'hésite pas à faire un bout de chemin dans le sens de la bonne volonté ?

Sixième règle, tout aussi évidente que les cinq premières : il ne faut jamais approcher un vendeur avec enthousiasme. Il doit se sentir mal à l'aise, et il n'est pas question pour un acheteur de laisser croire à son vendeur qu'il est intéressé. Ce serait lui faciliter la tâche, et de cela il n'est pas question. Enthousiastes et passionnés s'abstenir. Ici, scepticisme et détachement sont de rigueur !...

Septième règle : être suffisamment intelligent pour faire l'idiot. Tout un programme. Faire l'idiot peut parfois être, en termes stratégiques, une démarche intelligente. Lorsqu'il s'agit d'exaspérer un vendeur qui se doit de ramener un bon de commande, cela fonctionne plutôt bien. Et puis en démontrant et expliquant encore le mode d'utilisation ou l'intérêt de son produit, le vendeur finit par se dire que ce qui est évident pour lui ne l'est pas forcément pour tout le monde. Si l'acheteur ne comprend pas, il faudra convaincre le consommateur et ce sera encore plus difficile. Cela mérite bien quelques efforts. Une telle prise de conscience rend plus modeste et limite forcément les prétentions du vendeur.

Huitième règle, et non des moindres : il n'y a pas de concession sans contrepartie, en tout cas pas dans le sens acheteur/vendeur. Tous ceux qui sont passés par cette phase de négociation avec la grande distribution le savent : l'acheteur ne fera jamais le moindre geste s'il n'y a pas en contrepartie de larges concessions ou abandons de la part du vendeur. C'est du donnant-donnant, à dix contre un, lorsque ce n'est pas plus. Le magazine *L'Essentiel du management*, qui n'a rien d'un bulletin syndical anticapitaliste, cite la phrase qui revient le plus fréquemment dans le discours des acheteurs de la grande distribution : « Si je fais ça pour vous, qu'est-ce que vous faites pour moi ? » On ne peut pourtant parler ici de « petit cadeau » puisque les contreparties s'expriment la plupart du temps avec beaucoup de zéros.

Pour compléter le dispositif, Carrefour a inventé le Tronc d'assortiment national (TAN).

TAN ou qui peut le plus peut le moins

Le Tronc d'assortiment national est une arme redoutable qui disqualifie sans appel les petits fournisseurs. La centrale d'achats de Carrefour regroupe depuis 1993 l'ensemble des achats effectués par la marque et décide seule du référencement ou non d'un produit. Plus rien n'échappe à ces 150 acheteurs qui ont le contrôle de 95 % des achats des produits industriels négociés pour le compte des hypermarchés arborant l'enseigne. Un produit, pour avoir droit de cité, doit passer par tous les méandres du référencement.

Chez Carrefour, le processus a été complété par son inverse. Référencés chez Carrefour, une marque et ses produits se doivent d'être présents dans l'intégralité des hypermarchés de la chaîne, sans exception. Cela nécessite des moyens importants en termes de capacité de production et de logistique. Il n'y a pas de place dans ce scénario pour les petites et moyennes entreprises. Il faut être « gros » pour exister dans cet environnement. Les « start-up » et les PME prometteuses et montantes n'ont qu'à croître et embellir, en attendant d'avoir la taille qui les rendra éligibles aux yeux de ces 150 nouveaux maîtres du monde industriel.

Le défi est précis. Un fournisseur de Carrefour doit être capable de livrer les 118 hypermarchés du réseau, sinon rien. Une façon comme une autre de ne traiter qu'entre grands, et de se ménager une possibilité de négociation forte. Un industriel doté d'une capacité de réaction face à un tel marché se doit de disposer de puissants moyens de production en hommes et en machines. Il ne peut alors plus se passer d'un marché aussi important et sera prêt à payer le prix d'un référencement devenu inévitable, en contrepartie de cette présence nationale garantie.

Le magazine *L'Essentiel du management* précise les conditions de référencement dans ce contexte. Le prix à payer par les candidats au TAN varie selon l'intérêt stratégique que représente le fabricant pour Carrefour. Il s'agit d'une redevance annuelle, une nouvelle taxation. Le tarif est variable et inversement proportionnel à la taille et à la puissance du fournisseur. De 1 à 2 % pour un groupe leader ou en seconde position sur son marché, en passant par une fourchette de 4 à 6 % pour une entreprise de taille moyenne dont la marque a une très forte notoriété, le droit annuel peut atteindre allégrement les 10 à 15 % du chiffre d'affaires prévisionnel pour une petite entreprise qui n'a pas encore fait ses preuves. De quoi l'handicaper sérieusement dans sa croissance future et mettre son avenir en péril.

Il vaut mieux, en effet, ne pas se tromper dans les prévisions, car le compteur tourne. Ces conditions sont pour le moins dissuasives. Financièrement il faut pouvoir suivre et assurer une telle demande subite.

Le barrage logistique et financier est tel que seules 2 000 entreprises sont capables de le franchir. Les autres pourront toujours aller proposer leurs produits aux marchands forains, en attendant de grandir.

Chez Carrefour le leitmotiv est : « Vous voulez travailler avec nous, il faut vous en donner les moyens... »

Le référencement en cascade

Carrefour a eu une autre idée, tout aussi géniale : le référencement en cascade. Un fournisseur qui veut se faire référencer par l'ensemble des sociétés dans lesquelles Carrefour a des intérêts doit préalablement s'adresser à la COMETCA, la super-centrale d'achats commune aux Comptoirs modernes, Métro et Carrefour [3]. Cette structure n'a pas de fonction véritable autre que celle d'appliquer un prélèvement de 0,5 à 1 % du chiffre d'affaires que compte réaliser l'industriel avec lesdites sociétés.

Monde virtuel de la grande distribution, dans lequel le fournisseur compte approvisionner, espère vendre sa production et paie pour rêver ! On ne prête qu'aux riches et cette petite taxation additionnelle n'empêchera pas le fournisseur de payer en plus son « dû » au TAN, pour obtenir le référencement providentiel.

4.

Les commandes

Une fois le produit référencé, vient le moment tant attendu de la première commande. C'est le grand jour. Le produit va être exposé dans les rayons de la *très* grande distribution. Cela n'a rien à voir avec les étagères de Mlle Angèle, l'épicière du village ou les rayonnages surchargés de Zinedine, le « dépanneur » du coin.

La première commande est un événement important dans la vie de notre industriel employeur. Des marchés colossaux vont s'ouvrir à lui. Cela mérite un effort particulier. L'industriel et la centrale d'achats deviennent des partenaires. Partenaire non pas au sens amoureux du terme mais davantage comme le taureau peut être le partenaire de la marionnette qui s'agite devant lui.

La première commande concerne un volume important de marchandises puisque, par définition et par contrat aussi, il faut approvisionner et constituer les stocks de départ de l'ensemble des points de ventes. Une raison de plus pour prouver son engagement et sa détermination.

Dans de nombreux cas, la première commande sera effectuée gratuitement. Si telle n'était pas l'exigence, la première commande devrait être facturée moyennant un petit rabais qui ne pourrait être inférieur à... 50 % du prix normal. Substantiel profit pour le grand distributeur qui, décidément, n'aime pas la vie chère. Cinquante pour cent, ce n'est pas la marge que dégage l'industriel. Cela se saurait et créerait des vocations. Cinquante pour cent, c'est très cher payé, mais « l'amitié » n'a pas de prix.

La gratuité pour certains produits, le prix diminué de moitié pour les autres, il y a plus de trente-deux façons de faire plaisir. Et puis il est toujours possible de varier les propositions.

Dans de nombreux cas, les deux solutions pourront être mixées. Moitié prix sur une partie de la première commande, gratuité pour l'autre. Même pour les moins doués en mathématiques : zéro plus cinquante divisé par deux, cela revient bien à ne payer que 25 % du prix normal. À ce stade, 75 % de remise sont donc exigés et, bon gré mal gré, accordés.

Une excellente opération pour la centrale d'achats. Elle bénéficiait déjà, le terme n'est pas trop fort, sur l'ensemble des produits, de marges bénéficiaires considérables constituées de la différence normale entre le prix d'achat extrêmement tendu et le confortable prix de vente facturé à la ménagère. À cette traditionnelle et substantielle marge, s'ajoutera le superbénéfice résultant de l'abaissement du prix de cession sur les premières livraisons d'au moins 75 %. Aucune entreprise ne réalise des marges suffisantes sur ses produits pour supporter de telles exigences, sans que les conséquences s'en fassent ressentir sur la marche de l'entreprise. Et sur l'emploi.

Gratuité, remises et traditions

Cinquante pour cent, 75 % de remise, lorsque ce n'est pas la gratuité, les affaires se présentent sous d'excellents augures pour les centrales d'achats. Tout cela n'exclut pas pour autant un petit effort sur les livraisons suivantes. Il ne faut pas perdre les bonnes habitudes. C'est donc un nouveau rabais allant de 25 % à 30 % qui pourra être demandé sur les livraisons réalisées au cours des mois qui suivront cette première collaboration commerciale.

Ces petites générosités imposées doivent être ramenées à l'échelle de l'enjeu, et multipliées par le nombre de supermarchés et d'hypermarchés de l'enseigne.

5.

L'informatique : une arme de progrès

L'informatique est un outil extraordinaire, utilisé à tous les stades de la gestion d'une entreprise. Elle commence à faire son apparition dans les relations inter-entreprises au point de supplanter l'intervention humaine dans des cas de plus en plus fréquents. L'ère du tout-informatique n'est plus très éloignée, même s'il subsiste encore une petite place pour la décision dans ce qu'elle a de non modélisé.

Dans la grande distribution où l'informatisation fait rage, Big Brother[1] s'installe confortablement.

ECR ou EDI : les industriels sont « branchés »

L'Échange de données informatiques (EDI), traduction française de *l'Efficient Consumer Response* (ECR), permet aux entreprises d'échanger entre elles une multitude d'informations, sans avoir à les ressaisir pour les exploiter. Cette nouvelle technologie permet de gérer en temps réel des millions de données qui ne pourraient l'être autrement.

L'ECR est né aux États-Unis de la coopération du grand distributeur Wal-Mart et du célèbre lessivier industriel Procter et Gamble. Cette technique nouvelle a fait l'effet d'une petite révolution dans les relations fournisseurs/distributeurs.

L'idée est venue du besoin de connaître encore mieux les habitudes de consommation, et de pouvoir les anticiper davantage en terme de logistique. Schématiquement, il s'agit de mettre en relation directe l'ordinateur du distributeur avec celui de l'industriel. Une convention prévoit que l'information doit circuler dans les deux sens. Les fiches signalétiques des produits, les bons de commande, les bons d'expédition et de réception, la facturation, les avis de débit du distributeur transitent par la seule voie électronique. Ces instruments permettent d'inverser les rôles en transformant le distributeur-client en créancier de son fournisseur-industriel. Ainsi, à partir des scanners situés aux caisses des hypermarchés, le fournisseur est informé en temps réel des achats de chacun de ses clients. Il sait tout : la date, l'heure, le lieu de l'achat, la taille des sous-vêtements de la consommatrice, mais pas encore la couleur de ses yeux. Une analyse fine pourrait, s'il en était besoin, être faite ménagère par ménagère, grâce aux cartes de fidélité et autres cartes de paiement qui analysent à notre insu chacun de nos actes d'achat.

Ce système permet de coller davantage à l'événement en lançant des offres promotionnelles encore plus appropriées. Le déclenchement des commandes se fait plus tard et de façon plus pertinente, en fonction des paramètres intégrés par ailleurs et de l'évolution des ventes de la journée. Grâce à ce système connecté en permanence, l'industriel reçoit en temps réel une information exacte et précise sur l'évolution de la distribution et la nécessité de réapprovisionner les rayons et les entrepôts du distributeur. L'efficacité administrative, l'organisation logistique et la perception marketing s'en trouvent améliorées. Ces précieuses informations permettent de travailler en flux encore plus tendus.

Le racket marketing à la française

Désormais, c'est au fournisseur qu'incombe la charge de gérer le réassort en temps voulu et sans à-coups. À lui de prévoir et de planifier. Ce transfert du distributeur vers l'industriel, en termes de coûts administratifs et de logistique, permet aux distributeurs de réaliser de nouveaux gains directs, colossaux. L'ECR permet d'échanger des informations pour une meilleure qualité de la prestation rendue à chacun des échangistes. Partager les gains communs est une idée généreuse, qui contraste singulièrement avec les pratiques observées jusqu'à présent dans ce microcosme impitoyable. Une idée originale et très innovante dans un monde où le mot appropriation est, de loin le moins prononcé, mais le plus usité. Changement de mœurs ou nouvelle astuce pour faire traiter par les industriels des travaux coûteux que le distributeur est prêt à utiliser à des fins personnelles, mais qu'il refuse de prendre à sa charge ?

Les industriels sont de plus en plus nombreux à avoir compris que rien ne sera jamais équitable dans ce domaine. L'avenir jugera et dira qui de l'industriel ou du grand distributeur sera le grand gagnant de ce nouveau défi. Les paris sont ouverts, et les industriels très pâles en évoquant l'avenir. Le « trade marketing » devient une nouvelle occasion pour les distributeurs de réclamer de nouvelles ristournes. C'est peut-être pour cela que les commerciaux désabusés le traduisent volontiers par un plus concret et peut-être plus réaliste « racket marketing »...

Les économies ne se partagent pas

L'objectif de l'ECR, annoncé par les grands distributeurs, est l'élaboration de nouveaux partenariats, en vue de satisfaire le besoin commun d'information des industriels et des distributeurs, et de procéder à un partage des gains communs qui pourraient en résulter.

Cette notion de partenariat avait, il est vrai, quelque peu disparu des relations courantes depuis l'avènement de la grande distribution. L'argument aurait pu être pris au sérieux si les grands distributeurs n'avaient eu l'idée de mettre le coût de cette amélioration certaine, en terme de management, à la charge exclusive des seuls industriels. On ne se refait pas. Les centrales d'achats facturent aux industriels les gains de productivité qu'ils auraient pu tirer de ces nouveaux procédés, sans tenir compte au passage de la charge nouvelle que ces derniers doivent assumer.

L'implantation de stations EDI est censée faire réaliser des économies aux industriels qui alimentent les centrales d'achats. En contrepartie, les distributeurs leur réclament le versement d'une quote-part de l'économie réalisée sur le téléphone, les télécopies, le papier et les frais d'affranchissement.

Dans le même ordre d'idées, les communications de statistiques propres aux magasins sont de plus en plus payantes. Leclerc va jusqu'à faire payer la communication du chiffre d'affaires de ses magasins à ses propres fournisseurs. Il est vrai que Leclerc n'aime guère parler chiffres.

L'ECR ne fait pas la part belle aux relations humaines, contrairement à ce qui est annoncé dans les discours officiels. C'est en effet l'ordinateur qui déclenche les commandes et c'est lui qui décide. Le fournisseur n'a plus guère d'interlocuteur. Les industriels n'ont qu'à adapter leur production, leur gestion réelle des stocks et les approvisionnements des points de distribution en fonction des informations recueillies. La durée de stockage chez le distributeur est ainsi réduite à sa plus simple expression. C'est à l'industriel d'être davantage réactif. Et dire qu'il est des esprits malfaisants pour penser que la grande distribution n'est pas facteur de progrès !

L'ECR appliqué entre le brasseur alsacien Kronenbourg et le distributeur Promodès a permis à ce dernier de diminuer la durée de stockage d'une semaine. C'est autant d'argent et d'espace économisés dont l'impact direct, mesuré par le distributeur lui-même, est estimé comme générant une économie annuelle d'environ 7 millions de francs. De quoi donner l'envie de généraliser ces miraculeuses machines.

Une arme de progrès

Le distributeur pourrait gérer lui-même toutes ces informations, mais le coût en serait bien trop élevé pour lui. Le volume à traiter est en effet gigantesque. En transférant cette responsabilité à son fournisseur, il dispose d'une information fiable, pertinente et analysée, sans avoir à en supporter le coût. L'analyse qui en résulte est exploitable directement et provient d'un spécialiste sectoriel qui dispose d'autres sources d'informations, toutes plus pertinentes les unes que les autres. Cet instrument permet aussi aux industriels d'effectuer des comparaisons avec leurs concurrents, à l'intérieur du réseau concerné. Ce sujet est tabou, pourtant, de ce fait, les fournisseurs connaissent les ventes effectuées sur les mêmes périodes par leurs challengers, avec le même degré d'analyse et de détail que pour ce qui les concerne, ce qui constitue une information stratégique précieuse.

L'arme est redoutable pour celui qui la détient. Elle peut être fatale à celui à qui elle échappe. Elle est un élément incomparable de pression vis-à-vis des industriels, au moment de ce qu'il est encore convenu d'appeler, faute de terme approprié, la période des négociations.

L'ECR est considéré comme un élément de progrès. Personne n'oserait s'opposer à ce que les conventions et les bonnes manières ont décidé de définir comme un élément constitutif de modernisme. L'usage qui peut en être fait est beaucoup moins porteur de progrès, mais de cela l'histoire ne parle jamais, ou alors... beaucoup plus tard. Dans notre société, seul le profit à court terme est déterminant.

6.

Les meilleurs emplacements

Être référencé constitue une étape essentielle pour l'industriel. Compenser l'effort du grand distributeur qui, généreusement, a accepté d'exposer ses produits dans les rayons de la gloire est un point de passage coûteux, mais obligatoire. Il reste encore à séduire le consommateur. Il faut attirer son attention sur la marque, sur ces produits nouveaux qui viennent de faire leur entrée, discrètement, sur les rayons magiques, parmi les produits de la concurrence.

La grande distribution est bonne fille. Elle peut aider un petit producteur, comme elle le fait pour un géant international, pour peu qu'il soit un peu compréhensif. Elle n'a jamais refusé un petit coup de pouce, un bon coup de main, ni même davantage. Une opération promotionnelle permet de capter l'attention du consommateur, qui ne demande qu'à se laisser séduire, pour peu que l'on sache y faire. Lorsqu'il se déplace à l'intérieur d'une surface de vente, le consommateur est inconsciemment guidé par la topographie des lieux. La disposition des rayons, les sources d'éclairage et leur intensité, la largeur et l'orientation des allées ne sont pas le fruit du hasard.

Le parcours type que la grande majorité d'entre nous effectuons a été soigneusement étudié, à notre insu, comme pour mieux guider notre soif de consommer. Ainsi, de larges allées centrales distribuent commodément les différents rayons. Ce n'est pas un hasard si les allées perpendiculaires aux caisses ne permettent que rarement une circulation aisée. Les allées centrales sont tellement plus accueillantes. L'objectif avoué des spécialistes en marketing est de retarder le plus possible le moment où le client passera en caisse. Il suffit pour cela de baliser son chemin de façon à ce qu'il parcoure le plus grand nombre possible de rayons du magasin.

La vue d'un produit déclenche en nous un réflexe d'achat qui n'avait pas forcément été prémédité. Nous demeurons libres de nos actes. Cela n'a, en soi, rien de répréhensible.

Il en va tout autrement de l'usage qui peut en être fait, en amont, en tant que moyen de pression à l'égard du fournisseur industriel. Le cheminement type du consommateur étant identifié, il est désormais possible d'influencer son comportement. C'est l'essence même du métier de commerçant que de déclencher chez le chaland un réflexe d'achat.

L'acte d'achat se fait par et au profit du client qui satisfait ainsi son besoin de consommation, exprimé ou non, prémédité ou instantané. C'est à lui qu'appartient la décision finale, qu'elle soit consciente ou inconsciente. Il existe, de par la configuration même du magasin et de par son agencement, de nombreux moyens d'accroître notre convoitise. Ces possibilités, innombrables, peuvent être mises à la disposition de l'industriel. Elles contribuent à l'aider à écouler sa production. Cette aide est d'autant plus précieuse que notre industriel en a, en général, bien besoin pour faire face à la concurrence des grands groupes multinationaux. C'est donc une véritable machine de guerre que va mettre à sa disposition le généreux grand distributeur.

Le romantisme des grandes surfaces

Il existe des endroits, dans les hypermarchés tout comme dans les supermarchés, qui font mieux vendre que d'autres. En faisant preuve de beaucoup d'imagination, on peut considérer qu'un rayon figure en quelque sorte une gondole. Image quelque peu abusive, mais les grands distributeurs sont aussi de grands romantiques qui s'ignorent, surtout lorsqu'il s'agit d'emmener le consommateur en bateau. À chaque extrémité de ces supposées gondoles se trouve un emplacement privilégié particulièrement propice à la vente : la tête de gondole. Un produit est exposé en tête de gondole et c'est le doublement du chiffre d'affaires assuré. C'est mathématique, mécanique et automatique. Nous sommes deux fois plus nombreux à nous précipiter sur ces produits qui nous paraissent plus accessibles physiquement, et qui nous semblent être en promotion du fait même de leur localisation géographique.

Chaque fabricant essaie d'obtenir cet emplacement de rêve, c'est un véritable privilège que de pouvoir être exposé en tête de gondole. Au carnaval de la grande consommation, un privilège cela se mérite.

Pour travailler avec les supermarchés et les hypermarchés, seule la table de multiplication est indispensable. La soustraction ne sert, quant à elle, qu'à mesurer le retour sur les transactions opérées. Notre fabricant de chocolat veut frapper un grand coup en s'exposant à un endroit stratégique, pour essayer de mieux capter le regard de la consommatrice qui en a vu d'autres. Il veut la séduire. Il le peut, d'autres l'ont fait avant lui. Le privilège ayant un prix, il suffit au fournisseur de se procurer une bonne calculette et de verser, par produit, de 500 francs à 800 francs pour un supermarché et de 1 000 francs à 1 500 francs pour un hypermarché.

Venise n'a pas de prix. Les têtes de gondoles, elles, sont à ce prix.

Cette petite obole est à ne pas confondre avec le coût du référencement, précédemment cité. On ajoute : toujours plus. En reprenant notre exemple d'un réseau qui regrouperait sous son enseigne 1 500 supermarchés et 200 hypermarchés, c'est un chèque de plus de 5 millions de francs qu'il y aura lieu d'établir. À ce stade, il n'y a pas à être mesquin et il convient de préciser que cette petite taxation supplémentaire ne vaut, bien entendu, que pour une durée limitée à dix jours. Les têtes de gondoles sont les *tagamotchi*[1] de la grande distribution. Il faut les cajoler, les bichonner, les câliner. Leur mort est programmée.

Pendant ces dix jours, l'industriel aura intérêt, selon ses croyances, à croiser les doigts ou à brûler tous les cierges des églises qu'il trouvera sur sa route. Passé ce délai, d'autres produits, d'un autre fabricant, viendront occuper la place de ses tablettes de chocolat sur les rayons du distributeur. Aux mêmes conditions préférentielles, au même tarif facturé, il n'y a pas à faire traîner les choses. Si le cœur lui en dit, l'industriel pourra renouveler l'expérience plusieurs fois dans l'année et même avec plusieurs enseignes.

Venise et ses environs

Il existe différentes variantes à ce moyen de promotion efficace mais fort coûteux. Les avancées de rayons en sont une. Ce sont ces montagnes de produits qui avancent des rayons et obligent le consommateur à les contourner. Il ne peut donc éviter de les remarquer.

Les îlots, encore une inspiration maritime, sont généralement situés au milieu des allées et à des points de passage obligés, donc remarqués. Ils produisent le même impact et se facturent sensiblement selon les mêmes conditions.

Les grands distributeurs sont arrangeants. Plusieurs solutions s'offrent à l'industriel pour s'acquitter de sa dette et ainsi, selon un vieil adage, s'enrichir. Il lui suffira, s'il manque un peu de trésorerie, de remettre en marchandises gratuites l'équivalent des 5 à 7 millions de francs que représente le droit d'exposition en tête de gondole. Le grand distributeur saura, avec talent, faire valoir à l'industriel qu'en lui cédant gratuitement des marchandises ne représentant que quelques millions d'euros, il se fera connaître auprès du consommateur. Il prendra ainsi des positions sur le marché et stimulera la demande par la création d'habitudes de consommation. Il confortera son image par rapport à ses concurrents et s'assurera de la fidélisation à sa marque. Rien que des avantages.

Des « stops »

Son droit d'entrée payé, sa première commande offerte ou bradée, ses taxes sur têtes de gondoles acquittées, l'industriel pourrait penser en avoir fini avec tous ces prélèvements imposés par les détenteurs de ces nouveaux monopoles que sont ces réseaux de distribution tentaculaires. Il n'en est rien.

Pour favoriser la promotion des ventes des produits exposés, le producteur peut demander au distributeur de disposer au-dessus des rayons des « stops rayons », véritables déclencheurs d'achats chez le consommateur en quête de bonnes affaires. Un « stop rayon », c'est un morceau de carton jaune fluorescent, la couleur qui accroche le plus notre regard, situé devant ou au-dessus du rayon. Sur ce support magique sont indiqués, en caractères de grande dimension, la désignation de l'article et son prix. Ce bout de carton déclenche inéluctablement un réflexe d'achat chez nos semblables. Entre un rayon en disposant et un rayon qui n'en serait pas pourvu, il a été constaté un écart de volume de ventes allant du simple au double.

Pour que cette petite astuce puisse être efficace, il ne faut pas que ces étiquettes figurent au-dessus de tous les produits. Généralisées, elles deviendraient vite inopérantes. Réparties avec discernement, elles sont d'une redoutable efficacité, mais il serait discriminatoire d'en faire bénéficier certains produits et pas d'autres.

Les plus fins stratèges de la grande distribution sont confrontés à un difficile, voire cornélien problème, lorsqu'il s'agit de choisir parmi tous ces gentils fournisseurs. Leur capacité contributive servira à les départager : 500 francs y suffisent parfois, cela vaut bien une étiquette.

Cinq cents francs pour dix jours, par étiquette et par produit, pour 200 hypermarchés, 1 500 supermarchés, quelques milliers de kilomètres de linéaires et 365 jours dans une année... cela met le carton jaune fluorescent à un prix bien supérieur à celui du lingot.

La redoutable efficacité de ces petits bouts de carton peut encore être accrue grâce à des campagnes publicitaires bien menées.

7.

La promotion des ventes

La publicité est un domaine que connaît bien la grande distribution. C'est un moyen qui, à l'origine, lui a permis de se démarquer du commerce individualiste et désorganisé, bien incapable de réagir à des campagnes aussi massives que répétitives. La publicité coûte cher, très cher, pour celui qui la paie. Les grands distributeurs en bénéficient sans en supporter le coût. Lorsqu'un hypermarché fait de la publicité pour attirer des clients, il joue sur la corde sensible. Davantage encore en période de crise : le prix apparent est devenu l'élément déterminant. Il lui suffit d'axer la communication sur quelques produits soigneusement sélectionnés pour la valeur de symbole qu'ils représentent.

En communiquant par voie de prospectus ou de catalogues sur ces produits phares, par opposition vraisemblablement à ceux qui, restés dans l'ombre, sont vendus avec de confortables marges, le distributeur met en avant des fabricants qui, de ce fait, bénéficient de retombées publicitaires, confortent leur image et accroissent leurs volumes de ventes. Toute peine méritant salaire, en plus de leur contribution financière liée à la présentation de leurs produits, les fournisseurs seront également sollicités pour l'achat d'espaces publicitaires. Une façon inavouée de leur faire prendre en charge l'intégralité de la réalisation des catalogues de leurs distributeurs préférés. Ainsi, une enseigne pourra s'offrir le luxe d'inonder nos boîtes à lettres de prospectus ou d'occuper de larges espaces dans la presse locale, sans avoir à débourser le premier centime. Les catalogues sont gratuits mais la publicité payante. Ce sont les distributeurs qui décident et les industriels qui payent. Il n'est pas étonnant que nos boîtes à lettres débordent de ces appels incessants à la consommation. Il n'en coûtera à l'industriel qu'une participation allant de 150 000 francs à 750 000 francs, selon qu'il s'agit d'un prospectus ou d'un catalogue plus élaboré.

Le distributeur pourrait considérer apporter un service et en demander la contrepartie. Il ne s'agit pas de cela. Il est bel et bien question de faire prendre en charge dans leur intégralité des frais qui servent, avant toute chose, à valoriser et à conforter l'image du distributeur en tant que spécialiste de la braderie permanente.

Bien entendu, pour prouver leur efficacité, ces opérations promotionnelles devront s'accompagner de « rabais exceptionnels », « conditionnements spécifiques », « opérations 3 pour 2 » et autres subtilités qui font le charme des transactions avec la grande distribution.

La diffusion répétée d'annonces sonores dans le magasin nécessitera, il va sans dire, une contrepartie financière : trente secondes toutes les dix minutes pendant une semaine pour 50 hypermarchés et 200 supermarchés ne coûtent que 200 000 francs hors taxes.

Les conditionnements spéciaux

Son carnet de chèques, l'industriel peut le ranger. Mais même sans monnaie, sans mouvement d'espèces sonnantes et trébuchantes, il peut encore payer. Croire qu'il va s'en sortir comme ça serait aller un peu vite en besogne. Ce serait faire preuve de bien peu de considération pour ces brillants esprits qui se consacrent, corps et âme, au pillage systématique de notre industrie et qui ont fait du racket financier, quasi officiel, leur sport favori. C'est la règle, il faut donc encore mettre la main au porte-monnaie. Alors que les conditions sont négociées à l'échelon de la centrale d'achats, les magasins peuvent avoir des exigences toutes particulières. Parmi celles-ci figurent les conditionnements spécifiques ou conditionnements spéciaux.

Régulièrement, au cours de l'année, les grands distributeurs organisent des « opérations commerciales » destinées à entretenir leur image de magasins bon marché. Ces opérations confortent le client dans son idée que ce type de distribution lui est véritablement bien plus favorable que le commerce traditionnel. Acheter du vin à prix coûtant, acheter des biens de grande consommation conditionnés par paquets de trois pour le prix de deux, n'est pas fait pour déplaire au consommateur manipulé et désinformé. On lui présente les choses comme si c'était le grand distributeur qui lui consentait un effort commercial et promotionnel important, en rognant sur ses marges pour lui être agréable et lui faire plaisir. Il n'en est rien, et c'est l'industriel qui devra financer ces opérations dans leur intégralité.

Les trois font la paire

Prenons l'exemple de produits ménagers courants. Une enseigne demande à son fournisseur de lui conditionner, par lots de trois, les éponges à récurer qu'il fabrique. Cette opération va impliquer, pour le fournisseur, une manipulation spécifique, nécessitant la mise sous film, l'étiquetage et parfois même l'indication d'un prix prémarqué, mettant en avant l'offre promotionnelle. Ces produits devront, la plupart du temps, être conditionnés et proposés sur des présentoirs prêts à l'emploi, qui seront directement installés sur le lieu de vente. Leur conception et leur réalisation seront prises en charge par l'industriel sous le contrôle de la centrale d'achats. Il n'est bien entendu pas question pour le distributeur de payer des salariés pour manipuler les produits ainsi promus. Ce ne sont pourtant pas leurs ratios salaires sur chiffre d'affaires qui devraient effrayer ces nouveaux commerçants.

Ce surcoût, c'est l'affaire du fabricant, pas celle du distributeur. Il est généreux, cet hypermarché qui, de temps à autre, nous propose trois articles pour le prix de deux. Il veut bien l'être, à condition que ce ne soit pas son argent qui soit en cause.

L'industriel est là pour fabriquer. Le distributeur est là pour faire fortune. Le premier n'a qu'à survivre ou disparaître. Des industriels comme lui il y en a d'autres, et pas seulement en France. Les autres sont moins chers et ont des salariés beaucoup moins exigeants. Il existe des pays de rêve, des pays où la vie est moins chère et où la protection sociale, les congés payés, les pensions de retraite et la dignité de l'homme n'ont pas cours. Acheter moins cher est encore possible. Les grands distributeurs le savent. L'industriel, lui, n'a qu'à comprimer ses charges. Il lui suffit d'être vigilant et de savoir répercuter sur ses salariés, ses fournisseurs ou ses sous-traitants.

Le distributeur veut nous séduire. Inutile de s'inquiéter pour son équilibre financier, tout a été prévu. Il répercute. Le troisième article sera offert par l'industriel, tout comme le conditionnement approprié. Pour simuler une concurrence apparente, le distributeur pourra demander à l'industriel de lui céder les mêmes produits mais conditionnés différemment, sans marque apparente.

Sans marque, les deux premiers produits seront livrés à l'hypermarché avec une importante décote : 30 % est un minimum. Cette remise supplémentaire n'exclut pas la livraison gratuite du troisième produit. Pour compléter l'offre, la centrale d'achats pourra demander à ce que les mêmes produits soient livrés aussi sous sa propre marque. Ces « MDD », nom de code donné aux fameuses « marques de distributeurs », constituent la dernière trouvaille en date mise en œuvre massivement pour neutraliser ce qu'il reste de la capacité de résistance des fabricants français.

Le risque des invendus

Pendant ces périodes de fêtes, foires, braderies, promotions, festivités et autres réjouissances, les distributeurs doivent alimenter massivement leurs magasins. Les clients accourent, alléchés par les prix d'appel et les campagnes publicitaires, tels les rats de la ville d'Hamelin suivant médusés le petit joueur de flûte de la légende allemande.

De telles opérations massives pourraient conduire nos gentils épiciers des temps modernes à prendre des risques inconsidérés, en cas d'invendus ou d'erreur d'appréciation des quantités approvisionnées. Prendre des risques ne fait pas partie des attributs du métier de distributeur. Ils n'investissent pas dans la recherche. Ils ne favorisent pas l'innovation. Ils n'ont pas de bureaux d'études. Ils ne sont pas, quoi qu'ils disent, des créateurs d'emplois eu égard aux emplois qu'ils font disparaître, directement ou indirectement. Les grands distributeurs sont là pour vendre et obtenir les prix les plus bas possibles, pas pour prendre des risques. Ils ne s'en cachent pas : « Notre objectif est d'obtenir des prix les plus bas sur le maximum de produits de grande marque nationale[1]. » Ils le font quel qu'en soit le coût pour la collectivité. Rien d'autre.

Le problème des produits qui n'auraient pas été vendus peut se poser avec la plus grande acuité pour le distributeur. L'enjeu est important car le risque financier est à la taille des quantités concernées par de telles opérations : considérable.

Les produits invendus seront retournés à leur fabricant, à ses frais bien évidemment. L'industriel n'aura plus qu'à réceptionner « ses » produits conditionnés aux normes exigées par l'enseigne, c'est-à-dire invendables dans un autre réseau. À charge pour lui d'en faire son affaire.

Reprenons notre exemple d'éponges à récurer. Elles ont été conditionnées par trois sous un film protecteur en Cellophane. Elles ont été étiquetées de manière à les rendre plus « accrocheuses » à l'égard et au regard du consommateur qui déambule dans les travées de sa perdition. Elles ont aussi été conditionnées sans marque apparente, ou sous les couleurs du distributeur. Des présentoirs ont été fabriqués à cet effet. La fête est finie. Il est parfois des lendemains difficiles.

L'industriel récupère les invendus. Ils sont conditionnés par trois alors qu'il les vend à l'unité. Ils sont étiquetés Envil alors que l'industriel essaie de valoriser sa propre marque. Il lui faut non seulement assumer le coût de ce retour mais aussi remettre les produits dans leur contexte d'origine de façon à les rendre propres à une nouvelle commercialisation. Ces opérations, très lourdes en termes de manipulation, sur des produits de faibles valeurs unitaires, neutralisent l'intégralité de la marge qu'il aurait pu réaliser sur leur commercialisation future, et même bien au-delà dans la plupart des cas. Déballer les lots de trois articles, supprimer les identifiants du généreux distributeur, puis reconditionner les produits à l'unité, après être déjà passé par les étapes précédentes, rendrait l'opération fort coûteuse et non rentable financièrement. Lorsqu'elles ne sont pas détruites, les marchandises sont cédées, pour s'en débarrasser, à des soldeurs ou à des marchands forains. Ils les achètent au poids et se chargent de les rendre anonymes avant de les remettre sur le marché. Cette nouvelle braderie conduit à dévaloriser un peu plus l'image du produit.

Le distributeur, fin calculateur, n'aura qu'à soustraire les invendus retournés de la modeste facture due à son fournisseur. Il peut y avoir parfois des « manques à gagner », mais il n'y a jamais de perte dans la grande distribution.

La garantie de fin de rupture

Il est du devoir de tout commerçant de maintenir ses rayons approvisionnés. Un rayon vide est synonyme de perte de chiffre d'affaires, pour le distributeur comme pour son fournisseur. Pour ce dernier, il existe un risque supplémentaire de voir le client passer à une marque concurrente et, peut-être même, de l'adopter. Pour l'éviter, les distributeurs ont inventé un nouveau service : « la garantie de fin de rupture ». Cette garantie contre l'amnésie du distributeur assure au fournisseur, moyennant une ristourne supplémentaire naturellement, que le distributeur n'oubliera pas de ranger ses produits dans les rayons de ses supermarchés.

L'animation du lieu de vente

Les marchandises ont été vendues à la centrale d'achats, elles ne sont pas pour autant disposées dans le magasin. Il est à ce stade fréquemment demandé au fournisseur de s'investir dans l'animation de l'espace de vente. La participation est active et permanente, bien mieux encore que dans n'importe quelle compétition olympique. Le fournisseur se fera un devoir de fournir des présentoirs adaptés à la configuration du lieu de ventes. La main-d'œuvre coûte cher, même à temps partiel, même au SMIC, même subventionnée. Les présentoirs doivent pouvoir être installés en magasin avec un minimum de manipulation et d'intervention. On utilisera en général des présentoirs en carton fort, pliables, démontables et jetables, facilement manipulables par le personnel dépêché sur place par le fournisseur.

Il met un point d'honneur à valoriser ses produits. C'est son intérêt, ou ce qu'il en reste. Pour installer ses présentoirs, il lui faudra faire place nette et débarrasser l'espace des anciens présentoirs abandonnés par ses prédécesseurs et devenus inutiles.

Le fournisseur a payé le prix fort pour vendre ses produits. À lui maintenant de démontrer sa détermination en animant sur place l'espace de vente qui lui a été généreusement concédé. Les techniques sont multiples. Le sourire de l'animatrice et la longueur de sa jupe ont leur importance. Le personnel d'animation est payé par le fournisseur, c'est peut-être pour cela et par souci d'économie que les jupes se font de plus en plus courtes...

L'animatrice est chargée de gérer l'approvisionnement et de déclencher les commandes suffisamment tôt. Ce serait un comble que les têtes de gondoles restent vides. Le fournisseur prend à sa charge le remplissage des rayons et leur réassort. Les échantillons, bons de réduction, gadgets, cadeaux et autres jeux concours sont bien entendu fournis et financés par lui.

Le distributeur ne tiendra aucune rigueur au gestionnaire du rayon s'il a péché par excès d'optimisme dans l'évaluation de ses approvisionnements : le fournisseur s'est préalablement engagé à reprendre les invendus ! Les frais de transport, de manipulation, de désétiquetage, de déconditionnement, de reconditionnement et toutes autres menues dépenses liées à ces petits désagréments sont, bien entendu, à la charge de l'industriel.

8.

Les relations financières

Les grands distributeurs ont encore à l'égard de leurs fournisseurs quelques trucs et astuces qui permettent de justifier la demande de quelques rabais, remises et autres contreparties sans contrepartie. Ainsi, quelques retards dans une livraison, même indépendamment de la volonté du fournisseur, et ce sont des rabais exceptionnels pouvant aller jusqu'à 50 %, voire la gratuité, qui seront réclamés et, bien sûr, accordés, puisqu'il n'y a, là non plus, pas matière à discussion.

Un camion qui n'est pas déchargé par son chauffeur pourra être retourné à son point de départ. À l'inverse, le fournisseur ne sera pas dédommagé si son transporteur est bloqué plusieurs heures à quai, en attendant de décharger.

Une livraison qui serait incomplète ou non conforme à la commande pourra être retournée dans son intégralité, même si l'anomalie ne touche que quelques références. Une acheteuse repentie ose à l'oreille d'un journaliste[1] : « Fort de plus de trois mille points de vente, le Groupement s'est constitué, via ses centrales d'achats, en lobby qui impose la casse des prix des fournisseurs. J'ai travaillé dans la filière fleurs. On nous apprenait à imposer des contrats très avantageux pour nous, puis on refusait la livraison pour marchandise non conforme. Cela nous permettait de payer cinq francs un chrysanthème qui en valait quinze. Si l'horticulteur refusait, il restait avec sa production sur les bras. » Cela n'a rien d'un scoop, rien que du quotidien.

La livraison n'est pas retournée de façon systématique. Dans bien des cas, la marchandise sera conservée pour être commercialisée ; seul le paiement de la facture en sera définitivement compromis. « On n'est jamais si bien servi que par soi-même », dit un dicton populaire, c'est peut-être pourquoi les services comptables du distributeur n'attendront pas la réception de l'avoir régularisant la livraison erronée. Ils établiront une note de débit, dont ils fixeront eux-mêmes le montant, arbitrairement. « Arbitraire » et « grande distribution »... encore un pléonasme ! Pour éviter toute contestation, cette note de débit, dont le montant est bien souvent sans aucun rapport avec le préjudice subi, sera déduite directement des factures dues par la centrale d'achats. L'effort de rédiger un chèque est épargné au fournisseur. On lui simplifie la vie en prélevant à la source.

Le crédit fournisseur

Les fournisseurs livrent des marchandises à leurs clients. C'est, par définition, leur vocation. Les banquiers, eux, font le commerce de l'argent. C'est leur métier mais ils ne veulent plus l'exercer. Ils préfèrent l'immobilier, l'assurance-vie, la spéculation financière, l'argent sûr et facile. Nationalisés ou non, le risque entrepreneurial, la notion d'utilité publique ne sont plus leur credo. Les acteurs économiques ont dû s'organiser entre eux. C'est ainsi que s'est développé le crédit fournisseur, coûteux mais indispensable.

À l'origine, le principe est simple et équitable : le fournisseur dispose de biens ou de marchandises qu'il voudrait bien écouler ; son client est intéressé, mais il n'a pas toujours l'argent disponible pour payer immédiatement ces marchandises, qu'il ne vendra lui-même que beaucoup plus tard ; le fournisseur et son client passent un accord. Le fournisseur remet les marchandises à son client, qui attendra de les avoir vendues pour les lui régler. Cela permet au fournisseur d'écouler sa production. Cela permet à son client de disposer de marchandises et de proposer au consommateur final une offre plus variée. Même à crédit, chacun y trouve son compte. La durée normale d'écoulement des marchandises est prédéfinie. C'est ainsi que les conditions de paiement ont été prévues à 30, 60 ou 90 jours.

Les fournisseurs deviennent les banquiers des grands distributeurs

Le cycle de commercialisation est financé par le fournisseur qui l'accepte. Ce système, basé sur la parole donnée et sur la confiance, est vieux comme le commerce et fonctionne plutôt bien. En matière de grande distribution, les choses sont semblables... en apparence.

Les fournisseurs sont eux aussi payés à 60 ou 90 jours. La différence, c'est que les stocks tournent plus vite, beaucoup plus vite. Les marchandises sont vendues, réapprovisionnées, puis vendues à leur tour plusieurs fois bien avant que la première livraison ne soit payée. La loi Sapin a limité, depuis 1992, les excès résultant de l'application de délais exagérément longs. Elle n'en a pas pour autant supprimé tous les effets. Cela permet à nos gentils distributeurs de jouer aux apprentis banquiers. Cette expérience pourrait leur être utile dans un proche avenir.

L'argent qu'ils doivent à leurs fournisseurs, qu'ils devraient payer puisque la vente est réalisée et le crédit devenu sans cause, est placé sur le marché financier. Il sert à accorder des crédits à la consommation, pour la maison, l'achat d'une voiture ou d'une résidence secondaire, moyennant intérêts, bien évidemment. Il rapporte au banquier en herbe et ne lui coûte rien.

Il n'est, bien sûr, pas question de rétrocéder quoi que ce soit au fournisseur situé en amont. C'est pourtant son argent qui permet de réaliser ces fructueuses opérations. Le fournisseur supporte le coûteux cycle de production et les frais financiers qui l'accompagnent : à lui les charges et les frais ; au distributeur les bénéfices et les produits.

Les règlements « off-shore »

La dernière trouvaille dénoncée par nos parlementaires[2] est édifiante : « Tenu de régler ses achats de produits frais périssables dans les 30 jours, un grand distributeur envoie effectivement son chèque à la bonne date. Il fait néanmoins savoir à son fournisseur qu'il n'est pas urgent de l'encaisser immédiatement. Plusieurs jours de valeur sont ainsi gagnés. Lorsque le chèque est déposé, il faut encore un certain délai avant que le compte du fournisseur ne soit crédité. » Le chèque de ce grand distributeur est non seulement « hors place », mais il est tiré sur un compte bancaire géré hors de France, comme le sont parfois les bénéfices que dégagent certaines délicates opérations.

L'escompte sur eux

En s'installant confortablement dans son rôle de banquier, le grand distributeur se dit prêt à aider ses fournisseurs dans le financement de leurs cycles de production. C'est ainsi que certaines enseignes inondent quasi quotidiennement leurs fournisseurs de courriers et télécopies riches en propositions financières, toutes plus alléchantes les unes que les autres. Sur ces précieux documents, on peut lire que le grand distributeur est prêt à effectuer un règlement anticipé par rapport aux conditions qu'il a imposées. Il serait agréable de souligner l'élégance de ce geste, s'il n'était obscène.

Cette opération consiste à rendre au fournisseur ce qui lui appartient, rien d'autre. En contrepartie, les grands distributeurs exigent une rémunération de 1 % à 1,20 % par mois d'escompte généreusement accordé. Cela peut paraître peu mais cela donne du 14,50 % l'an, sans risque, à taux fixe, et sans contrepartie, pour se faire prêter son propre argent !

Au début, les industriels ne cèdent pas. Ils résistent jusqu'au jour où le banquier, complice involontaire de celui qui ne tardera pas à être son propre prédateur, appelle pour demander le comblement du découvert. L'industriel explique, promet, essaie de faire patienter. Le banquier est compréhensif et plutôt sympathique, mais il a une hiérarchie qui lui donne des instructions précises. Elles viennent du siège, du haut de ces tours où la terre paraît si lointaine et les entreprises si insignifiantes... Il n'y a pas si longtemps, l'un des dignes représentants du secteur bancaire s'est autorisé à penser, en tribune, devant un parterre de créateurs d'entreprises, ce que tous les chefs d'entreprise savent déjà : « Il n'est plus question pour les banques de prendre des risques avec les petites et moyennes entreprises, ce n'est pas notre métier. » Cela a au moins le mérite d'être clair.

Un avocat qui accompagnait un de ses clients ne demandant aucun découvert, emprunt, ni facilité, juste l'ouverture d'un compte pour y déposer le capital d'une société en création, s'est vu refuser l'ouverture d'un compte par trois agences de banques dites « de renom ». Le motif invoqué a toujours été le même : ces établissements « n'acceptent plus l'ouverture de comptes d'entreprises qui n'ont pas deux ans d'existence ».

La tentation est trop forte

L'industriel ne sait comment se retourner. Il cherche, étudie, se démène. Il y a ce fax qui arrive, presque tous les matins. Douze pour cent mais tout est prévu, la traite partira à réception de la télécopie d'acceptation. C'est écrit et cela fonctionne. Le banquier met la pression. Le grand distributeur est en embuscade. L'industriel va craquer. Il craque. Une télécopie, et le miracle s'opère. Il ne s'agit pour le fournisseur que de se faire prêter son propre argent. Un excellent placement pour le grand distributeur.

Avec moins de 1 % d'inflation l'an, les Sicav monétaires ne sont plus ce qu'elles étaient. Les ventes de marchandises permettaient de dégager des marges considérables. L'argent des fournisseurs est une nouvelle source de profits intarissable. Prêté aux particuliers, il produit des intérêts et fidélise le consommateur. Prêté à son propriétaire, il rapporte tout autant. Dans un cas comme dans l'autre, il ne coûte rien. Ramené au volume d'achat des centrales du même nom, cette trouvaille génère des profits financiers plus que substantiels. Lorsqu'il s'agit de faire les poches des autres, l'imagination des pickpockets de la distribution n'a pas de limites.

9.

La participation des fournisseurs aux investissements

Une usine, un site de production doivent toujours être en parfait état de fonctionnement et en mesure de s'adapter aux nouvelles normes et évolutions du marché. Cela nécessite des investissements lourds en machines, en aménagements et en outillage, qui devront faire l'objet d'un financement par le biais d'emprunts ou de crédit-baux, échelonnés sur plusieurs années. Ces investissements sont budgétisés et font l'objet de plans d'amortissements rigoureux destinés à leur renouvellement.

Ces principes s'appliquent sur tous les continents, à toutes les entreprises, qu'elles soient industrielles, commerciales, dans le secteur des services ou de l'agriculture. La grande distribution est l'exception qui confirme cette règle. Elle partage ce privilège avec les administrations bureaucratiques qui, elles aussi, peuvent faire beaucoup de choses avec l'argent des autres. Les objectifs sont différents, mais les moyens utilisés sensiblement les mêmes.

Les industriels sont, face à la grande distribution, désorganisés les uns par rapport aux autres, comme l'ont été les commerçants avant eux. S'ils font mine de ne pas comprendre, d'autres répondront à l'appel de leurs sirènes et écouleront leurs produits en leurs lieu et place. En fait, ils ont le choix : accepter pour survivre, ou renoncer pour disparaître. Un choix qui finit par se transformer en obligation, comme des travaux forcés.

Prise en charge des travaux d'un magasin

Les investissements des supermarchés et des hypermarchés, ce sont encore les fournisseurs qui vont les prendre à leur charge, pour une large part. Il faut payer comptant, ici et maintenant, la maison ne fait pas crédit. Sans complexe, des factures de participation aux frais d'ouverture ou de rénovation sont adressées aux fournisseurs, à tous les fournisseurs. 3 000 francs à l'un, 20 000 à l'autre, 30 000 ici, 50 000 là, les petits ruisseaux feront de grandes rivières... Il leur suffit de diviser le budget total de l'investissement par le nombre de fournisseurs et de le répartir entre eux au prorata de leur volume d'affaires. Les fournisseurs sont comme les starlettes, ils ne savent pas dire non.

Un distributeur ouvre un nouveau magasin, c'est un événement. Un magasin a un an, c'est une bougie. Il a deux ans, cinq ans, dix ans d'existence, c'est un prétexte à de somptueuses festivités. Ce sont autant d'occasions de recevoir des cadeaux. Un anniversaire, une fête, cela s'arrose. On arrose beaucoup, aussi, dans le monde de la grande distribution. Faire la fête est bien agréable et l'on retrouve bien là l'esprit gaulois. Il y a en France beaucoup d'hypermarchés et de supermarchés. Comme dans les grandes familles, il y a beaucoup d'anniversaires à fêter.

Plutôt que d'attendre une hypothétique générosité de leur part, les joyeux fêtards ont jugé préférable de déterminer eux-mêmes le montant, la fréquence et la nature des cadeaux qu'ils exigent de recevoir. La liste est longue des cadeaux potentiels et il n'est pas interdit de cumuler. Il pourra s'agir de chèques et de participations financières. Les participations à des actions publicitaires seront également les bienvenues. Les facturations de marchandises devront tenir compte de l'événement, notamment par l'octroi de ristournes exceptionnelles, opérations promotionnelles, remises de marchandises gratuites, cadeaux, gadgets et autres échantillons, en nombre.

Quand les caisses des supermarchés virent au rouge

Il est quelque part, dans un beau quartier de Paris, une officine ayant pignon sur rue qui se charge, entre autres, de confectionner et de présenter de jolis bilans de supermarchés. De puissants ordinateurs moulinent, jour et nuit, dans les sous-sols de cette maison cossue. Ils sont capables de détecter avec une précision sans faille la moindre caisse qui, par malheur, serait devenue créditrice.

Une caisse devient créditrice lorsque l'on en sort plus d'argent qu'il n'y est entré. Concernant les espèces, ce n'est pas possible. C'est évident, aucun porte-monnaie n'accorde de découvert. Pourtant, en pratique, cette situation peut se rencontrer lorsqu'une partie des recettes, en espèces justement, n'a pas été comptabilisée. En clair, lorsque le chiffre d'affaires a été minoré par rapport à sa réalité, par omission, oubli, erreur, étourderie, vraisemblablement, naturellement, inévitablement...

Un petit coup de fil au dirigeant du supermarché permet de lui faire remettre les espèces nécessaires au rétablissement d'une situation comptable plus présentable. Il n'y a plus alors qu'à sortir de son précieux écrin la fameuse « machine à remonter le temps » et de repositionner, à la bonne date, la rentrée d'espèces qui fait si cruellement défaut. Ni vu, ni connu, ni redressé non plus. Fiscalement s'entend. Miraculeusement les clients de cet honorable établissement affichent tous des marges brutes similaires qui, devenant une norme, satisfont pleinement la non-curiosité de l'administration fiscale.

Il ne faudrait pas en conclure hâtivement que les dirigeants des supermarchés sont tous d'affreux fraudeurs fiscaux. De telles pratiques existent. Elles sont monnaie courante dans certains secteurs d'activité qui réalisent une partie non négligeable de leur chiffre d'affaires en espèces et sont vieilles comme l'impôt.

Un beau bilan, sinon rien

En fin d'année vient la délicate période des bilans. Tout au cours de l'année, le fournisseur a fait preuve de beaucoup de compréhension, de beaucoup de générosité, imposée certes, mais générosité tout de même.

Le bilan, c'est quelque chose de sérieux. On fait les comptes. Il faut racler les fonds de tiroir et grappiller, çà et là, ce qui permettra de présenter aux actionnaires un beau bilan.

Un magasin, une enseigne qui auraient réalisé un moins bon exercice que prévu savent qu'ils pourront compter sur la compréhension de leurs fournisseurs pour rééquilibrer leurs comptes. Comme un ministre des Finances augmente l'impôt pour compenser les déséquilibres que, plan après plan, il n'arrive pas à maîtriser, comme on augmente sans cesse les cotisations sociales pour boucher des trous chaque année plus profonds, les centrales d'achats lèvent une taxation auprès de leurs fournisseurs, les années difficiles. Les autres années aussi. Elles ne peuvent tout de même pas présenter des comptes moins bons que leurs concurrents au risque de mécontenter leurs gentils actionnaires ou, pire encore, le palais Brongniart.

Les retraités américains ont un excellent niveau de vie. Leurs fonds de pension gèrent avec discernement leurs intérêts. Ils exigent de confortables dividendes des sociétés qui ont l'honneur de les compter parmi leurs actionnaires. Les boursicoteurs ne sont guère fidèles et papillonnent, d'un titre à l'autre, en fonction de la seule plus-value recherchée à court terme. Pour améliorer leurs résultats, les sociétés cotées recourent parfois à certains artifices qui ne favorisent guère le plein-emploi, tels que la fermeture de sites ou le renoncement à certains investissements, sur la base de calculs de rentabilité à court terme. Les grands distributeurs, eux, taxent leurs fournisseurs. Ce constat n'a rien d'un secret. Les grands distributeurs sont pleins de talent. Ils ont trouvé le moyen d'influer sur leurs résultats sans que cela soit répréhensible au plan pénal, ni même au plan fiscal. Le code est restrictif : un délit est codifié ou ne l'est pas. Les atteintes à la morale, à la loyauté, à l'équité n'ont pas trouvé de place parmi les innombrables articles, près de mille tout de même, qui constituent le Code pénal.

Ristournes, remises de gestion et de fonctionnement

Un résultat flatteur, cela peut aussi se confectionner. Un hypermarché a besoin de *x* millions de francs pour satisfaire les appétits de ses actionnaires. Il lui suffit de diviser le complément de résultat attendu par le nombre de ses fournisseurs, et de moduler proportionnellement au poids, en terme de chiffre d'affaires, de chacun de ses généreux donateurs. Ainsi, les gentils fournisseurs reçoivent, sur une période s'écoulant généralement de janvier à juin, des appels de fonds de 2 000, 3 000 ou 5 000 francs par magasin, lorsque ce n'est pas davantage. Pour un fournisseur, cela représente encore de coquettes sommes, dégradant un peu plus ses résultats financiers.

Pour le grand distributeur, c'est une nouvelle source de profits s'ajoutant encore aux autres identifiées précédemment. Ces appels prennent des formes différentes.

L'une des plus courantes revêt la forme d'une facture manuscrite, comportant pour seule justification : « P. Pub. » Derrière ce vocable se cache l'une des manières les plus officielles de racketter une entreprise sans que cela puisse choquer qui que ce soit. Cette pratique n'est pas répréhensible, pas même dans le cadre de la loi Galland qui était censée mettre fin aux pratiques déloyales. Grâce à cet ingénieux système, la qualité de la gestion n'a que peu d'influence sur le résultat final. Qu'elle soit saine ou fantaisiste, les résultats, eux, deviennent modulables, et ont l'avantage d'être toujours bénéficiaires. C'est facile et sans risques.

Ces petites subtilités qui permettent à une centrale d'achats d'obtenir des avantages supplémentaires sont illimitées, comme le génie inventif de ceux qui les exigent. Le groupe de travail qui, à l'Assemblée nationale, a étudié avec efficacité « la concurrence libre et loyale » révèle qu'il existe près de 500 motifs utilisés par la grande distribution pour justifier d'avantages supplémentaires. Le député rapporteur souligne : « Le groupe Intermarché a eu l'honnêteté de reconnaître qu'il avait recensé plus de 450 raisons permettant de justifier un avantage financier accordé par le fournisseur à son client. » Nos parlementaires précisent, non sans humour, que « pour plus d'efficacité, Intermarché tente de les informatiser » !

Mortelle relation

Après être passé par les différentes étapes obligatoires que sont le paiement d'un droit d'entrée pour le référencement, la fourniture à l'ensemble des magasins du réseau de marchandises offertes ou largement bradées, avoir versé une contrepartie en espèces sonnantes et trébuchantes ou en marchandises pour que ses produits bénéficient d'un emplacement privilégié en tête de gondoles, financé dans son intégralité les campagnes promotionnelles par sa participation à des opérations de type foire aux affaires, grande braderie ou autres 10 jours à prix coûtants, participé au coût des implantations, réfections et autres améliorations de magasins, l'industriel peut enfin maîtriser ses coûts. Il peut déterminer avec précision ce qui peut lui rester pour rémunérer son personnel, investir, se développer, essayer de conquérir des marchés étrangers, innover, assurer la recherche pour l'amélioration et le développement de ses produits. S'il n'a pas délocalisé ou étranglé ses propres fournisseurs, il ne reste à ce stade, le plus souvent, pas grand-chose. Dans des cas de plus en plus fréquents, il ne reste même plus d'entreprise.

Deuxième partie

LES PARTENAIRES DE JEU

10.

Les routiers sont sympas

Les produits étant à présent gérés, grâce aux progrès de la logistique et de l'informatique, en flux tendus, ils ont été vendus depuis bien longtemps, lorsque le règlement en parvient, 60 ou 90 jours plus tard, chez le fournisseur. Ce que finance le fournisseur n'a plus beaucoup de justification. Bien souvent, il ne le sait plus lui-même. Cela lui est imposé et permet à la grande distribution de réaliser de gigantesques profits financiers. L'argent des fournisseurs inonde les coffres-forts des grands distributeurs alors que les stocks, eux, n'encombrent plus leurs entrepôts et sont réduits à leur plus simple expression. La surface construite des supermarchés et des hypermarchés doit être consacrée au maximum à la vente.

Les stocks sont, pour une partie, chez le fournisseur, à charge pour lui d'être réactif et de livrer dans des délais de plus en plus courts.

Ils sont, pour l'essentiel, sur la route, quelque part entre les entrepôts du fournisseur et la surface de vente du distributeur. La livraison et son organisation sont l'affaire du fournisseur, qui se doit de livrer au moment où le distributeur le lui demande. Ces exigences impliquent que les chauffeurs jonglent avec les horaires, trichent sur les disques horodateurs, alignent des heures de route sans pause, pour satisfaire à leurs nouvelles obligations. Il y a certes une législation qui s'impose aux transporteurs routiers, mais sur le terrain c'est la loi du plus fort qui l'emporte. Malgré la puissance de nuisance de leurs trente-huit tonnes, elle n'est pas du côté des transporteurs...

Les transporteurs se trompent de cible

Le grand distributeur sait être souple... avec la loi. Il l'adapte en fonction de ses besoins et de ses objectifs. La crise aidant, et le marché se concentrant sur quelques opérateurs, un transporteur serait mal venu de faire la fine bouche en refusant de jouer ce jeu, pourtant suicidaire, auquel il est invité à participer. Il accepte.

De temps à autre les chauffeurs se révoltent et barrent les routes. Cela rend le mouvement impopulaire, paralyse l'économie dans son ensemble et met en péril les emplois des PME déjà bien fragilisées, sans affecter ceux qui sont la cause de leur délicate situation, mais contre lesquels ils ne peuvent rien.

Arrivés sur le lieu de livraison, les camions ne sont pas forcément immédiatement déchargés. Ils prennent leur place en file d'attente, en fonction des autres arrivages. Ils peuvent attendre ainsi plusieurs heures que quelqu'un veuille bien se rendre disponible pour décharger les palettes, et en contrôler la cohérence avec les bons de commande et de livraison. Dans la grande distribution, on ne s'embarrasse pas avec le personnel improductif.

Chez ces gens-là, on est économe et bon gestionnaire. Les effectifs de manutentionnaires sont donc réduits à leur plus simple expression. Ce sont, en général, des salariés mal payés, débordés et stressés, qui ne peuvent, le plus souvent, faire face à la tâche qui leur a été confiée. Ils travaillent dans des conditions qui feraient dresser les cheveux des inspecteurs du travail, s'ils s'intéressaient à leur sort. Il ne s'agit pas de désorganisation. La grande distribution est très bien organisée. Ce manque d'effectif est pensé, voulu, planifié, stratégique.

Quelques petits mouvements respiratoires

Le chauffeur, qui a roulé toute la nuit, dormi quelques heures dans son camion, aimerait bien pouvoir reprendre la route le plus tôt possible pour retrouver sa famille. Il aspire, légitimement, à se reposer un peu avant de recharger pour de nouvelles livraisons. Il a roulé, le plus souvent, bien au-delà du raisonnable. Il a pris certains risques inévitablement, et dans bien des cas certaines libertés avec le code de la route. Mission accomplie, il a satisfait à son obligation de résultat : acheminer les marchandises en un lieu et à une heure fixés contractuellement.

Il est sur le parking de l'hypermarché et là, plus rien ne se passe. Il lui faut attendre de longues heures, interminables. Il peut gagner du temps, s'il le veut, en mettant la main à la pâte et en aidant le manutentionnaire de l'hypermarché, qui ne peut s'en sortir seul, c'est une évidence. Par solidarité, par intérêt personnel aussi, s'il veut repartir, le chauffeur va ajouter à ses heures de route un peu d'exercice physique. Cela tombe plutôt bien, puisque la Prévention routière préconise, toutes les deux heures de conduite, quelques mouvements destinés à délasser le conducteur. Pour les routiers, la fréquence n'est pas la même, ce n'est pas toutes les deux heures, alors on compense par l'intensité des mouvements...

Être exécuté ou collaborer

La collaboration du chauffeur lui permettra d'accélérer l'opération de déchargement et de regagner sa base plus rapidement. Rendre un service fait partie du quotidien du monde de la route. Le problème devient tout autre lorsque ce service se généralise, devient une habitude, puis très vite une nouvelle obligation, une nouvelle exigence.

Il est fréquent que les magasins, prétextant ne pas avoir de personnel disponible, exigent des chauffeurs qu'ils déchargent eux-mêmes leurs camions. C'est toujours ça de pris. Il n'y a pas de petits bénéfices dans ce grand commerce où les rivières de profits se transforment en torrents d'euros.

Le chauffeur est libre. Son contrat de travail ne prévoit pas qu'il manipule des marchandises. La demande est formulée clairement : « Nous n'avons personne pour décharger, vous déchargez ou vous repartez... » Il peut se faire réticent, bougonner, ronchonner, dire qu'« il n'est pas payé pour ça ». La réponse ne se fait en général pas attendre, claire et sans appel, elle aussi : « Vos concurrents ne nous posent pas ces problèmes-là, ils s'exécutent... » Les chauffeurs le savent, il vaut toujours mieux s'exécuter que d'être exécuté.

Le chauffeur n'a pas de peine à imaginer le rictus du patron de l'entreprise de transport qui l'emploie, lorsque le grand distributeur va lui annoncer : « Vos chauffeurs ne sont pas coopératifs, nous cessons de faire appel à vos services... » Il imagine aisément aussi sa situation et celle de ses collègues, lorsque le même patron leur confirmera : « Nous avons perdu l'enseigne Seignant qui représentait 65 % de notre chiffre d'affaires, nous devons supprimer vos emplois... »

Ces histoires-là ne sont pas des « histoires ». Ils les connaissent. Elles alimentent les conversations dans les relais d'autoroutes. Le marché perdu, il restera à l'entrepreneur à financer les échéances des leasings des camions qui continueront à courir, qu'ils soient sur la route ou immobilisés à jamais au fond de leurs garages.

Payer pour le service rendu, ils n'y pensent pas

Les transporteurs prennent à leur charge ces prestations additionnelles. Ils avaient déjà des marges comprimées. Ils ont de plus en plus de mal à survivre et s'en sortent de moins en moins. Les chauffeurs sont payés avec des salaires de misère, sans rapport avec le travail accompli. Il n'est pas possible de faire autrement. Les grands distributeurs refusent de payer le prix réel de la prestation. S'il fallait réellement tenir compte des temps passés et les rémunérer à leur juste prix, ce serait le dépôt de bilan assuré pour nombre de transporteurs et inéluctablement le chômage immédiat. Les routiers le savent. Ils aiment leur métier. Ils aiment la route. Ils roulent. De nuit comme de jour, ils roulent, ces galériens des temps modernes, pour abreuver ces temples de la consommation qui leur imposent cette vie, pillent leur avenir, celui de leurs familles, et ruinent notre pays.

Pourtant un chauffeur, à ses heures perdues, se transforme, comme tout un chacun, en consommateur. Alors il pousse le chariot, lui aussi, comme tous ceux qui vivent de leur travail, dans les travées de leurs propres prédateurs. Comme des millions d'autres qui alimentent la machine sans le savoir.

La livraison a été effectuée, et les marchandises déchargées en entrepôt. Son « fitness » terminé, le « routier sympa » peut reprendre la route, tard dans la soirée. Retrouvant ses pénates, il pourra enfin se reposer quelques instants, devant son téléviseur, mais il sera trop tard pour qu'il puisse apprécier, à leur juste prix, les jeux télévisés intellectuels patronnés, entre autres, par de grandes marques de l'omniprésente grande distribution. C'est dommage, il aurait pu se détendre un peu.

11.

L'industrie délocalise

Monsieur S.T. est un industriel qui à l'origine fabriquait en France des produits de grande consommation, très appréciés d'un public plutôt jeune. Il a été un précurseur dans son domaine et ce produit que chacun de nous a dans son foyer, c'est lui qui l'a inventé, développé, imposé en quelque sorte. Les études de marché, la conception du produit, les dessins, les premiers prototypes, il les a réalisés avec ses modestes moyens dans le sous-sol de son pavillon. C'est un grand travailleur qui a cru en son produit.

La grande distribution s'y est intéressée. Elle a été séduite et lui a demandé de l'approvisionner en grande quantité. Ses modestes ateliers n'y suffisaient plus. Il a dû embaucher pour faire face en quelques années à l'explosion de ce marché naissant. Il ne pouvait en être autrement.

Cette activité, inédite en France, a procuré du travail à nombre de salariés de l'entreprise, de sous-traitants et de façonniers sur le territoire français. Ces produits ont envahi nos foyers via les rayons de nos grands distributeurs préférés. L'industriel est passé par toutes les étapes du racket officiel, point de passage obligatoire pour tout fournisseur de la grande distribution. Il a payé au prix fort son droit de commercialiser les produits qu'il fabriquait, mais il n'avait pas d'autre choix.

Un engagement est fait pour être remis en cause

Vint assez rapidement le moment de la remise en cause des engagements des distributeurs. Son affaire allait bien, trop bien aux yeux de ses partenaires. Le produit était de qualité, le design approprié à la demande du consommateur, le packaging accrocheur. Les conditions de la poursuite d'une excellente collaboration avec les réseaux de distribution étaient parfaitement réunies. Une excellente raison pour renégocier ce qui l'avait déjà été. De nouveaux efforts sont demandés à l'industriel, des prix plus bas, encore plus bas, toujours plus bas.

À ce petit industriel français, d'origine modeste, autodidacte érudit, qui s'était fait sur le terrain et qui ne voyait plus aucune solution pour pouvoir consentir un centime de plus de rabais sans déposer son bilan, fut suggéré le remède miracle : « Et si vous faisiez fabriquer en Asie, vous pourriez abaisser considérablement vos prix de revient et nous, nous pourrions encore augmenter le volume des commandes que nous vous passons. Vous ne seriez pas le premier à délocaliser. C'est la mondialisation des marchés qui l'exige. »

C'est la faute aux industriels

Il avait lu Michel-Édouard Leclerc et sa *Fronde des caddies*[1] et avait relevé l'hypocrisie des grands distributeurs lorsque, dans leur analyse des différents postes du commerce extérieur, ils affirmaient : « Ce sont les industries de transformation du textile, de l'agriculture, de l'électronique et de l'électroménager qui sont à l'origine des importations les plus importantes. Facile de tirer sur les consommateurs, quand soi-même... »

Une question n'a jamais été posée aux apôtres de la pseudo-défense du consommateur : qui sont donc ces clients qui, d'année en année, de mois en mois et de jour en jour, exigent des prix toujours plus bas des industriels ?

Attaché à ses vieilles racines provinciales, notre homme, si fier des emplois qu'il avait créés en quelques années, ne s'imaginait pas licencier ses fidèles salariés pour aller faire fabriquer en Asie. Il n'y pensait pas. Sympathique mais têtu, il refusait de comprendre. L'argument massue ne tarda pas : « Vous abaissez vos prix de façon significative ou nous nous procurons des produits équivalents par nos propres moyens. »

« Coup de bluff », pensa-t-il. Assurément, puisqu'il était, à ce moment-là, le seul à pouvoir fabriquer en quantité ce produit innovant. C'était bien mal connaître les méthodes et la détermination extrême des grands distributeurs.

Il ne se l'est jamais pardonné, lui qui croyait connaître ce milieu qu'il pratiquait depuis déjà de nombreuses années. Il pensait même y avoir noué des liens d'amitié et venait de subir son premier déréférencement, sans préavis.

Du jour au lendemain, plusieurs millions de francs de chiffre d'affaires disparurent ainsi sans considération de la situation des salariés.

Référencement, le retour

L'épreuve de force était engagée. Il ne pourrait tenir bien longtemps. Il dut bien vite se rendre à l'évidence et se montrer plus compréhensif pour ne pas disparaître. Monsieur S.T., homme d'expérience, n'avait guère le goût de remplir ce que les hommes de l'art appellent une « DCP[2] ».

Il fallait sauver l'entreprise. Il envisagea, pour la première fois, la possibilité de confier la plus importante partie de sa production à des sous-traitants asiatiques. De l'intention à la concrétisation, il dut passer aux travaux pratiques et s'exécuter. Une nouvelle collaboration se mit en place.

Le référencement retiré revint, à des conditions encore plus sévères, encore plus « négociées ». Le réseau concerné avait pris conscience qu'en termes de qualité, de régularité des livraisons, de savoir-faire, il était, encore, pour le moment, le seul dans ce domaine à pouvoir répondre à la demande. Pas pour longtemps, plus pour longtemps.

Ce produit, comme tout produit, se devait de vivre, d'évoluer pour s'adapter à la demande, elle-même en constante mutation. Dans le seul domaine du design, l'évolution est parfois très rapide. Chaque année, l'industriel concevait de nouveaux produits et présentait aux centrales d'achats sa nouvelle collection, pour avis. Intéressés, les acheteurs examinaient, palpaient, disséquaient, critiquaient aussi parfois. De ces échanges naissait une nouvelle gamme pour les douze mois à venir. Une démarche classique dans le cadre d'une collaboration intelligente.

Chaque année, le même processus se renouvelait. Chaque année, jusqu'au jour où un grand distributeur eut une nouvelle exigence. Les produits donnaient satisfaction mais, après plusieurs années d'une collaboration efficace, il était pris d'un doute subit et s'interrogeait sur la réelle capacité des sous-traitants asiatiques à faire face à une montée en puissance de la demande. Monsieur S.T. serait-il capable, lui qui travaillait avec ce réseau depuis tant d'années, sans jamais avoir failli ou manqué à ses obligations, de faire face à une telle progression ?

On avait confiance en lui. On le lui disait. En lui, sans

aucun doute, mais pas forcément en ses fournisseurs asiatiques.

Pris de doutes, les hommes de la centrale d'achats voulurent aller se rendre compte à la source. On lui demanda très courtoisement d'organiser une petite visite sur place, histoire de voir ces fameux sites de production délocalisés. La démarche pouvait sembler étonnante après tant d'années de bons et loyaux services. Il fallait pourtant bien y trouver une certaine logique pour la comprendre et l'accepter. Logique, elle l'était, replacée dans son contexte.

Elle prenait toute son ampleur dans une démarche d'appropriation totale et d'intégration exhaustive des différentes étapes de l'acte de production/distribution, directement, sans aucun intermédiaire, du distributeur au consommateur, exclusivement. Le charme de l'Asie opéra. Le voyage se passa bien. Les accompagnateurs revinrent rassurés et ravis. Rien n'avait changé, en apparence.

De la délocalisation à l'appropriation

Pourtant, quelques semaines plus tard, les mêmes acheteurs organisaient un nouveau voyage en Asie, moins touristique celui-là. Ils se rendirent chez les fournisseurs de notre industriel, à son insu cette fois. Le langage qu'ils tinrent fut sans équivoque : « Vous travaillez avec Monsieur S.T, nous le connaissons bien. Comme vous, nous l'estimons beaucoup, c'est un excellent professionnel. Pourtant il ne vous offre qu'un modeste débouché sur la petite France. C'est bien limité. Nous avons la possibilité de vous amener un développement incomparable. Nous vous proposons la France, l'Espagne, l'Italie, le Portugal, l'Amérique du Sud et demain les pays de l'Est, si vous travaillez en direct avec nous. Ce serait autre chose, non ?... »

De tels arguments sont de poids et méritent d'être examinés. Fidèles et reconnaissants à ce que leur avait amené le petit Français, les sous-traitants asiatiques ont, dans un premier temps, décliné l'offre pourtant alléchante. L'argument décisif ne s'est pas fait attendre : « Si vous ne traitez pas avec nous, directement, nous trouverons d'autres fournisseurs asiatiques qui nous fourniront aussi pour la France. Nous déférencerons Monsieur S.T. et vous disparaîtrez avec lui... »

Sacrifié pour condamné, S.T. allait de toutes façons disparaître. À quoi bon prendre place sur une jonque sans fond ?

Le doux message d'un rouleau de printemps

Les sous-traitants asiatiques n'avaient pas oublié ce que leur avait apporté le petit Français devenu leur ami. Ils savaient qu'ils ne pouvaient plus rien pour lui, tout juste l'informer pour qu'il puisse organiser sa défense. Rien de plus. Le « hasard » voulut qu'un beau matin de printemps, le rouleau du télécopieur de l'industriel reçoive d'un lointain continent la copie d'un courrier émanant de ce sympathique et fier réseau tricolore. Le texte en anglais ne nécessitait pas les services d'un traducteur : « Nous vous confirmons nos différents entretiens lors de notre dernière visite, vous précisant qu'un accord direct avec notre centrale d'achats vous ouvrirait les marchés de l'Espagne, du Brésil, de l'Argentine, du Mexique et maintiendrait bien entendu votre position en France. Nous attirons votre attention sur le potentiel de pertes que pourrait représenter pour vous le refus de notre proposition. »

Cette jolie missive était rédigée sur le papier à en-tête d'un grand nom de la distribution française. Il y en a des centaines qui circulent ainsi de par le monde, de par le tiers-monde essentiellement.

12.

La défaite des pétroliers

Ce qui est vrai pour les PME s'applique aussi aux trusts internationaux. Aujourd'hui, un litre de carburant sur deux est vendu par une grande surface. Fait beaucoup plus grave, 20 % de ces grandes surfaces réalisent plus de 70 % des ventes en grande distribution[1]. Elles sont comme un pied de nez à la face de ceux qui attendent leur tour dans les stations-service condamnées à la fermeture.

Les représentants des industries pétrolières formulent une revendication surnaturelle : « Tout ce que nous demandons, c'est l'application de la réglementation. » Comme si le président de l'Union française des industries pétrolières (UFIP)[2] pouvait ignorer que de l'autre côté de la réglementation se trouve le puissant lobby de la grande distribution. Le même réclame qu'« une étude d'impact sur l'emploi soit réalisée avant toute création ou extension de stations-service en grandes surfaces ».

Amer, le dirigeant de l'industrie pétrolière ajoute : « La France est imbattable pour fabriquer des règlements. Il existe ainsi plus de 400 000 décrets mais elle ne les fait pas appliquer. » Les professionnels du pétrole ne décolèrent pas : « Trop de supermarchés pratiquent des prix prédateurs. L'utilisation permanente des carburants comme produits d'appel pour attirer les clients à l'intérieur des magasins où sont réalisés les bénéfices est un abus. Cet abus devient intolérable quand le prix de vente de la grande surface ne couvre même pas l'ensemble des coûts de distribution de ces produits. Conduites à la ruine, les stations-service traditionnelles disparaissent, progressivement mais inéluctablement. Pertes d'emplois par dizaines de milliers, désertification commerciale des campagnes et des centres-villes, accroissement de l'insécurité, hausse des importations de produits raffinés, création de monopoles locaux de vente des carburants obligeant les automobilistes à parcourir des distances coûteuses pour s'approvisionner, telles sont les conséquences venues ou à venir, si rien n'est fait. »

En vingt ans, le réseau de distribution français est passé de 47 500 stations en 1975 à seulement 18 500 en 1995. Près de 30 000 points de vente de carburants classiques ont disparu, alors que 3 000 stations de grandes surfaces ont été créées. Les pertes d'emplois ne sont pas compensées. Une station-service classique utilise cinq fois plus de personnel qu'une station de grande surface par mètre cube de carburant vendu. Actuellement, le rythme de fermeture est de 500 stations par an.

« En 1972, un arrêté tentait de limiter les débordements dus à la pratique du produit d'appel permanent pour les carburants, mise en œuvre par les grandes surfaces. Par la suite, la réglementation s'est efforcée de légaliser à posteriori les remises sans cesse croissantes faites par les grandes surfaces. De 1975 à 1980, avec un rabais autorisé de 6 centimes par litre, le nombre de stations classiques a diminué de 14 %. Celui des stations des grandes surfaces a augmenté de 51 %. De 1980 à 1985, les rabais autorisés sont passés progressivement de 10 à 17 centimes par litre. Le nombre de stations classiques a diminué de 26 %. Celui des stations des grandes surfaces a encore augmenté de 50 %[3]. »

Dès cette époque, le pouvoir politique avait fait son choix : « En libérant le prix des carburants la veille de la décision de la Cour de justice européenne, en janvier 1985, Pierre Bérégovoy tentait de récupérer à son profit la victoire des Centres Leclerc, non sans un clin d'œil aux distributeurs, dont il allait à partir de cette date soutenir l'action[4]. » Ce choix ne sera jamais plus démenti par le pouvoir socialiste...

« De 1985 à 1990, dans un contexte concurrentiel exacerbé par des pratiques alors devenues déloyales, les évolutions ont été de moins 30 % pour les stations classiques et plus 67 % pour les stations de grandes surfaces. Dès cette période, les jeux étaient faits. La quasi-totalité des supermarchés créés sans station, et dont la structure le permettait, avaient été équipés de pompes à essence[5]... »

Le sacrifice des sociétés pétrolières

Les pétroliers français alimentent les cuves de la grande distribution, ce concurrent déloyal qu'ils dénoncent avec véhémence. Pourquoi ? À cette pertinente question, la réponse du président de l'Union française des industries pétrolières (UFIP) se fait embarrassée : « Jusqu'à 1996, le refus de vente n'était pas libre. Ensuite, et surtout, à cause d'une distorsion de la fiscalité des carburants entraînant une surconsommation de gazole, les essences produites en France sont en excédent. Plutôt que de les exporter à bas prix, mieux vaut les vendre sur le marché intérieur. De toute façon, si les pétroliers ne livraient pas la grande distribution, celle-ci importerait les produits sur les mêmes bases de cotation, en aggravant, par ailleurs, la facture pétrolière pour le pays[6]. »

Un tel sens de l'abnégation inspire le plus grand respect. Ce « sacrifice pour la France » mériterait un monument. Reste une question : comment prétendre, après de tels arguments, que le carburant des grandes surfaces est de moins bonne qualité ?

L'une des raisons évoquées pour justifier de la suppression du service à la pompe a été la difficulté croissante de trouver un personnel stable, efficace et courtois pour assurer un service réel et apprécié. Un grand nombre d'automobilistes ont pris l'habitude de se servir eux-mêmes. Une enquête, commandée par l'UFIP à l'institut de sondage Ipsos en novembre 1995, révèle que moins d'un Français sur quatre se déclare prêt à payer un peu plus cher son essence pour être servi par quelqu'un. Près de la moitié de ceux qui se disent prêts à payer ne le feraient que dans la limite de 1 à 5 centimes au litre, mais pour une station moyenne, l'embauche d'un pompiste payé au SMIC renchérit le coût du carburant de l'ordre de 15 centimes au litre.

Entre le service et le chômage, les consommateurs ont choisi : ils paieront des charges sociales.

Des prix, rien que des prix

Les grands distributeurs réduisent le débat de fond à une question de gros sous : « Finalement, tout cela est-il si important ? Il y aura toujours assez de stations-service en France, et du moment que chez nous c'est moins cher. » Au premier degré, incontestablement.

La lettre d'information de l'UFIP[7] analyse « les effets pervers des produits d'appel permanents ». Elle mesure avec objectivité l'impact de ces pratiques sur le consommateur, l'automobiliste, le citoyen et le contribuable que nous sommes tour à tour :

« Pour *le consommateur*, c'est un marché de dupes : ce qu'il croit gagner à la station de la grande surface, il le perd à l'intérieur du magasin ; il faut quand même que le supermarché vive, et, en général, il vit plutôt bien.

Les automobilistes qui sont prêts à faire un détour pour acheter du carburant moins cher doivent faire le calcul du coût des kilomètres parcourus pour ce détour, et de l'attente aux pompes. Il faut qu'ils imaginent, par ailleurs, les dangers d'une situation de monopole local, inéluctable à terme, et les prix qui pourraient alors être pratiqués. Enfin, ils devront s'habituer à refaire le plein dès qu'ils auront consommé la moitié du réservoir, surtout la nuit, ou le dimanche, car les points de ravitaillement seront rares.

Le citoyen devra accepter la désertification des campagnes et des centres-ville, déjà largement entamée, et, dans ces derniers, l'augmentation de l'insécurité.

Le contribuable paie, et devra encore payer plus : le coût du chômage dû à la suppression massive d'emplois, mais aussi les conséquences sur le raffinage de cette impossibilité de vendre sa production avec profit. À terme, les restructurations de l'outil industriel aboutiront à de nouvelles pertes d'emplois, mais aussi à des importations massives de produits, aggravant la facture énergétique du pays. »

Tant pis si l'industrie pétrolière a perdu 100 000 emplois[8] en vingt ans. Tant pis si 7 000 stations-service ont disparu en six ans et si 4 000 autres sont menacées à court terme. La braderie de l'or noir continue. Entre l'industrie pétrolière et les emplois qu'elle pourrait sauvegarder et la grande distribution et les emplois qu'elle fait disparaître, nos dirigeants politiques ont fait leur choix. Ce n'est pas dans les stations-service qu'ils vont « faire leurs pleins »...

13.

L'agriculture dénaturée

Produire plus, avec moins de main-d'œuvre, ils le veulent. L'agriculture française n'a pas su appréhender la réalité, la gravité et la perversité du système imposé par la grande distribution. Ses organisations professionnelles ne représentent que les plus grosses exploitations, gavées de subventions au détriment des exploitations familiales et à taille humaine. On dit l'agriculture française la meilleure du monde. Elle est, en effet, capable de produire en quantité des produits d'excellente qualité. Elle pourrait aussi maintenir dans les régions des centaines de milliers de familles et permettre la création de centaines de milliers d'emplois induits. Il n'en est rien.

Les mécanismes liés à la recherche de prix bas, par tous les moyens, n'ont pas tardé à se faire ressentir sur la qualité des produits. Cette spirale infernale produit le poulet aux hormones élevé en batterie. Sa chair est triste et sans saveur. La terre est mise en jachère et les veaux élevés dans des hangars. Poussés aux antibiotiques et autres produits favorisant leur croissance, ils sont élevés dans des cages qui ne leur permettent même pas de se coucher. La tête entravée, ils mangent, mangent et remangent encore pour mieux nourrir nos appétits de consommateurs dociles. L'objectif est unique, comme la pensée de nos décideurs : il faut des prix, rien que des prix... Le rapport qualité/prix a disparu de notre langage courant. La qualité est accessoire, puisque le consommateur n'achète plus un produit mais seulement un prix.

Ce système a favorisé la concentration des exploitations agricoles. Les poules élevées en plein air, le veau élevé sous la mère ne nécessitent pas d'importants investissements, pourvu que les débouchés existent. Les usines à fabriquer de la viande sur pattes nécessitent des investissements plus lourds, mais la demande est forte, grâce au poids de la grande distribution qui recherche le bon marché à tout crin.

Tout est organisé pour que notre consommation soit orientée essentiellement vers ces produits appauvris. Les prix négociés à l'achat sont tellement étriqués, tirés, étirés, écrasés, qu'ils ne couvrent plus les frais mis en œuvre pour la production. Les distributeurs ont imposé d'énormes contraintes au monde agricole qui, contrairement au commerce de proximité, a eu le « génie » d'en faire répercuter la charge sur le contribuable français et européen...

Le paradis de la vache folle

L'Union européenne, dans le cadre des mesures prises pour lutter contre la propagation de l'encéphalite spongiforme bovine (ESB[1]), menace de classer la France « zone à très haut risque » pour l'insuffisance des prélèvements de cervelle de bœuf effectués dans les abattoirs et l'application tardive du traitement des farines destinées à l'alimentation animale.

La France est un pays de traditions. Habituellement, les boues provenant des stations d'épuration, riches en plomb, en mercure et autres métaux lourds, servent d'engrais pour les agriculteurs. Ils prétendent qu'elles contiennent aussi des substances comestibles, riches en protéines. Ainsi, les rendements à l'hectare s'améliorent et cela permet de mettre davantage d'exploitations en jachère. Les experts gouvernementaux qui cogitaient le 19 avril 1999 sur « les dysfonctionnements de l'équarrissage en France » au sein du secrétariat général du Comité interministériel pour les questions européennes, placé directement sous l'autorité du Premier ministre, sont restés cloués sur place à la lecture des conclusions du très sérieux bulletin interne de la Direction générale de la consommation, de la concurrence et de la répression des fraudes (DGCCRF) leur apprenant, quelques jours après le 1er avril, « que l'utilisation des boues dans les farines destinées à l'alimentation animale semble répandue au niveau national ». *Le Canard enchaîné*[2] précise : « Bruxelles menace de désigner la France comme paradis de la vache folle. Les estomacs de certains bestiaux sont de vraies décharges publiques. Des stations d'épuration ont choisi de se débarrasser de leurs boues en les refilant aux équarrisseurs, lesquels les mélangent ensuite aux farines animales. Cette mixture finit sa course dans l'estomac des animaux que nous consommons, en toute illégalité au regard des directives européennes. » Sale temps dans notre assiette.

Les textes devraient pourtant être revus, pour mieux *définir* ce que l'on entend par « boues ». Pas pour en interdire l'usage. Ainsi, les farines que consomment les bovins pourraient être débarrassées des détritus riches en plomb, mercure et autres « aromates » que l'on y trouve aujourd'hui. Désormais, on fera la distinction pour notre alimentation entre « boues propres » et « boues sales ». À la Direction de la consommation, on explique doctement que « certaines eaux de lavage pourraient néanmoins être utilisées sans problème » pour arroser abondamment la luzerne.

Les autorités françaises ne se sont guère émues des révélations du *Canard enchaîné* jusqu'au jour où une chaîne de télévision allemande a diffusé un reportage sur ces dysfonctionnements. Bruxelles a aussitôt dépêché deux inspecteurs européens pour effectuer une mission de contrôle dans trois centres d'équarrissage et chez un fabricant de gélatine.

À la veille de leur visite, la DGCCRF s'est empressée de rassurer les autorités européennes. Dans une lettre du 16 août 1999, elle précise « que les dysfonctionnements constatés fin 1998 et début 1999 ont cessé et que tout a été remis en ordre ». Le service de la répression des fraudes justifie le « dysfonctionnement » auprès de ses homologues européens par le fait que « le circuit d'eaux usées et celui d'incinération des déchets n'étaient pas correctement séparés ».

Agriculteurs et agriculteurs

Le 8 février 1999, des groupes d'« agriculteurs » organisés en commandos dévastaient les bureaux de Dominique Voynet, ministre de l'Environnement, soupçonnée de vouloir réglementer l'usage des pesticides dans nos campagnes. Une façon comme une autre d'exprimer leur volonté farouche de préserver leur « droit » de continuer à s'enrichir sur la collectivité, en nous empoisonnant chaque jour davantage.

Les « pauvres paysans », interpellés par la police quelques heures plus tard, pour être aussitôt relâchés, sont, pour l'essentiel, des céréaliers d'Île-de-France, prospères et gavés de subventions, exploitant des domaines d'au moins 200 hectares. Les modestes subventions qu'ils ont encaissées de Bruxelles en 1998 s'échelonnent de 300 000 francs, pour les moins bien servis, à 1 million de francs pour les mieux lotis. Il n'y a pas de quoi se convertir au « bio » non subventionné et aux récoltes aléatoires. Quelques jours plus tard, les casseurs de la Fédération nationale des syndicats d'exploitants agricoles (FNSEA) et du Centre national des jeunes agriculteurs (CNJA) seront reçus par le Premier ministre en personne.

La Confédération paysanne se définit comme « représentative d'une agriculture devant permettre à un maximum de paysans, répartis sur tout le territoire, de vivre décemment de leur métier en produisant, sur une exploitation à taille humaine, une alimentation saine et de qualité, sans remettre en cause les ressources naturelles de demain ». Elle considère qu'il est de sa responsabilité de « participer avec les citoyens à rendre le milieu rural vivant dans un cadre de vie apprécié par tous ». Elle n'accepte pas les pratiques de ces usurpateurs entretenant, à dessein, la confusion et l'amalgame, entre les « agriculteurs » et les « industriels de l'agriculture ». Tout en regrettant le « tapis rouge » déroulé par le Premier ministre devant les casseurs, François Dufour, le porte-parole de la Confédération paysanne, dénonce les pratiques de ces « fiers représentants des céréaliers des régions les plus favorisées par la politique agricole commune depuis trente ans. Pour la plupart gros producteurs, ils sont les nantis de la réforme de 1992 qui a accentué encore un peu plus les disparités entre régions et producteurs, ceux qui détruisent les emplois agricoles et les paysages, ceux qui demandent toujours plus aux contribuables et ne supportent pas la moindre menace sur leurs privilèges ». Ces agriculteurs ont identifié les commandos de céréaliers, « issus des rangs des cogérants de l'agriculture qui ont mené le monde agricole dans l'impasse où il se trouve actuellement, et dont la société mesure de plus en plus les dégâts ».

Pour avoir tenu de tels propos et pour avoir mené de spectaculaires actions de terrain, cinq militants de la Confédération paysanne ont été incarcérés sur l'heure. Ces dangereux individus avaient osé, au cours de l'été 1999, procéder au démontage d'un Mac Do en construction à Millau. Quatre d'entre eux ont été libérés après versement d'une caution fixée arbitrairement à 420 000 francs. Le cinquième, José Bové, le président-fondateur de la Confédération paysanne, est resté en prison. Au lieu de s'attaquer aux symboles de la nourriture américaine, s'ils avaient, pendant la sieste du ministre de l'Intérieur et de ses gardiens de la paix, saccagé les bureaux du ministre de l'Environnement comme leurs collègues de la FNSEA, ils n'auraient pas été jetés en prison et n'auraient fait l'objet d'aucune poursuite. Il est des symboles auxquels on ne touche pas.

Seules les exploitations de type productiviste sont l'objet des attentions des pouvoirs publics. Huit régions[3] engrangent les plus hauts revenus moyens disponibles par exploitation. Elles représentent 25 % des exploitations mais bénéficient de 42 % des aides directes nationales.

Dans les régions « déshéritées » que sont l'Île-de-France et le Centre, très spécialisées en grandes cultures de céréales-oléo-protéagineux (COP), la part des aides directes dans le revenu est respectivement de 74 % et 85 %.

Labourage et pâturage sont les deux mamelles de la France

Les petits agriculteurs français sont à nos campagnes ce que les sans-domicile fixe sont à nos villes : contraints de tendre la sébile pour survivre. Ils vendent en dessous des prix de revient, gesticulent mais ne se révoltent pas. On achète leur silence et la paix sociale à coups de compensations. Leurs manques à gagner sont compensés par la collectivité sous forme de subventions, aides et primes en tous genres, grassement distribuées par Bruxelles en proportion des surfaces exploitées.

L'Europe a été l'architecte d'une politique agricole commune inefficace autant qu'incohérente, mais elle contribue, pour une large part, au renflouement de notre gâchis hexagonal. Le citoyen contribuable doit ainsi financer, par l'impôt qui lui est autoritairement prélevé, les non-revenus du monde agricole, offerts délicatement, et de moins en moins discrètement, par le monde politique à ses généreux bienfaiteurs. Les subventions accordées aux exploitants agricoles français sont financées par le budget national, complétées par le budget européen, lui-même financé par... les contribuables des nations qui « font » l'Europe, c'est-à-dire, partiellement, par notre budget national !... Le citoyen-consommateur-contribuable paie trois, voire quatre fois, ce que les grands distributeurs refusent de payer aux agriculteurs :

— une première fois à la caisse du grand distributeur et au prix fort par rapport au prix de cession, pour des produits de qualité industrielle, ce qui permet au distributeur de réaliser de confortables marges, loin de toutes ces basses considérations sociales, économiques, environnementales, fiscales et, encore plus accessoirement, humaines ;

— une deuxième fois au percepteur, pour compenser le préjudice subi par l'agriculteur et permettre de lui assurer le revenu que lui refuse le grand distributeur ;

— une troisième fois, moins voyante mais plus pernicieuse, par le biais des impôts et des charges destinés à couvrir les compensations sociales de ceux qui sont exclus du monde agricole et, avec eux, de ceux qui en constituaient l'environnement économique et social ; ces prélèvements additionnels augmentent les prix de revient des produits fabriqués par les entreprises, ils ont une incidence négative sur la compétitivité et donc sur l'emploi ; pourtant, ils ne sont pas suffisants, puisque la misère se fait chaque jour plus présente ;

— une quatrième fois, de façon facultative mais bien réelle, par le biais des dons effectués aux associations caritatives. Ces dernières sont de plus en plus sollicitées pour combler les carences de la collectivité qui, bien que dévoreuse de budgets pharaoniques, n'est pas capable de faire face à ses obligations. Mais le veut-elle vraiment ?

Le grand distributeur, grâce à ce système, distribue à prix « maîtrisé » des produits de piètre qualité qu'il se procure à vil prix. Ses marges sont importantes, garanties et récurrentes.

La table de multiplication par quatre

Alors que les petits agriculteurs essayent de faire entendre leur voix pour que cesse la grande braderie qui leur est imposée lors de l'achat du fruit de leur travail, la grande distribution communique à grand renfort de prospectus aux couleurs agressives. Ainsi Continent propose-t-il un « achat gagnant » qu'il présente, non sans ironie, comme « joliment ficelé ». Le filet ou l'échine de porc y sont « offerts » à 23,50 francs le kilo, soit près de quatre fois le prix payé à l'éleveur. Et ce ne sont pas les 5,5 % de TVA qui font la différence ! Le prix de vente ramené en hors taxe représente 383 % du prix payé à l'agriculteur.

Ce qui est vrai pour le porc l'est aussi pour les fruits et légumes. Un melon acheté 2,50 francs le kilo est revendu 8,65 francs à la ménagère. Le prix est multiplié par 3,3 ! La tomate réalise une performance encore supérieure. Achetée 1,75 franc, et parfois même 1,50 franc comme en août 1998, elle était revendue, à la même époque, 8,45 francs le kilo. Un coefficient de près de 4,6 qui permet aux grands distributeurs de dégager une marge brute de plus de 350 %. À ce prix-là, si les marges appliquées n'étaient pas aussi indécentes, nous pourrions tous manger sain, en rémunérant décemment nos agriculteurs sans augmentation de prix.

L'agriculture paysanne réclame « la clarification des relations des groupements de producteurs avec la grande distribution, alors que le prix payé au producteur ne représente que 15 % du prix de vente au consommateur dans bien des cas[4] ». Le mouvement n'est pas dupe des enjeux que cache en réalité « la guerre des prix » pratiquée par les grands distributeurs : « Le consommateur ne bénéficie jamais des baisses de prix des matières premières agricoles. Celles-ci sont toujours confisquées par l'agroalimentaire et la grande distribution, qui utilisent cette manne financière à des fins de croissance externe autrement appelée concentration. C'est la raison pour laquelle les baisses de prix influent peu sur les niveaux de consommation. »

En 1959, Édouard Leclerc promettait de baisser les prix en supprimant tous les échelons qui s'intercalaient entre le producteur et le consommateur : ramasseur, expéditeur, groupeur, courtier, répartiteur, représentant, mandataire, grossiste, demi-grossiste, détaillant.

Ils ont disparu et, avec eux leurs salariés, mais le prix payé au producteur pour un kilo de tomates est toujours multiplié par quatre dans le panier de la ménagère...

Des prix bas toute l'année

Les centrales d'achats ont assimilé les « bienfaits » de l'Europe depuis longtemps, en spéculant sur les cours des produits agricoles. Michel Gardère[5] décrit les fluctuations des circuits d'approvisionnement pour le melon : « Quand le cours est trop élevé en France, les centrales d'achats s'approvisionnent en Espagne ou au Maroc, moins chers en raison d'un moindre coût de la main-d'œuvre, d'un meilleur ensoleillement et, pour le Maroc, de la possibilité d'utiliser des produits chimiques interdits par la CEE. Dès lors, les prix français s'effondrent. Lorsqu'ils sont bas, les grandes surfaces achètent de nouveau en France, entraînant une baisse des prix espagnols. »

Les acheteurs des grandes surfaces font la navette tout l'été entre la France, l'Espagne et le Maroc. Cela leur permet de n'acheter aux agriculteurs français, marocains et espagnols que lorsque leurs prix sont au plus bas. Les consommateurs, eux, paient au prix fort pour une qualité gustative que l'hebdomadaire *Marianne* qualifie de « lamentable ».

Double affichage

Pour fêter le 15 août, et aussi calmer les producteurs en colère, le ministre de l'Agriculture a introduit une notion de double affichage sur les fruits et légumes. La mesure annoncée comme une victoire de la transparence n'a en fait qu'une portée doublement limitée : dans le temps et quant aux produits concernés. L'expérience n'a duré qu'un mois pour les pêches, les nectarines, abricots, melons et poires ; deux mois pour le raisin et les pommes ; et trois mois pour les tomates et les concombres. Après l'éclipse de la transparence, retour à l'opacité.

Le principe voulait que le consommateur puisse lire, à côté du prix au kilo qu'il paye, le prix consenti au producteur. La FNSEA, principal syndicat agricole français, avait pavoisé : « Le double affichage est une grande victoire syndicale. » Le syndicat productiviste se référait au civisme du consommateur : « Ce dispositif est un appel au consommateur qui pourra se rendre compte de lui-même des méthodes commerciales de la distribution. » Le président de la Fédération nationale des producteurs de fruits se prenait à rêver : « Quand vous allez acheter un produit 15 ou 20 francs et vous apercevoir qu'il a été payé 1 franc au producteur, vous allez demander des explications. » Le ministre, quant à lui, renvoyait le citoyen à ses responsabilités : « Le marché est totalement libre. Au consommateur de choisir en toute connaissance de cause, grâce à plus de transparence. »

Choisir en toute connaissance de cause, c'est bien là le problème !

Les distributeurs savaient que le texte ne serait pas appliqué. Le président de la Fédération du commerce et de la distribution (FCD) était serein : « Ça nous permettra de redresser notre image et d'expliquer qu'entre le prix d'achat au producteur et le prix de vente au consommateur, il n'y a pas que de la marge. » Et d'ajouter, non sans humour : « Cette transparence est cependant sans grand risque puisque le prix que les distributeurs devront afficher n'est pas celui auquel ils achètent la marchandise, mais le prix net moyen payé au producteur pour l'achat du lot commercialisé du produit concerné, déduction faite des frais de conditionnement et des ristournes éventuelles consenties par le producteur et figurant sur la facture ou les documents commerciaux établis par le premier metteur en marché de la marchandise ». Catherine Coroller décodait dans les colonnes du quotidien *Libération*[6] : « Cet affichage ne permettra pas de mettre en lumière les conditions parfois draconiennes que les centrales d'achat imposent à leurs fournisseurs. Il révélera juste un prix d'achat moyen, identique pour toutes les centrales ».

Les prix d'achats affichés étaient en fait les cours de référence auxquels les coopératives vendaient sur les marchés de gros. Ils étaient communiqués par l'Office national interprofessionnel des fruits et légumes (ONIFLHOR) et le ministère de l'Agriculture et s'appliquaient à tous les distributeurs, quelles que soient les conditions négociées individuellement avec leurs fournisseurs. Avant même que le texte ne paraisse au *Journal officiel*, les distributeurs avaient mis en place une parade : afficher les prix communiqués par le ministère de l'Agriculture et préciser qu'ils ne correspondaient pas aux prix d'achat.

Vérité des prix

Les distributeurs pourraient afficher la réalité des prix sur l'ensemble des produits qu'ils commercialisent, alimentaires ou non, si on le leur demandait. Ces informations font partie du quotidien de leurs contrôleurs de gestion et existent dans les mémoires de leurs ordinateurs. Une telle mesure serait même créatrice d'emplois.

Les résultats étonneraient plus d'un consommateur. Les prix indiqués directement sur les produits, comme on le fait déjà pour les livres ou les journaux, régleraient définitivement ce problème de transparence tout en redonnant un ballon d'oxygène aux industriels pour embaucher de nouveau.

On ne le fera pas. Les distributeurs ont persuadé les décideurs que réduire le chômage est facteur de hausse de prix.

Le prix de vente consenti au consommateur, prohibitif par rapport au prix d'achat, ne laisse que peu de place aux promoteurs de produits de qualité, jugés trop chers pour les familles. Le consommateur paye au prix fort des produits tellement dénaturés qu'on en est arrivé à présenter comme un luxe ceux issus de l'agriculture traditionnelle. Le naturel, le sain, le vrai, le non-trafiqué ont été distingués du reste et rebaptisés « bio », pour faire « tendance ».

Les grands distributeurs se mettent au « vert »

Pour ne pas avoir à subir de pertes sur des fruits mûrs, trop fragiles, les centrales d'achats ont exigé des agriculteurs des fruits verts. Un fruit mûr, manipulé en libre-service par de nombreux consommateurs, risque de s'abîmer, un fruit vert ne perd pas ses eaux, ne perd pas de poids.

Marianne, dans un article consacré au malaise paysan[7], en tire la synthèse : « Les fruits sont devenus immangeables, ou presque. À cette médiocre qualité gustative due essentiellement à un manque d'ensoleillement, sont venus s'ajouter d'autres handicaps. Jadis, un agriculteur sélectionnait lui-même ses graines. Ainsi, quand un melon était bon, il gardait les pépins. Il les faisait sécher sur les pages de son journal favori puis il les conservait dans un pot en grès, jusqu'au printemps suivant, période où il les semait. Chaque agriculteur avait sa technique et possédait sa variété (on disait sa race !) de melon. Il mettait un point d'honneur à produire des fruits de qualité. Ce sont désormais des grainetiers internationaux, groupes au pouvoir considérable (ils sont les inventeurs du maïs transgénique) qui contrôlent la qualité originelle du melon. Voilà pourquoi ils ont tous le même goût, ou presque. »

La consommation de masse a largement contribué à la destruction de l'agriculture traditionnelle et familiale. L'équation est au premier degré : des prix acceptables pour le consommateur, des marges extrêmement confortables pour le distributeur, le reste pour le producteur. L'agriculture française s'est industrialisée, laissant derrière elle des provinces déshumanisées et désertifiées. Il n'est pas banal de voir ceux qui ont largement contribué à ce désastre économique autant qu'écologique se déguiser en promoteurs et défenseurs de l'alimentation saine à l'ancienne. Considérés maintenant comme un luxe, ces produits sont vendus plus cher à une clientèle qui, soucieuse de sa santé, est prête à y mettre le prix.

À la production, les prix n'évoluent guère ; pourtant cette agriculture-là ne perçoit pas les aides et subventions dont bénéficie avec générosité l'agriculture polluante. Dans le panier de la ménagère, il en va tout autrement. Les prix sont nettement majorés. Cela fait flamber les marges des distributeurs.

Plus chers, ces produits ne sont pas accessibles à tous. Privés de « bio », financièrement inaccessible, les pauvres peuvent toujours se rabattre sur les poulets prédésossés de naissance, les œufs pondus en hangars par des poules élevées aux farines de poisson, ou les veaux à la musculature gonflée aussi naturellement que les cuisses d'acier de nos coureurs cyclistes « survitaminés à l'insu de leur plein gré ».

Les vrais paysans sont lucides. Ils savent que l'agriculture biologique résulte d'une remise en cause de l'agriculture conventionnelle productiviste. En France, elle est le fait d'agriculteurs reconvertis le plus souvent par conviction, parfois suite à des échecs financiers ou encore après des problèmes de santé. Plus tard, des néoruraux sont venus les rejoindre. La grande distribution a appréhendé l'agriculture biologique en termes de marché. Elle a investi dans le développement du bio, au sens produit et non pas démarche. Les paysans le reconnaissent. Face à la concentration de la commercialisation, l'offre en produits biologiques, de par ses caractéristiques en termes de volume, de variétés, de prix et de régularité de l'approvisionnement, n'a pas su se développer. Le manque de volonté politique, les importantes disparités réglementaires et l'inadéquation avec les circuits de commercialisation sont, pour la Confédération paysanne, les principaux freins au développement d'une agriculture paysanne, durable et solidaire.

En 1985, l'agriculture biologique française occupait la position de leader avec 60 % de la production biologique européenne. Dix ans plus tard, elle n'en représentait plus que 10 % ! La prise de conscience s'est en effet généralisée chez nos voisins européens. Dans le même temps, la stagnation des conversions à l'agriculture biologique a conduit la France à se faire successivement dépasser par l'Allemagne, l'Italie, l'Autriche, la Suède et le Danemark. La demande reste faible au pays du bon goût. Son approche ubuesque du problème agricole a obligé la grande puissance agricole que prétend être la France à multiplier par 5, entre 1993 et 1997, ses importations de produits issus de l'agriculture biologique. Entre 1991 et 1996, les soutiens publics à l'agriculture productiviste ont progressé de 31 %, passant de 58 à 74 milliards de francs par an. Dans le même temps, 200 000 exploitations agricoles françaises disparaissaient. Réforme de la PAC ou pas, 80 % des aides continuent à être attribuées à 20 % des exploitations.

Les grands distributeurs, plus lucides que nos ministres de l'Agriculture, ont identifié de nouveaux marchés prometteurs, ceux liés à l'agriculture biologique et d'autres encore qui, à défaut de répondre à l'exigence des critères édictés pour le « bio » véritable, pourraient y ressembler dans l'esprit du consommateur.

Ceux qui n'ont pas encore franchi le pas ne tarderont pas à les rejoindre. Cet eldorado des produits alimentaires biologiques vendus à prix d'or et dégageant de substantielles marges bénéficiaires attire de nouveaux conquérants. Se nourrir sainement est devenu un véritable luxe de classe.

L'authentique « vrai/faux » naturel

Déjà Promodès a lancé sa gamme tendance, « relookée » tradition : « Reflets de France », axée sur une image de produits du terroir. Elle n'a rien de bio, mais en termes d'image, et pour le non-averti, cela fleure bon la France profonde. Une centaine de PME ont été sollicitées pour fournir ces produits miraculeux. Avec seulement 200 articles, le chiffre d'affaires prévisionnel pour la seule année 1996 était d'une centaine de millions de francs.

La réalité a dépassé les prévisions, même les plus optimistes : ce sont plus de 168 millions de francs de produits ainsi labellisés qui ont défilé sur les tapis des jolies caissières de ce réseau clairvoyant. De quoi donner quelques idées à ceux qui prendront, à toute vapeur, le train du pseudo-naturel en marche.

Pourtant, il ne suffit pas de changer les étiquettes et d'affubler n'importe quel produit d'un nom qui sent bon le terroir pour qu'il soit débarrassé, comme par enchantement, de toutes les cochonneries qui le composent. Un produit ne peut être considéré comme issu d'un mode de production biologique que s'il est garanti sans engrais ni traitement chimique de synthèse. Il doit faire l'objet de vérifications régulières de la part d'organismes internationaux de contrôle de qualité agréés, ainsi que d'associations de consommateurs. Ce n'est que dans ce contexte très strict que le label « AB » (Agriculture biologique) peut être utilisé. Les grands distributeurs, qui se sont engouffrés comme un seul homme sur le marché du bio, du pseudo et du simili-bio, se font beaucoup plus discrets sur les risques des fameux produits transgéniques, ces produits manipulés par de savants chimistes à la solde de groupes industriels et financiers.

Agneau de nos provinces et pêche miraculeuse

Bien décidé à faire un grand ménage, aux débuts des années 90, Michel-Édouard Leclerc[8] ira de révélation en révélation. Les secrets de Polichinelle s'affichent sur papier glacé : « À Boulogne, chacun sait qu'il se transforme dans l'industrie agroalimentaire trois fois plus de poisson qu'il n'en est pêché par les artisans côtiers ou la pêche industrielle. En cas de tempête, les flux d'approvisionnement sont assurés d'Irlande, de Grande-Bretagne ou d'Écosse... Tout en dénonçant les importations de moutons irlandais par les supermarchés, le directeur d'un abattoir ovin bien connu du centre de la Bretagne n'hésite pas à justifier ses propres importations par la possibilité de péréquation financière que lui apporte cette marchandise. » Que reste-t-il aujourd'hui de ces généreuses révélations sur les étiquettes des supermarchés, chez Leclerc comme chez ses concurrents ?

Une chanson de Francis Cabrel : « Chercheur contre nature, truqueur sur l'honneur qui jure : faut pas que ça vous inquiète... j'ai bien connu l'animal mort dans votre assiette. » Le monde est sourd à la sagesse d'un poète hors saison. Les mots font quarante-cinq petits tours compactés et puis s'en vont... Il est vrai que, pour ne pas trop nous « affoler », les statistiques répertoriant les cas d'ESB observés sont sérieusement manipulées. Il suffit d'une ruminante atteinte de la maladie de « la vache folle » dans un troupeau de deux cents bêtes pour que, « par prudence », le troupeau tout entier soit immédiatement abattu, incinéré et généreusement compensé dans le portefeuille de l'agriculteur. Aucune analyse, aucune expertise ne s'intéresse aux 199 compagnes de l'animal contaminé. Un seul cas sera retenu par la rassurante statistique. On n'est jamais trop prudent lorsque l'on manipule de telles informations.

Dans son élan Michel-Édouard Leclerc a été plus loin encore dans ses confessions : « Au royaume de l'hypocrisie, certains dirigeants de l'industrie agroalimentaire française sont assis sur un trône confortable. Le cassoulet toulousain prend quelquefois des airs du Maghreb et, comme plus personne en France n'épluche les haricots verts extra-fins, ceux du Maroc ou du Sénégal font l'affaire. La plupart des tomates en boîte sont importées de Grèce, d'Italie ou de Bulgarie. Et comme il gèle certains hivers en Agenais, les taxes prélevées par les groupements de producteurs pour promouvoir le pruneau local servent aussi à la publicité de la prune californienne, qui vient gonfler les sachets en période creuse. Et que penser de ces foies gras du Périgord, encore transis du voyage de Budapest ou de Tel-Aviv, de ces écrevisses françaises couleur des Carpates ? »

Que penser aussi de ces belles étiquettes qui nous bluffent sur les origines de ce que nous consommons ? Et de ces grands distributeurs qui essayent de nous rassurer en nous parlant « traçabilité » et « filières sécurisées » ?

Depuis la sortie de *La Fronde des caddies*, aujourd'hui introuvable, Michel-Édouard Leclerc se fait discret sur ces problèmes qui, pourtant, sont d'une actualité brûlante.

L'ignorance entretenue du consommateur

Vache folle, dioxine, antibiotiques, hormones et OGM pourraient donner à nos grands distributeurs une fort belle occasion de focaliser sur eux micros et caméras. Leurs talents conjugués ne seraient pas de trop pour informer vraiment le consommateur. L'ignorance dans laquelle il est maintenu n'est pas neutre. La Confédération paysanne note[9] que « si on tentait de comparer les crédits investis au cours des dix dernières années dans le développement des technologies génétiques en agriculture, à ceux alloués pour comprendre les conséquences de ces technologies, on serait probablement en droit de se demander si cette ignorance n'est pas voulue. Voulue par les grandes firmes d'abord, qui imaginent mal attendre quelques années de plus pour connaître le résultat de ces recherches, susceptibles de remettre en cause leur travail, et retarder ainsi, voire rendre incertaine, la rentabilisation de leurs investissements. Voulue par les hommes politiques, les chercheurs, mais aussi par certaines catégories d'agriculteurs ensuite, aveuglés par le mythe du progrès, formatés dans l'idéologie occidentale dominante du « produire plus/vendre plus » et dont l'esprit critique s'est réduit à l'état de leur portemonnaie ». Le bon sens paysan n'a pas disparu tout à fait !

Il a fallu que des militants de l'association Greenpeace[10] retirent eux-mêmes des rayons d'un hypermarché de la banlieue parisienne des produits alimentaires qu'ils soupçonnaient de contenir du soja ou du maïs transgénique, sans que l'étiquetage l'indique. Cette mention est pourtant imposée par la réglementation européenne. Le choix des militants de l'association écologiste aurait été guidé par une enquête publiée en avril 1998 par la revue *60 Millions de consommateurs*.

Greenpeace fait circuler depuis le 25 mai 1999 deux

listes[11] hautes en couleur : une « liste blanche » qui recense les produits pour lesquels les fabricants assurent l'absence d'organisme génétiquement modifié (OGM), soumis ou non à l'étiquetage, en garantissant la traçabilité des ingrédients et des additifs, et une liste noire répertoriant les produits susceptibles de contenir des OGM ou dont les fabricants ne s'opposent pas à la présence d'OGM, soumis ou non à la loi sur l'étiquetage, ou ne peuvent pas garantir l'absence d'OGM. Largement diffusées par l'association, ces informations ne sont pas reprises par les grands distributeurs. La défense du consommateur a ses limites.

L'absence de volonté politique

En 1996, alors que se profilaient les lois Raffarin et Galland, certains agriculteurs ont souhaité imposer des produits de qualité labellisés. L'information mérite d'être soulignée puisque, quelques années plus tard, d'autres « agriculteurs » n'ont pas hésité à saccager les bureaux d'un ministre pour exprimer leur mécontentement de ne pouvoir continuer à utiliser leurs pesticides préférés.

Cette folle initiative pouvait remettre en cause tout le système, qui consiste à transférer sur le contribuable les coûts que n'accepte pas de prendre à sa charge la grande distribution. Avec les industriels fragilisés et de nombreuses organisations professionnelles d'artisans, les agriculteurs avaient réclamé au ministre des prix minima, susceptibles d'assurer leur survie. Les chambres d'agriculture avaient quant à elles demandé l'amélioration des textes sur les ententes et la promotion, comme le Premier ministre s'y était engagé lors de la conférence annuelle, pour que l'agriculture et l'agroalimentaire jouent pleinement leurs rôles d'acteurs économiques.

Ils n'ont reçu pour réponse qu'une loi timide[12] combinant les sanctions applicables à la vente à perte et la création d'une notion de prix abusivement bas. Une « non-réponse » à un problème d'ampleur nationale, dépassant largement le cadre d'une catégorie socioprofessionnelle.

Le ministre pouvait sembler plein de bonnes intentions au départ, les illusions ont vite cédé la place à la réalité. Passé les discours flatteurs et racoleurs, il a fixé les limites : « Il ne s'agit en aucune façon d'établir un contrôle des prix par le bas, mais seulement de réprimer des abus. » Il annonçait sans ambiguïté l'inefficacité de sa loi et l'absence de volonté politique.

Une fois de plus, les promesses n'ont pas été tenues. Comble d'ironie, le même ministre s'est rendu en Chine pour inaugurer, en grande pompe, un établissement flambant neuf aux fières couleurs tricolores. Comment ces ministres peuvent-ils prétendre vouloir réconcilier les Français et la politique ?

Aux agriculteurs qui réclamaient un texte spécifique garantissant une politique de labels, de qualité et d'appellation contrôlée, le ministre délégué aux Finances et au Commerce extérieur exprimait ses réticences : « Je ne pense pas qu'il soit souhaitable pour le monde agricole qu'il y ait un texte spécifique. » Ce choix politique en faveur des producteurs/pollueurs/empoisonneurs s'est traduit par des aides à la reconversion ridicules mais surtout par une absence de toute aide à la pratique de l'agriculture biologique. Il a pour conséquence une absence d'appui technique, une absence d'aide à l'organisation économique et des orientations privilégiant le modèle d'agriculture productiviste, en termes financiers et institutionnels, y compris dans le domaine de la formation continue et de l'enseignement. Il n'est pas question de légiférer. Il serait désobligeant de contrarier les affinités du monde politique avec le milieu de la grande distribution et celui, encore plus inquiétant, des industriels mutants en apprentis sorciers.

Les agriculteurs ne sauraient comprendre les jeux subtils de l'économie

L'économie, c'est l'affaire des spécialistes. Pour les têtes couronnées, les « culs-terreux » ne peuvent rien y comprendre. La preuve ? Ils sont assez naïfs pour croire les promesses d'un Premier ministre. Ces gens-là topent dans la main et cela vaut, pour eux, engagement. Ils croient encore à la parole donnée, à l'honneur et à la dignité. Ils sont d'une autre époque et ne peuvent rien comprendre aux jeux de la politique moderne.

Les pouvoirs publics ont laissé se développer l'agro-industrie contre l'intérêt des agriculteurs et des consommateurs. Les paysans s'interrogent sur les performances réelles de l'agriculture industrielle et productiviste [13]. « Les volumes considérables d'aides directes et leur part largement déterminante dans le revenu des agri-exportateurs tempèrent la prétendue compétitivité de ce type de développement qui, de plus, génère du chômage en concentrant les moyens de production aux mains d'une minorité, explique la Confédération paysanne [14]. C'est le modèle productiviste agricole, totalement soumis à l'industrie agroalimentaire, qu'il faut condamner. Mettre en avant la vocation exportatrice de l'agriculture européenne, c'est poursuivre la fuite vers des scandales à répétition : hier la vache folle, aujourd'hui la dioxine et demain les antibiotiques, les hormones et les OGM. »

Les agriculteurs votent traditionnellement « conservateur ». Les grands distributeurs soutiennent [15] farouchement « la gauche capitaliste », soumise à la dominatrice loi du marché, qui privilégie la production de masse pour satisfaire les lobbies productivistes et exportateurs. Les consommateurs doivent, eux, voter avec leurs caddies, comme d'autres votent avec leurs fusils.

Le bon sens paysan

La notion de têtes de gondoles a peut-être incité un peu trop longtemps les grands distributeurs à se prendre pour des pierrots au carnaval de la démagogie. La fête est finie.

Sept millions de nos concitoyens jonchent le sol comme autant de confettis auxquels personne ne prête plus d'attention. Les masques vont tomber à leur tour.

La France est un pays de tradition rurale. Le bon sens paysan ne s'apprend pas « aux écoles » mais se transmet de père en fille et de mère en fils. Il ne produit pas de jolies machines à faire de beaux discours standardisés, juste des femmes et des hommes qui ne comprennent plus bien le sens des décisions de ceux qui essayent de les gouverner et qui les conduisent, droit dans le mur, tous phares et gyrophares allumés, insouciants et claironnants, comme un soir de 8 mai...

La dictature économique normalise tout ce qu'elle trouve sur son chemin.

Nature, science et inconscience... de l'agriculture à la culture, les grands principes de l'économie moderne se déclinent et se subliment avec la même application...

14.

La culture en « pack de six »

Le libraire conseille le lecteur et peut lui suggérer des choix à contre-courant de la mode et de la pression mercantile et médiatique du moment. Certains libraires se sont fait une spécialité de leur indépendance. Les chefs de rayons des grandes surfaces ne bénéficient, eux, que d'une formation accélérée de dix jours pour appréhender la littérature française.

La grande distribution raisonne en termes de marché, de chiffre d'affaires et de marge. Les rayons dits culturels n'échappent pas à cette règle. « La culture à portée de tous » comme cet autre slogan qui prône un « tout sous le même toit » ne sont que des arguments d'accroche. La grande distribution, par son approche purement commerciale, impose au consommateur ce qu'il doit lire et, par conséquent, ce qu'il doit penser.

Le palmarès de la diffusion littéraire, publié régulièrement par le magazine *L'Express*, est devenu « la » référence pour les rayons culture des hypermarchés. *L'Express* est au livre ce que l'Américain Robert Parker est à nos grands crus. Il ne l'a pas choisi, c'est la grande distribution qui se l'est accaparé.

En ne pariant que sur les meilleures ventes du moment, les centrales jouent gagnant sans risque. Les absents ont toujours tort, mais personne ne remarque l'absence d'un auteur inconnu. *Marianne*[1], sous la plume d'Olivier Maison, démontre comment « la grande distribution vend ce qui se vend bien ailleurs et occulte ceux qui n'ont pas déjà rencontré le succès ».

Le livre de Serge Halimi *Les Nouveaux Chiens de garde*[2] offre à cet égard un exemple typique de l'enjeu que représente l'entrée d'un ouvrage dans le classement de *L'Express* : « Malgré des premiers tirages vite épuisés, le livre n'apparaissait toujours pas dans la liste de *L'Express.* L'IFOP l'avait considéré comme un livre de poche, compte tenu de son faible prix. Étonnement de l'éditeur qui rappela que le premier livre de cette collection, écrit par Pierre Bourdieu, n'avait pas subi le même traitement. Après quelques tergiversations, le livre de Halimi fut enfin pris en compte dans le classement. On put dès lors le trouver sur les linéaires des grandes surfaces, les ventes repartirent de plus belle et ce pamphlet antimédias s'installa en tête des essais et documents. » On ne prête qu'aux riches.

La grande distribution ne s'encombre pas avec des ouvrages d'auteurs qui ne lui garantissent pas des ventes massives. Les centrales d'achats n'ont pas pour objectif de découvrir, de lancer, de favoriser la diffusion de nouvelles plumes. Elles n'ont pour objectif que de référencer des livres qui se vendent et qui font du volume. Elles sélectionnent les 20 % de titres qui leur permettront d'assurer 80 % du chiffre d'affaires qu'aurait rapporté une diffusion exhaustive. Elles exigent des éditeurs qu'ils leurs fournissent des tirages importants, ce qui exclut les petites maisons qui ne peuvent passer le cap miraculeux du référencement. L'éditeur, pour pouvoir exposer sa production intellectuelle, doit traiter au niveau des centrales d'achats et passer par les mêmes étapes qu'un « lessivier » ou un marchand de sacs poubelles.

Le culturel ne représente que 5 %, en moyenne, du

chiffre d'affaires des hypermarchés, mais le poids des grands distributeurs dans le chiffre d'affaires des éditeurs est considérable. Le référencement peut représenter, pour ceux qui sont capables de suivre, une réelle opportunité. L'opération peut aussi se solder par un désastre financier, si le succès immédiat n'est pas au rendez-vous.

Le principe veut que les livres soient déposés par les éditeurs chez les libraires. Ces derniers ont trois mois pour les écouler et ne paient que ceux qui n'ont pas été retournés, passé ce délai. Ce mécanisme permet une large diffusion de la production littéraire mais ne laisse qu'une durée de vie très courte aux ouvrages édités.

Un livre qui a la chance d'être exposé sur les rayons de la grande distribution doit être vendu plus vite encore. Les hypermarchés ne respectent pas ce délai de trois mois et exigent des éditeurs que soient repris, à leurs frais, les ouvrages qui ne se vendent pas comme espéré. Ils ne veulent pas en supporter le coût de stockage qui, pourtant, est largement couvert par celui du référencement. Le livre est traité comme un quelconque fromage blanc : passé la date de péremption, il retourne chez son producteur.

Magie de la communication et de sa capacité de persuasion : les lecteurs achètent leurs livres dans les grandes surfaces, là où le choix est moindre et le prix du livre... le même que n'importe où ailleurs !

Entre la défense de Goethe et celle des supermarchés, il fallait choisir

La loi sur le prix du livre, dont le projet figurait dans les 110 propositions du candidat François Mitterrand, a été votée en 1981, dès son élection à la présidence de la République. Elle oblige l'éditeur à mentionner le prix public au dos de chaque livre. Légalement, ce prix ne peut faire l'objet que d'une remise maximale de 5 %. Entre « la défense de Goethe et celle des supermarchés », le bouillonnant Jack Lang a choisi : « Ce régime dérogatoire est fondé sur le refus de considérer le livre comme un produit marchand banalisé et sur la volonté d'infléchir les mécanismes du marché pour assurer la prise en compte de sa nature de bien culturel qui ne saurait être soumis aux seules exigences de rentabilité immédiate. » Pour le ministre de la Culture de l'époque : « Tous les Français sont ainsi égaux devant le livre. » Les prix sont les mêmes à Strasbourg et à Landerneau. Cela n'égalise certes pas le pouvoir d'achat de nos concitoyens, mais la supercherie qui consisterait à masquer les réels problèmes d'appauvrissement culturel en donnant des gages aux ayatollahs de la grande distribution, au mépris de la démocratisation du livre, n'a pas fonctionné. Pas pour le livre.

Sans la loi Lang, qui a évité la disparition des libraires, le livre, comme le disque avant lui, serait devenu le quasi-monopole de la grande distribution. Quelles seraient les chances de diffusion d'un ouvrage fâchant la grande distribution, si elle, et elle seule, était en mesure de diffuser les auteurs et éditeurs qu'elle estime dignes de ses lumineux rayons ? Est-ce aux grands distributeurs de décider ce qui *peut* être lu et ce qui ne *doit* pas l'être ?

Rouvrir le débat

Pour Michel-Édouard Leclerc [3], la loi imposant le prix unique du livre « a freiné les appétits d'achat de 73 % des Français qui ne poussent jamais la porte d'une librairie. Le prix moyen des livres vendus en France est de 60 francs [4] ».

À 50 francs ce serait donc la ruée sur les rayons providentiels des « épiciers de la culture ». Il suffit de s'en persuader !

Pourtant le prix des alcools et celui des cigarettes ne cessent d'augmenter, taxés davantage d'année en année, sans enregistrer une baisse significative de consommation.

La marge que les distributeurs reprochent à l'inventeur de la Fête de la musique d'avoir imposée aux malheureuses grandes surfaces aurait pu être réinvestie dans un système favorisant l'éclosion de nouvelles plumes, ou dans le financement de bibliothèques au service des plus défavorisés. Malheureusement, ils n'ont pu y penser : leur combat pour la démocratisation de la lecture s'arrête au seuil du tiroir de leurs caisses enregistreuses.

L'auteur de *La Fronde des caddies* s'interroge : « Pourquoi ne pas reconnaître la qualité de vrais libraires à certains hypermarchés ? Si les éditeurs s'estiment trop petits pour suivre un tel réseau de points de vente, il ne leur appartient pas de le discréditer, mais, à l'inverse, de s'organiser, de se regrouper à l'instar de tous les autres producteurs sur le marché français. »

Faut-il comprendre : moins d'éditeurs pour une production limitée aux grands tirages ?

Michel-Édouard Leclerc préconise : « Il faut rouvrir le débat. Dans l'intérêt de la culture, du livre et de la lecture. Mettre l'éteignoir sur les geignards, pousser délicatement sur le côté les frileux, prendre la main des romantiques de la librairie, et certainement, aussi, donner un grand coup de chiffon sur les rayonnages, installer la couleur et la gaieté. »

Empêtré pourtant dans une argumentation difficilement tenable, l'auteur-distributeur bute sur une contradiction : comment expliquer le formidable succès du livre de poche ? En 1992, cette formule a passé la barre des 18 millions d'exemplaires. Michel-Édouard Leclerc prend Jean Giono à témoin : « J'estime aujourd'hui que le livre de poche est le plus puissant instrument de culture de la civilisation moderne. » Il oublie de préciser que le prix du livre de poche est le même chez tous les distributeurs, qu'ils soient libraires ou discounteurs de la culture sur palettes en linéaires...

La vente à prix libre, une question de savoir-faire

Les grands distributeurs ont trouvé une parade afin de tourner la loi qui interdit de vendre à moins de 95 % du prix mentionné sur l'ouvrage par l'éditeur. Ils passent des commandes importantes sur des références qui, théoriquement, se vendent bien et ne subissent pas les affres du temps, comme les classiques de la bande dessinée, les guides et autres dictionnaires. Ils stockent en laissant le temps faire son œuvre. Au bout de quelques mois, ils les mettent en vente à des conditions promotionnelles. Les prix imposés par les éditeurs ne sont, dans ce cas, pas appliqués. Les libraires, eux, subissent une concurrence déloyale contre laquelle ils n'ont pas d'argument.

Des petits libraires se plaignent aussi d'ententes entre la grande distribution et certains éditeurs, et non des moindres, qui organisent une sorte de « primeur » réservée aux grands distributeurs lors de la sortie d'ouvrages faisant l'objet de fortes demandes. Ces livres se retrouvent, quelques jours à l'avance et « par hasard », le plus souvent lors de veilles de week-ends, empilés sur les rayons culture des grands distributeurs. Les libraires de quartier, eux, ne seront livrés que quelques jours plus tard, une fois le rush du week-end passé, une fois le pactole empoché par les cultivés grands distributeurs.

Un joli et discret coup de pouce à des amis qui ne veulent pourtant pas que du bien au monde de l'édition et de la culture, dans ce qu'il a de riche, de diversifié et d'indépendant.

Troisième partie

DU COMMERCE À L'IDÉOLOGIE

15.

Les Mousquetaires de la distribution

Le groupe Intermarché (ITM pour les intimes) a été fondé par un ancien de chez Leclerc, Jean-Pierre Le Roch, un homme solide. Cet ancien garagiste de São Paulo s'est illustré dans les compétitions automobiles brésiliennes. De retour du Brésil, il décide de raccrocher casque et combinaison de pilote pour se travestir en homme d'affaires : c'est la panoplie de « mousquetaire » qu'il choisit. À peine revenu sur le sol breton, il décide d'y exercer ses talents dans l'épicerie grand format. Il fait un bout de chemin avec l'épicier de Landerneau et puis, très vite, entre en dissidence.

En 1968, il claque la porte, entraînant avec lui près d'une centaine de « Leclerc » mécontents. Il ne lui faudra pas plus d'un an pour fonder le groupement des « Ex » et commencer à concurrencer Leclerc sous cette enseigne. L'affaire commence mal : « Ex » est une marque déposée par le pétrolier Exxon. Leurs avocats persuadent les dissidents de changer d'enseigne au plus vite. Jean-Pierre Le Roch affûte son épée et fonde le fameux groupement Intermarché des non moins célèbres « Mousquetaires de la distribution ». Formé à l'école de l'hypermarché, il prétend détester les hypermarchés et se pose en défenseur du petit commerce !

À cette époque, commençaient à se constituer des

réseaux de franchise, nés du mariage d'un franchiseur et de ses franchisés. Le premier met à la disposition des seconds son savoir-faire, ses moyens et ses méthodes. En contrepartie, les seconds versent au franchiseur un droit d'entrée et de substantielles redevances. Le contrat de franchise confère aux franchisés l'obligation de s'approvisionner exclusivement chez le franchiseur, aux prix et conditions fixés par celui-ci. En dehors de quelques cas de réussites partagées, la franchise s'est, à l'usage, montrée une excellente opération pour les franchiseurs, et surtout pour les avocats qui ont eu à plaider les très nombreuses affaires portées devant les tribunaux. Le phénomène de mode est retombé, et la franchise a retrouvé la place qui aurait toujours dû être la sienne.

Le financement de la constitution d'un réseau

Le développement des réseaux de franchise dans les années 1975-1980 tombe à point nommé. On n'a pas encore trouvé mieux que ce système qui permet d'investir, grâce à l'argent des autres, celui des franchisés. Fortunés ou endettables, les candidats font la queue pour avoir l'honneur d'être admis dans le cercle de ce « petit réseau qui monte ».

Intermarché invente le premier système de capital sans risque pour financer sa croissance. Le groupe met au point un moyen efficace pour investir des sommes colossales sans bourse délier. Deux ruisseaux principaux vont faire une grande rivière : d'un côté les adhérents, de l'autre les fournisseurs industriels. Les couples qui se bousculent pour entrer dans la famille Intermarché doivent apporter une dot se situant dans une fourchette de 1 à 2 millions de francs. Ils ont le choix d'y consacrer leurs économies, de vendre tout ce qu'ils ont, habitation familiale comprise, ou de s'endetter pour assurer le financement de l'apport exigé. Les fournisseurs compléteront la mise et seront « taxés », au titre des budgets de développement et d'ouverture, de sommes pouvant atteindre 4 millions de francs par ouverture d'un magasin à l'enseigne pointant son épée menaçante.

Contractuellement, ITM se fait verser ces budgets directement par ses fournisseurs, et n'en reverse que 50 % à ses adhérents. Les 50 % restants leur seront restitués au bout de cinq ans, s'ils sont encore vivants...

Le système ITM s'est avéré performant. En quelques années, le concurrent de Leclerc est devenu le numéro trois de la grande distribution hexagonale.

À taille humaine

Pour constituer un réseau et se différencier de son modèle, l'élève devait se distinguer de son maître. Leclerc donnait dans l'hypermarché, Intermarché allait donner dans le supermarché.

La grande distribution avait une image quelque peu déshumanisée. Intermarché allait créer un réseau à taille humaine, composé de femmes et d'hommes du terroir, ressemblant à nos petits commerçants d'antan. Il ne leur manquait plus que le crayon sur l'oreille et l'incontournable « Gitane papier maïs » pour faire plus authentique. « Poujade, le retour » ou « Le pot de fer au secours du pot de terre », version grande distribution ! L'image flatteuse de dynamisme et de succès annoncé allait permettre d'attirer de nombreux candidats, portés par l'enthousiasme des Trente Glorieuses. Les ingrédients étaient réunis pour conduire les apprentis Mousquetaires sur le chemin de la gloire.

Un dérapage non contrôlé

Basé sur la contribution généreuse de ses fournisseurs et sur les économies de ses adhérents, le financement du réseau allait connaître un franc succès. Le groupe, qui depuis sa création oublie de publier ses comptes, avance un chiffre d'affaires de plus de 140 milliards de francs dans ses encarts publicitaires destinés à favoriser de nouvelles vocations.

Tout aurait pu aller pour le mieux dans le meilleur des mondes du libéralisme incontrôlé, si un vilain grain de sable n'était venu contrarier le bon fonctionnement de la machine. En 1990, le groupement lance son « Argus de la distribution », diffusé à plus de 8 millions d'exemplaires dans l'ensemble de ses magasins. Intermarché, comme tout grand distributeur qui ne respecte pas ses fournisseurs, demande à ces derniers de prendre en charge le coût de ce gadget pour communicant branché. L'hebdomadaire *Le Point* avance, de source qu'il qualifie de judiciaire mais au conditionnel, le chiffre astronomique de 100 millions de francs perçus ainsi par Intermarché[1]. Ces sommes auraient été facturées sous des appellations telles qu'opérations promotionnelles, ouverture de magasin, présence de gamme, couverture géographique, participation à l'Argus, référencement d'un nouveau produit, et autres coopérations commerciales... « Cette pratique fait hurler les fabricants depuis belle lurette, sans qu'ils osent porter plainte », souligne le journaliste. Une plainte serait suicidaire. Pourtant les victimes sont nombreuses et ont des patronymes prestigieux tels que Coca-Cola, Nestlé, William Saurin, Jacques Vabre, Buitoni, Findus, Belin et bien d'autres. Ces firmes ont les moyens de se payer les services de kyrielles d'avocats, pas celui de supporter un déréférencement.

La répression des fraudes saisit le procureur de la République

Intermarché obtient de plusieurs de ses fournisseurs des ristournes substantielles au titre de la coopération commerciale, dérogeant ainsi aux conditions générales de vente préalablement négociées. En contrepartie, l'enseigne leur promet une présence de choix de leurs produits dans son « Argus de la distribution ».

La Direction générale de la concurrence, de la consommation et de la répression des fraudes entreprend une enquête dans un magasin de la région parisienne. En juin 1995, Intermarché est condamné pour vente à perte et facturation imprécise. En décembre de la même année, le groupement est condamné à 7,5 millions de francs d'amende pour avoir publié dans son « Argus » des indications de prix, pratique laissant supposer des ententes au sein de ce groupement d'indépendants.

Le bulletin disparaît. Seul un exemplaire par magasin peut être consulté par les clients qui en feraient la demande. L'impact sur le consommateur perd de son intérêt pour les fournisseurs, mais le groupement n'entend pas renoncer aux ristournes conséquentes qu'il continue d'exiger des industriels. Après trois années de procédures, le groupe Intermarché se voit condamné par le tribunal à rembourser la coquette somme de 55 millions de francs, « facturée à tort » à ses fournisseurs. Selon le quotidien *Libération*, la société Rivoire et Carret se voit créditée de près de 15 millions de francs. Buitoni obtient près de 10 millions, Panzani 12 millions, Jacques Vabre 9 millions, William Saurin 6 millions et Delacre 3 millions de francs.

Il ne s'agit pas là d'une amende, ni d'une condamnation à des dommages et intérêts, mais seulement de la restitution, au franc le franc, de sommes appartenant aux industriels et ponctionnées, indûment, par l'épicier duelliste.

L'affaire aurait pu en rester là, si les adhérents n'avaient eu pour seule lecture que les bulletins internes rédigés à la gloire du réseau et de ses fondateurs. Les articles publiés dans la presse d'information ne leur ont pas échappé. Intermarché a prélevé des sommes colossales sur *ses* fournisseurs, qui sont en fait les fournisseurs des adhérents du groupement. Ces sommes auraient dû leur revenir, au moins partiellement, après couverture des frais généraux du groupe. Curieusement, il semble qu'il n'en ait rien été.

16.

L'avenir du franchisé

Un document d'Intermarché daté du 6 octobre 1987 et connu sous le nom « Plan 3-6-9 » prévoit, pour chacune des neuf années à venir, les ouvertures de magasins. Il se scinde curieusement en « créations IM », pures et dures, et « reprises IM ». Cette dernière catégorie regroupe à la fois les sortants volontaires et, plus pudiquement, la catégorie des « Mousquetaires malheureux » que le groupement devra bien se résigner à reprendre, moyennant la plupart du temps un petit franc bien symbolique. Ce « sauvetage » effectué, les heureux repreneurs n'auront plus qu'à s'empresser d'exploiter, en direct, le point de vente ou le « refourguer », à prix d'or, à un nouveau postulant.

Dès octobre 1987, ce document confidentiel « prévoyait » les « reprises » de magasins qui seraient effectuées au cours des neuf années suivantes !

PLAN 3-6-9 — 1988 à 1996 —
Édition du 6 octobre 1987 *(extraits)*

	88	89	90	91	92	93	94	95	96
IM* Créations	250	280	300	190	130	120	22	22	22
IM* Reprises	100	127	152	179	196	208	219	219	219
IM* Ouvertures	350	407	452	369	326	328	241	241	241
TOTAL IM*	1270	1522	1792	1963	2080	2188	2188	2188	2188

*IM : Intermarché

Ces quatre lignes ont été extraites d'un document comportant énormément de chiffres, dont la lecture n'est pas aisée pour un non-initié. À la première lecture rien ne transparaît. En intercalant la quatrième ligne entre la première et la deuxième, tout s'éclaire, comme par enchantement.

	88	89	90	91	92	93	94	95	96
Total IM*	1270	1522	1792	1963	2080	2188	2188	2188	
IM* Reprises		↘ 127	↘ 152	↘ 179	↘ 196	↘ 208	↘ 219	↘ 219	↘ 219

Désormais, le lien entre le nombre de magasins ouverts (Total IM) et celui que le groupement entend voir « reprendre » (IM Reprises) est clairement établi.

Le pourcentage, à l'analyse de ce tableau, apparaît de lui-même : 10 % des magasins ouverts seront repris, d'une manière ou d'une autre, chaque année à ceux qui ont eu le courage de se lancer dans cette aventure ! À aucun moment ces chiffres ne sont évoqués lors des réunions d'information qui se tiennent au centre de formation de Bondoufle dans l'Essonne, pour attirer les nouveaux postulants. Il faut le reconnaître : comme « business plan », il y a plus prometteur.

Les chiffres parlent à qui sait les « écouter »

En 1989, sur 407 ouvertures planifiées, 280 le seront par « création » et 127 par « reprise » à leurs créateurs, mousquetaires se retirant sur la pointe des pieds ou mousquetaires désarmés.

À fin 1990, on table sur 1 792 magasins à l'enseigne IM. Ce sont donc 179 magasins qui seront appelés, dès l'année suivante, à être repris par le groupement pour satisfaire à la règle inavouée des 10 % telle qu'elle ressort de ces documents secrets. Et ainsi de suite...

Compte tenu de l'existence d'un noyau dur autour des fondateurs du groupement, d'un second cercle de proches de ce noyau intouchable, le risque de « reprise » pour un Mousquetaire indépendant dépasse largement les 10 % de « casse » prévue, acceptée et planifiée comme un juste retour des choses.

En 1988, on prévoyait 100 reprises pour 250 créations. Progressivement les courbes vont s'inverser.

Dès 1991, les reprises rejoignent les créations (179 contre 190) pour basculer résolument dans une proportion inverse dès l'année suivante.

En 1994, le recrutement n'est plus planifié qu'à hauteur de 22 créations par an. Désormais, les ouvertures se feront à concurrence de plus de 90 % [1] par le biais des « reprises ». À en croire les opposants d'Intermarché, tous ces transferts ne seraient pas motivés que par des départs en retraite.

L'avenir incertain des franchisés

Les chiffres énoncés parlent d'eux-mêmes. Ils ne concernent que l'enseigne Intermarché. En y ajoutant Écomarché, Bricomarché, Vêtimarché, Logimarché et autre Stationmarché, ce sont plus de 500 magasins qui étaient planifiés comme « reprenables » en 1992. Le chiffre des magasins pouvant être repris chaque année était estimé, selon ce document, comme pouvant dépasser les 700 unités[2] dès 1994. Quel appétit, ces Mousquetaires !...

Déniché par un journaliste de *L'Humanité*[3], ce document, dont l'existence n'a pas été contestée par Intermarché, démontre comment « l'appauvrissement, la faillite, la ruine, l'anéantissement des adhérents du groupement » pourraient avoir été « prévus » avec une précision de métronome par les planificateurs du groupement.

Aucun réseau de franchise n'oserait planifier, même dans un document confidentiel, un taux de casse de 10 % l'an. Pessimistes, ces prévisions ne le sont pas pour tout le monde. Elles ne sont que l'illustration d'une stratégie de constitution d'un empire basé sur l'appauvrissement des industriels d'une part, et l'implication des candidats à la fortune que sont ces couples se donnant à un système qui n'ose avouer son nom. Attirés par une volonté d'entreprendre, ils ont été séduits par de superbes argumentaires sur papier glacé qui mélangent allégrement : « éthique, société humaine et foi en l'homme » et qui arbore pour devise : « Apporter le mieux-être au plus grand nombre en agissant sur les rouages de l'économie. » Le préambule précise avec gravité : « En cette fin de siècle, où les idéologies disparaissent les unes après les autres, la devise des Mousquetaires apparaît presque comme un anachronisme »...

Les centaines de membres de l'Association de défense des adhérents du groupe Intermarché (ADAGI) ont quelques difficultés à voir, dans le groupement ITM, le grand idéologue autoproclamé de la fin du XXe siècle. Cette association a été créée en 1993 à l'initiative d'Anne Pédron, une ex-Mousquetaire ruinée. Cette ex-acheteuse de produits textiles franchit le pas en ouvrant, en 1988, un magasin à l'enseigne Vêtimarché à Guérande, en Loire-Atlantique. Les prévisions trop optimistes du groupement la conduisent à ne réaliser que 60 % du chiffre d'affaires escompté. Les pertes s'accumulent et amènent l'adhérente au dépôt de bilan.

Le tribunal de commerce de Saint-Nazaire reconnaît le « soutien artificiel » du groupement et dénonce une « étude de marché fautive », sans laquelle elle ne se serait pas lancée dans cette aventure. La victime a perdu près de 2 millions de francs dans la bataille. En décembre 1997, elle obtient la condamnation du groupement à 600 000 francs de dommages et intérêts.

L'association qu'elle a créée, et qui depuis a été reprise par le bouillant Lionel Hellot, regroupe les victimes de pratiques que les consommateurs sont loin de soupçonner. Alors que le groupement diffuse *sa* vérité à l'ensemble de ses adhérents dans son bulletin *À vrai dire*, le vilain petit canard havrais édite, à l'attention des adhérents de l'ADAGI, une lettre d'information baptisée *À dire vrai*. Les concurrents d'Intermarché sourient discrètement à l'évocation du titre de la plaquette destinée à recruter de nouveaux candidats : « Les Mousquetaires résolument différents » et laissent bien volontiers, sur ce plan-là, le groupement revendiquer sa « différence ».

17.

Duel avec la presse

Un beau matin de 1995, dix-huit PDG de magasins à l'enseigne d'Intermarché décident de passer à l'action. Ils débarquent au siège de *L'Humanité*, qui ne fait pourtant pas partie de leurs lectures de chevet. Serge Garde les reçoit. Il précise : « Ce qu'ils affirmaient était tellement énorme que, dans un premier temps, je ne les ai pas crus. » Le journaliste, qui a préalablement été amené à travailler longuement sur les sectes, ira d'étonnements en surprises. L'enquête sur le groupement durera plus d'un an.

En décembre 1996, l'hebdomadaire communiste publie un premier article[1] décrivant les stupéfiantes méthodes du groupe de distribution. Il dénonce des méthodes proches de celles appliquées par les sectes : « temps de travail non rémunéré, rupture avec le milieu familial, engagement quasi mystique, tutoiement de rigueur... ». La conclusion de l'article, contesté par Intermarché, a de quoi donner le frisson : « Les procédures contre le Groupement se multiplient. Des dizaines d'adhérents se sont regroupés en association de défense. Tous ne feront pas appel à la justice. Certains, ruinés ou déstabilisés, sont morts. Nicole Chaigneau s'est immolée par le feu dans son magasin, Daniel Bernet et Jean-Pierre Noblet ont été retrouvés flingués. Suicides ? Aucune enquête n'a apporté toute la lumière sur les circonstances de ces morts. »

C'en est trop ! Le journal est poursuivi en justice.

Capital *et les secrets des Mousquetaires*

Le mensuel économique *Capital*, à la suite d'une longue enquête, publie à son tour sous la plume du bien nommé Sylvain Courage un article explosif, sous le titre « Succès et dérapages — Intermarché, les Mousquetaires sont fatigués »[2]. Six pages sont consacrées aux pratiques, inconnues du grand public, de ces francs tireurs du supermarché. Tout y passe, de la ruine des gérants exploitants aux difficultés des enseignes spécialisées, de la révolte des adhérents à « la nébuleuse financière de 350 sociétés dont les comptes restent un mystère », des « sociétés monégasques » aux fameux « Produits de nos filiales » (PNF).

Pour répondre, Intermarché choisit la manière forte. Premier objectif : soustraire des kiosques ce numéro gênant. Le second : une sévère condamnation répétée devant une multitude de tribunaux. De quoi faire disparaître le magazine. Une note confidentielle est immédiatement diffusée à l'ensemble des adhérents. On peut y lire une véritable déclaration de guerre : « Je vous avais parlé, lors de la dernière réunion régionale, de l'article que le magazine *Capital* préparait sur notre groupement et que, selon sa teneur, nous ne resterions pas sans réagir. Il est écrit. Trop de mensonges nécessitent une réaction immédiate de notre part. On ne peut pas se laisser salir nationalement. On ne peut pas se laisser salir chacun sur sa ville et chacun dans ses points de vente. Réagissons. Rachetez les magazines *Capital* qui peuvent se trouver sur votre ville, ayez une réaction commune et déterminée avec vos collègues des marchés des Mousquetaires. À suivre... » La missive est signée : « Mousquetairement ».

La manœuvre est dénoncée par *Capital* dans son numéro de mai. Elle commence à ressembler à un joli coup d'épée dans l'eau. Le gérant de la SCM et le président du conseil d'administration demandent à bénéficier d'un droit de réponse. Il est trop tard. La rubrique courrier du magazine est inondée par les témoignages des adhérents. Les langues se délient. Alors, en quelques jours, plus de cent plaintes en diffamation sont déposées par de gentils membres contre le magazine.

À deux reprises, Intermarché vient de démontrer le pouvoir de censure dont disposent les groupes financiers dans nos fragiles démocraties.

Quelle indépendance ?

Le Revenu[3] relève le gant à son tour. Sylvie Guyoni décrit le mode de fonctionnement de la Société civile des Mousquetaires, en précisant : « Cette structure concentre, en fait, toutes les questions sur l'opacité du système Intermarché. »

Le lecteur découvre que les adhérents ont signé deux contrats les liant au groupement : le premier d'adhésion, le second de franchise. Les franchisés exploitent leurs fonds de commerce pour la plupart en société anonyme. Rien n'est laissé au hasard. Le choix des conseils du dirigeant indépendant est « préconisé » par Intermarché. Les juristes, les experts-comptables et même les commissaires aux comptes sont « référencés » par Intermarché. L'histoire ne dit pas s'ils sont amenés, eux aussi, à payer un droit de référencement comme le font les fournisseurs ordinaires de la grande distribution...

Cinquante professionnels, triés sur le volet, contrôlent les 400 sociétés du groupe et les quelque 3 000 magasins arborant la fière enseigne.

Le fait d'être mandaté par des franchisés et par leur franchiseur ne semble déranger personne sur cette planète où déontologie et éthique sont réservées aux effets de manche des tribuns, les soirs de « grand-messes » professionnelles, et ne s'imposent déjà plus qu'à « une certaine catégorie » de professionnels, intervenant dans des structures dites « à taille humaine »...

La concentration des entreprises, et avec elle le regroupement des cabinets d'audit tentaculaires aux tentations hégémoniques, devenus eux-mêmes de véritables « supermarchés du conseil », mettent à mal les principes d'indépendance qui garantissent la sincérité et l'image dite « fidèle » des comptes des entreprises.

En octobre 1996, le commissaire aux comptes d'un franchisé, Bricomarché, est révoqué, fait exceptionnel, par le tribunal de commerce pour « manque d'indépendance ».

Le président de l'Association de défense des adhérents du groupe Intermarché (ADAGI) surenchérit en précisant : « Le système est verrouillé dès le départ, par la clé de voûte que constituent les professionnels de la comptabilité et du droit recommandés par contrat. Les procédures d'alerte [4] sont rares. Le plus souvent, on propose à l'adhérent une sortie à l'amiable contre un franc symbolique. Il arrive qu'on laisse à l'adhérent une partie de la dette. »

En mars 1996, un couple de franchisés, auquel il n'aura suffi que dix-huit mois pour faire faillite, est dédommagé par son franchiseur sur décision du tribunal de grande instance de Paris. En novembre de la même année, le tribunal de commerce de Saint-Nazaire rend une décision favorable à un franchisé Vêtimarché. Le pire est à venir.

Museler la presse

Quatre-vingt-quatre tribunaux ont été saisis de près de 120 plaintes depuis la parution du fameux article de *Capital.* De quoi donner quelques frissons aux plus obstinés des directeurs de publications. Le groupe tente de museler la presse en contraignant un titre à faire face à des frais de procédure gigantesques, avant même que le juge n'examine l'affaire au fond. Heureusement, le tribunal de Foix qualifie la démarche des Mousquetaires de « tactique délibérée de harcèlement judiciaire ». Il décide, comme cela doit être le cas lorsqu'une même affaire est pendante devant plusieurs juridictions, de la renvoyer devant le tribunal de grande instance chronologiquement saisi le premier. C'est celui de Paris à qui échoit cet honneur. Un à un, les tribunaux saisis prennent des décisions analogues.

En août 1998, les 33 tribunaux ayant rendu une décision vont tous dans le même sens. Pis, les magistrats de Foix condamnent les Mousquetaires à verser 15 000 francs au mensuel pour couvrir ses dépens. Dix autres tribunaux prennent des décisions analogues, ce qui condamne Intermarché à verser à l'organe de presse une somme totale de 122 500 francs pour lui permettre de couvrir ses frais de justice. L'arroseur est arrosé.

Le pot de terre contre la grande distribution

Deux années après la parution de l'article de *L'Humanité-Dimanche* accusant Intermarché d'utiliser des méthodes s'apparentant à celles des sectes, le tribunal de grande instance de Paris[5] déboute ITM Entreprises de sa plainte en diffamation. Sous le titre « Un coup d'épée de trop »[6], Émilie Rive commente la décision de justice :

« Le tribunal a reconnu au journal le bénéfice de la bonne foi, sur le sérieux de l'enquête, la prudence de l'expression et la légitimité de publier un article sur les méthodes employées par les magasins de la grande distribution à l'égard de leurs franchisés et d'en faire une analyse critique au regard des pratiques par ailleurs employées par les sectes, unanimement dénoncées comme un problème de société particulièrement redoutable. »

Le tribunal note aussi que « la lecture de la Charte des Mousquetaires permet, notamment, de constater que la soumission de l'adhérent aux intérêts supérieurs du groupement se traduit par l'engagement que prend chacun de consacrer au moins un tiers de son temps à une fonction non rémunérée ». Le tribunal relève également que le Passeport UNM (un gadget interne destiné à séduire les nouveaux postulants) « s'adresse au candidat en utilisant le tutoiement et fait état de la rupture qui sera opérée entre le postulant et son milieu familial. Il cite une publication interne qui évoque clairement le caractère quasi mystique de l'engagement des Mousquetaires ».

Les Mousquetaires mettaient en cause trois passages de l'article incriminé. Le premier rapprochait l'organisation du mouvement d'une secte, le second suggérait que l'organisation servirait de couverture pour commettre des infractions fiscales sous la forme d'exportation illicite de fonds à l'étranger, quant au troisième il imputait au groupement un rôle d'instigation ou de complicité homicide dans des morts présentées comme demeurées inexpliquées.

Dans son article[7], Serge Garde décrit le groupement comme étant : « L'une des premières grandes entreprises à recourir [à l'égard de ses franchisés] à des méthodes que l'on trouve habituellement dans les sectes : enfermement de l'adhérent dans un monde clos, création d'un esprit maison quasiment mystique [les adhérents, parfois qualifiés de "missionnaires", doivent respecter une charte], grand-messes surmotivantes, jargon spécifique, soumission de l'individu au groupe, primat des règles internes sur les lois républicaines. »

Le journaliste s'interroge sur l'origine du succès financier d'Intermarché, en affirmant : « La fortune du Groupement provient d'abord du recrutement et de la mise en faillite de nouveaux adhérents. » Il analyse le fameux « document confidentiel », daté du 6 octobre 1987, intitulé : « Plan 3-6-9 ». Les « reprises » annuelles y sont planifiées par le groupement : « Il s'agit des magasins récupérés après l'éviction de leurs propriétaires. Les époux Brehm font partie des cent quatre-vingt-seize reprises prévues cette année-là. Chaque supermarché récupéré à vil prix est revendu au prix fort. » L'article révèle comment le groupement *subodore* les difficultés futures de ses adhérents. L'existence de cette note incroyable, connue de tous les membres du réseau, n'a pu être contestée par Intermarché dans le procès en diffamation que le groupement a intenté, et perdu en première instance, contre André Carrel, le directeur du journal et la société éditrice de l'hebdomadaire. Ce n'était qu'une première bataille.

Pour vivre heureux, vivons cachés

La grande distribution se porte bien. Ses résultats sont excellents. Aucune entreprise industrielle ne peut prétendre rivaliser avec les profits et les super-bénéfices qu'elle n'affiche pas. Même *Le Figaro*[8] ose relever, dans le cadre d'un article consacré au réseau fondé par Édouard Leclerc : « Ajoutant encore à la difficulté d'appréciation, le mouvement des centres Leclerc ne publie plus son chiffre d'affaires depuis deux ans et n'a pas intérêt, notamment vis-à-vis des pouvoirs publics, en raison du gel des grandes surfaces, à afficher des croissances trop fortes. » Bel exemple de transparence, s'il en est !

Pourtant, en examinant de près les comptes de la grande distribution il y aurait beaucoup à dire sur ces pseudo-défenseurs du panier de la ménagère. Comment font-ils, ces protecteurs de la veuve et de l'orphelin, pour engranger de tels bénéfices s'ils luttent véritablement, bec et ongles, contre la vie chère ? La publicité de leurs résultats financiers ne rendrait-elle pas leurs discours racoleurs quelque peu inopérants ?

Il y a belle lurette que l'inflation a été maîtrisée et ils sont devenus, avec le temps, de dangereux agents déflationnistes. Qu'ont-ils donc à cacher ainsi, les représentants de ces grands réseaux de distribution, qui accourent dès qu'ils aperçoivent quelque chose qui ressemble à un micro ou une caméra, mais deviennent si pudiques lorsqu'il ne s'agit que d'évoquer leurs brillantes réussites financières ? Pourtant, le mouvement de l'épicier de Landerneau a de quoi être fier de sa réussite. Il dispose de 356 hypermarchés, 159 supermarchés et 36 magasins spécialisés dans la commercialisation de vêtements. Dans l'environnement de ces magasins se trouvent, appartenant au réseau : 465 stations de distribution de carburant, 183 manèges à bijoux, 115 cafétérias, 64 agences de voyages, 46 espaces dédiés à la parapharmacie, 59 centres automobiles, 38 espaces bâtiment/bricolage/jardinage, 31 jardineries...

Deuxième libraire de France, Leclerc a mis le clignotant pour dépasser la Fnac. Leclerc Voyages réalise la bagatelle de 500 millions de chiffre d'affaires, avec une progression annuelle à faire pâlir de jalousie n'importe quel voyagiste patenté. L'objectif annoncé est le doublement en quatre ans. Pourquoi s'en cacher, puisqu'il a toutes les chances d'être atteint ?

Le premier bijoutier de France s'appelle, lui aussi, Leclerc. Il ne compte pas en rester là et prévoit d'élargir son offre à l'horlogerie et à l'orfèvrerie. Le premier client de L'Oréal s'appelle Leclerc. Ce n'est pas un hasard, puisqu'il détient déjà plus de 18 % du marché de la santé-beauté dans l'Hexagone.

La liste des secteurs investis par l'enseigne n'est pas limitative. Ce n'est pas la réussite brillante de ce distributeur qui est en cause. Ce sont les moyens utilisés à l'égard de ses fournisseurs pour y parvenir qui sont plus que critiquables. Les siens, comme ceux de ses concurrents.

Aucun industriel ne peut se vanter d'une réussite et d'une progression identique à celles constatées dans le monde de l'épicerie de masse. Aucune entreprise nationale ne peut présenter de tels bilans d'activité. Est-ce pour cela que le groupement Intermarché préfère, lui aussi, vivre caché ? À moins que ce ne soit pour ne pas avoir à révéler certains chiffres qui parlent d'eux-mêmes et contredisent les beaux discours démagogiques officiels.

Comment, en effet, expliquer aux 7 millions de laissés-pour-compte abandonnés au guichet des objets trouvés de la *sous*, voire de la *non-consommation*, et à ceux qui, par dizaines de milliers, ne vont pas tarder à les rejoindre, qu'un hypermarché réalise 180 000 francs de chiffre d'affaires annuel par mètre carré ? Comment expliquer à ceux qui claironnent qu'il faut investir pour créer de l'emploi que dans ce secteur, largement destructeur d'emplois, seuls 3 % du chiffre d'affaires moyen par magasin suffisent à financer les amortissements, remboursements d'emprunts, locations immobilières et autres investissements ? Comment expliquer surtout que ce miracle permanent, commercial et financier, puisse s'opérer et se renouveler avec une masse salariale qui ne pèse pas plus de 8 % du chiffre d'affaires ? Une plaisanterie, une farce même ! Avec 7 millions de dindons, tout de même.

Avec un tel palmarès on comprend mieux le vieil adage qui préconise : « Pour vivre heureux, vivons cachés. » Tant pis pour la morale et pour la transparence.

Ne dites pas à votre distributeur que vous êtes dans la pub, il en a horreur

Intermarché adore la publicité. Celle qu'il fait. Pas celle qui lui est imposée par le législateur[9], en tant que société commerciale. La loi n'est faite que pour les citoyens ordinaires. Fort de ses innombrables filiales commerciales, industrielles, prestataires de services et de ses 2 938 points de ventes, Intermarché ne devrait pas échapper à cette obligation. Le groupe en a pourtant décidé autrement en ne se soumettant pas à cette obligation et en refusant obstinément de déposer ses comptes au greffe du tribunal de commerce.

Le 7 novembre 1997, puis le 6 avril 1998, à la suite de la plainte d'un ancien Mousquetaire de la branche bricolage (franchisé Bricomarché) les magistrats parisiens rendent une ordonnance de référé intimant au groupement de publier ses comptes au greffe.

Comme pour se faire davantage persuasif, le juge assortit son invitation d'une pénalité de 18 000 francs par jour de retard dans l'exécution de sa sommation. La direction du groupe, qui ne publie aucun compte depuis plus de dix ans, s'est refusée à tout commentaire au sujet de cette ordonnance, mais s'est exécutée pour ce qui est des comptes de l'exercice 1996, en signe de bonne volonté.

Publier ses comptes est imposé aux entreprises par la loi du 24 juillet 1966, ce qui n'a rien de choquant pour les chefs d'entreprise qui n'ont rien à cacher. Pourtant, plus de 200 000 entreprises sur les 950 000 inscrites au registre du commerce continuent, délibérément ou par négligence, à refuser de se mettre à nu. Lorsqu'il s'agit d'une omission volontaire, les dirigeants agissent la plupart du temps pour dissimuler leurs difficultés et masquer à leurs fournisseurs l'état de santé réel de leur entreprise.

Dans des cas beaucoup moins fréquents et dans des domaines d'activité très spécifiques, il s'agit d'une démarche stratégique ayant pour objectif de ne pas se dévoiler face à la curiosité de ses concurrents. Dans des cas extrêmes, chez une nouvelle race d'entrepreneur, c'est parce que l'alignement de zéros risque d'être perçu comme provocateur qu'ils ont décidé de s'exonérer de cette obligation légale. Les sanctions[10] prévues par la loi ne sont que rarement appliquées.

Au cas particulier, l'enjeu est bien plus important qu'il n'y paraît. À la différence des groupes intégrés comme Carrefour, Promodès ou Auchan dans lesquels les mêmes hommes détiennent les capitaux des différentes structures qui en constituent les rouages, le groupement Intermarché est organisé selon un système susceptible de donner la migraine aux meilleurs experts en organisation. L'organigramme est des plus complexes et plus personne ne s'y retrouve vraiment. Les franchisés, ceux qui font vivre le réseau, y ont perdu leur latin depuis bien longtemps.

Les adhérents historiques et les plus méritoires sont regroupés dans une société civile répondant au joli nom de : Société civile des Mousquetaires (SCM). Ces mousquetaires constituent le noyau dur, « l'élite », du système. Les 866 heureux élus ont été cooptés parmi les adhérents franchisés. Ils détiennent ainsi la fameuse holding ITME[11] qui coiffe, directement ou indirectement, les participations dans les autres sociétés du groupe. Les dividendes versés aux Mousquetaires sont plafonnés et personne ne sait où passent les bénéfices qui ne leur sont pas distribués.

Vient ensuite une kyrielle de sociétés : 47 sociétés de services (bureaux d'études, organismes de formation, sociétés prestataires en informatique, organismes bancaires, compagnies d'assurances) et 35 filiales agroalimentaires alimentant le réseau en produits maison. Un pôle ne regroupant pas moins de 85 filiales, dites d'achats et de logistique, vient épauler l'ensemble. Au total, plus de 350 sociétés financières gravitent dans une nébuleuse où seule une poignée d'initiés s'y retrouvent, dans tous les sens du terme...

La presse évoque la présence autour du fondateur d'Intermarché, Jean-Pierre Le Roch, d'une trentaine de barons, principaux bénéficiaires de ce qu'elle qualifie d'« organisation ». Certaines structures seraient des « sociétés fantômes », comme ces « sept sociétés » qui seraient accrochées au Rocher princier alors qu'on ne dénombre qu'un seul Intermarché sur le caillou monégasque. L'existence de ces sociétés sera par la suite réfutée devant la cour d'appel de Paris. L'attestation de l'un des contestataires « repenti » viendra, à point nommé, renforcer la thèse du distributeur selon laquelle les sept « sociétés » évoquées par *L'Humanité* ne seraient en fait que sept numéros d'identification de micro-ordinateurs destinés au traitement des commandes journalières de l'unique magasin monégasque. Les protagonistes camperont sur leurs positions : Jean-Pierre Le Roch opposera un démenti catégorique. Interrogé à propos de cette *confusion*, Serge Garde n'enlèvera pas « une virgule » à ses affirmations.

Dans le système Intermarché, la pression exercée sur les industriels, semblable en tous points à celle exercée par les autres grands distributeurs, ne profite pas forcément à ceux grâce auxquels elle peut être opérée. En ne publiant pas ses comptes, Intermarché interdit à ses adhérents de disposer des éléments d'appréciation leur permettant de réclamer leur dû.

Les franchisés commandent à la centrale d'achat. La centrale d'achats obtient des remises, ristournes, rabais et autres menus avantages, qui ne peuvent être exprimés qu'avec beaucoup de zéros. Elle oublie, parfois, de les redistribuer à ses adhérents.

Les Mousquetaires ne sont pas partageurs

Les franchisés ignorent à combien se montent les fonds ainsi soutirés à leurs fournisseurs et ne peuvent donc réclamer leur quote-part du butin. Yvon Belliot, le franc-tireur de Marennes, a réclamé l'accès aux comptes d'ITME et de ses deux filiales d'achats, ITM Marchandises International et Bricomarchandises International. De quoi donner des idées à ses collègues les plus timides qui attendent de connaître le sort qui sera réservé par le tribunal à ses requêtes. Dès 1995, le tiers des membres de la SCM a officiellement demandé davantage de transparence et notamment à ce que les rapports des commissaires aux comptes de la société ITME soient lus et commentés en assemblée générale, ce qui est bien un minimum.

Le franchisé, propriétaire exploitant depuis 1990 d'un magasin à l'enseigne Bricomarché dans les Charentes-Maritimes, a osé, le premier, réclamer à son Goliath de franchiseur ce qui lui était dû. Constatant que ses marges étaient ridicules alors que la centrale empochait de colossales ristournes, il revendique, devant les tribunaux, la part qui lui revient contractuellement. Pour se prononcer, le tribunal se fait assister d'experts. Ils ne peuvent travailler qu'à partir des comptes d'Intermarché. C'est leur matière première et c'est là que le bât blesse. Cette démarche implique, en effet, un fâcheux préalable : le dépôt au greffe des comptes sociaux du groupe devient inéluctable ! Le petit franchisé vient d'ouvrir une brèche irréparable dans la cuirasse de son Mousquetaire de franchiseur. En demandant son dû, il vient d'obliger le groupe Intermarché à publier ses comptes. En portant ses résultats à la connaissance du public et surtout des autres franchisés, le groupement risque de déclencher un raz de marée de contestations, jusque-là étouffées et contenues.

Toute peine ne mérite pas salaire

Le petit David pousse encore plus loin le bouchon en réclamant, toujours par voie de justice, le paiement du travail qu'il a effectué *gratuitement* pour Intermarché pendant plus de six ans. Le groupe « oblige », en effet, ses gentils membres à travailler à vie, « deux jours par semaine, gratuitement, sous la menace de sanctions ». « Être un Mousquetaire, c'est adhérer à une éthique. » C'est écrit dans la « Charte des Mousquetaires ». Elle est découpée en quatre chapitres : les principes fondamentaux, les règles, les structures et les sanctions.

Sous la rubrique « sanctions », on peut lire : « Compte tenu de l'importance accordée, dans le Groupement, à l'éthique qui a présidé à sa formation et à son développement, tout manquement grave ou répété à cette éthique sera sanctionné par l'exclusion de l'homme qui ne s'est pas montré digne d'être un Mousquetaire. Cette exclusion s'accompagne automatiquement de la rupture de tous les contrats passés entre le Groupement et les entreprises dirigées par le Mousquetaire exclu... »

Une page plus avant, on peut noter que parmi les cas possibles de manquement aux règles d'éthique que s'est fixé le groupement, figure en tout premier « le non-respect de la règle du tiers temps ». Mieux qu'un « contrat à durée indéterminée », c'est un travail « à perpétuité » qui est assuré aux gentils membres. Le rôle des uns et des autres est présenté comme autant de « modèles » dans un dossier gris à l'usage des Mousquetaires. L'éditorial de Jean-Pierre Le Roch précise : « Ce modeste dossier, couleur du temps, est celui que tes amis, ceux qui ont choisi la même voie que toi, appellent familièrement leur dossier tiers temps. »

Les services rendus au groupement appelés élégamment « tiers temps » (la semaine de travail, selon cette délicate appellation, serait donc considérée comme s'étalant sur six jours...) ne donnent lieu au versement d'aucune contrepartie et échappent, de ce fait, aux prélèvements sociaux et autres prélèvements obligatoires. Fort heureusement, les contrôleurs de la Sécurité sociale ne s'intéressent pas à ces pacotilles.

Les commissaires aux comptes et l'image infidèle

Le franchisé charentais réclame en justice [12] la révocation pour « manque d'indépendance » de son commissaire aux comptes, désigné sur « recommandation d'Intermarché ».

L'indépendance est pourtant la première qualité imposée et reconnue à l'immense majorité de ces professionnels du droit et du chiffre, organisés, sous la tutelle du garde des Sceaux, en une profession réglementée, autocontrôlée et respectueuse de codes de déontologie et d'éthique stricts et rigoureux.

La Compagnie des commissaires aux comptes essaye de faire de la transparence financière son cheval de bataille. Depuis plus de dix ans, elle décerne un « prix Cristal » récompensant les entreprises qui se sont illustrées par leur volonté de transparence, lors de la publication de leurs états financiers.

Retournement de situation

La presse a largement relaté les épisodes de la fronde opposant le groupement au courageux franchisé charentais, considéré comme un symbole par les autres franchisés contestataires d'Intermarché. Le distributeur, débouté en première instance de sa plainte en diffamation contre *L'Humanité*, a fait appel de la décision du tribunal de grande instance. La première chambre de la cour d'appel de Paris réexamine les arguments des parties. Coup de théâtre ! Les Mousquetaires produisent une attestation en leur faveur d'Yvon Belliot, le franc-tireur de Marennes, par ailleurs administrateur de la STIME, la société de traitement informatique d'Intermarché, mise en cause par l'hebdomadaire *L'Humanité-Dimanche* dans « l'affaire des sept sociétés monégasques ». Le frondeur, qui posait fièrement sur une double page de *Capital*[13], feignant de briser sur son genou l'épée des Mousquetaires, est rentré dans le rang.

Le Mousquetaire qui avait poursuivi Intermarché devant les tribunaux, fait révoquer le commissaire aux comptes que lui avait imposé le groupe, menacé de faire tomber un grand nom de la profession et de sortir des dossiers explosifs, réclamé devant les tribunaux sa quote-part des ristournes versées par les fournisseurs à la centrale d'achats, exigé le paiement de son « tiers temps » effectué de 1990 à 1996... témoigne en faveur de son franchiseur !

Le battage médiatique a assez duré. Intermarché serait sur le point de se rapprocher de ses anciens dissidents et disposé à s'asseoir à la table des négociations. La tranquillité est à ce prix. Ce retournement aurait pu être décisif dans l'évolution du procès qui oppose le groupement au journal communiste, mais le dossier du journaliste est solide et la cour ne se laisse pas impressionner.

Considérant, entre autres, « que si les objectifs de la charte des Mousquetaires traduisent, comme le reconnaissent les appelants, une forme de solidarité corporatiste, les principes qui y sont affirmés, sur lesquels sont fondés les engagements des adhérents, expriment la soumission et le renoncement, de telle sorte que le journaliste a pu estimer que ces méthodes s'apparentaient à celles d'une secte » ;

Considérant aussi « qu'alors que les appelants ne contestent pas la réalité de la disparition de mort violente des trois adhérents nominativement désignés dans l'article, le journaliste, au vu des témoignages qu'il avait recueillis, a pu de bonne foi, sans excéder les limites du droit de critique, s'interroger sur la responsabilité du groupe Intermarché dans l'échec professionnel de certains adhérents et leur incapacité à surmonter les difficultés auxquelles ils se sont trouvés confrontés ; que la vivacité du ton employé ne révèle aucune animosité personnelle » ;

la cour d'appel de Paris dans son arrêt en date du 21 mai 1999, confirme le jugement en première instance.

ITM Entreprises et l'association l'Union des Mousquetaires sont condamnés aux dépens et à verser la somme de 10 000 francs au journal et à André Carrel, son directeur. À l'issue de ce premier match l'opposant à la presse, le score est sévère : *L'Humanité* : 2 — Intermarché : 0...

Quatrième partie

LA DESTRUCTION DES EMPLOIS

18.

Une étrange conception du progrès social

Un malheur n'arrivant jamais seul, les salariés du groupe Intermarché, s'appuyant sur le procès-verbal rédigé en 1996 par un inspecteur du travail, renâclent à leur tour. Ces 77 000 salariés[1] émargent au sein des innombrables sociétés constituant le groupe. Ils réclament la constitution d'un comité de groupe, version du comité d'entreprise applicable aux groupes de sociétés. Revendication anodine en apparence.

Le problème n'est pas tant la constitution de ce comité que l'application des obligations qui s'y rattachent. Les membres des comités d'entreprise ont, en effet, la possibilité de se faire assister par les experts de leur choix pour examiner les comptes annuels de leurs employeurs. En communiquant ces informations qu'il conservait jalousement jusqu'alors, y compris à l'égard de ses franchisés, Intermarché ne pourrait plus cacher la répartition et l'affectation de ses résultats. Il donnerait ainsi à ses détracteurs les éléments qui leur ont toujours fait défaut pour étayer leurs revendications. Certains esprits malveillants annoncent déjà un joli déballage en perspective, chez ce géant de la foire aux affaires...

Rayons : l'exposition des chefs

La réputation de la grande distribution n'est pas très bonne non plus du côté du monde du travail. Vincent de Gaulejac, qui dirige la collection « Sociologie clinique » chez Desclée de Brouwer, a permis à un chef de rayon de chez Carrefour et à une sociologue-psychologue[2], dans un ouvrage au titre un brin provocateur[3], de s'exprimer sans voile sur ce monde impitoyable. « En lisant ce témoignage, explique-t-il, je me suis rendu compte que derrière l'univers positif et chatoyant des grands supermarchés, celui que l'on voit du côté des rayonnages, il y a un système d'exploitation impitoyable. L'écrasement des prix s'effectue par une pression tout aussi radicale que sur ceux qui y travaillent. »

L'histoire de ce chef de rayon est celle d'un jeune homme « honnête, sérieux, entreprenant, qui a envie de réussir et qui cherche à bien faire. Il trouve un emploi qui lui semble intéressant et se retrouve pris dans un système qui va le conduire à sacrifier sa vie, sa famille et sa santé ». Véronique Guienne analyse sans complaisance « ce processus de servitude volontaire » et les rapports entre l'exploitation ouvrière des années 60 et l'exploitation des « petits cadres » de la grande distribution décrite par l'auteur.

Les mêmes causes produisant les mêmes effets, ce qui est reproché à Carrefour pourrait l'être tout autant à ses concurrents.

Dans son ouvrage-témoignage, le jeune chef de rayon en effet explique comment dans le magasin de la périphérie parisienne qui l'employait, 700 personnes se sont succédé en dix mois pour occuper les 340 postes du magasin, du fait de licenciements, démissions et périodes d'essai non renouvelées...

L'usage de CDD à répétition — alors qu'en principe ils ne sont renouvelables qu'une fois — semble être devenu la norme dans cette entité. L'ex-salarié de Carrefour dénonce encore la politique des périodes probatoires qui, de deux ans en 1993 pour devenir chef de rayon, ont été portées à quatre années depuis 1996.

Les « stagiaires chefs de rayon » sont cadres d'entrée de jeu. Ils ont le privilège de bénéficier d'une quasi-obligation de résultat, de pouvoir travailler six jours sur sept, soixante ou soixante-dix heures par semaine sans qu'aucun inspecteur du travail trouve à y redire. Il leur faut s'investir lourdement pour mériter leurs galons. À la clef, il y a la réussite et la promotion tant attendue : « chef de rayon confirmé », avec les honneurs qui s'y rattachent.

Les plus méritants y parviendront, et formeront à leur tour les stagiaires du futur. Bien que n'ayant pas forcément démérité, les autres n'auront pas la chance d'inscrire leur nom au fronton de la réussite, telle que la conçoivent les penseurs de la grande distribution pour ces jeunes, issus pour la plupart d'écoles de commerce, qui découvrent un monde qu'ils ne pouvaient soupçonner.

Le supermarché libère-t-il la femme ?

Les femmes sont, dans notre pays, les moins bien traitées socialement. Leurs salaires sont nettement inférieurs à ceux des hommes et les chômeuses sont beaucoup plus nombreuses que leurs homologues masculins. Les grands distributeurs ont compensé, modestement, les millions d'emplois disparus par quelques milliers, essentiellement destinés aux femmes et rien qu'aux femmes. Elles préfèrent le temps partiel ? La grande distribution leur en propose. Elle ne leur offre même que ça...

Pour Michel-Édouard Leclerc[4] : « Les métiers de services ne s'accommodent pas d'une réglementation trop rigide sur les horaires de travail. Ils exigent une grande flexibilité des horaires et une souplesse d'intervention. L'organisation routinière du travail va en prendre un grand coup. Le taylorisme est condamné. En zone rurale, des salariés auront plusieurs clients[5], comme les professions libérales. Certaines femmes choisiront de bénéficier de l'allocation de mère au foyer. La plupart préféreront exercer un travail à temps partiel, pour garder un contact avec le monde du travail, sans pénaliser la vie familiale. Et continuer à accumuler des points de retraite ! Le temps partiel est largement plébiscité par les salariés, notamment par les femmes au travail. Nous entrons dans l'ère du temps choisi. » La jolie petite histoire ne dit pas par qui...

La faute des temps pleins

Dans le grand commerce le recours au temps partiel, presque exclusivement féminin, est devenu la règle[6]. Jean-Louis Boulin, délégué central de Casino, précise[7] : « Chez nous, sur 38 000 salariés, un sur deux est à temps partiel, et parmi ceux-là, 80 % sont des femmes. » Les raisons de ce recours généralisé tiennent, selon les responsables syndicaux, à la rigidité du droit du travail. Un temps complet n'est pas modulable tandis que les contrats à temps partiel offrent toute la flexibilité nécessaire à un employeur. Pour favoriser le développement du temps partiel, de substantielles réductions de charges ont été mises en place dès 1985. Ces « avancées sociales » se sont largement retournées contre les salariés. Le délégué central de Casino accuse : « Chez tous les grands distributeurs, on a licencié des temps pleins pour réembaucher des temps partiels, avec réductions de charges. En 1995, on a constaté une envolée des licenciements pour faute. » Plus de 1 000 pour une seule enseigne !

Dans la grande distribution, un salarié doit être disponible, à tout moment, aux heures d'ouverture du magasin[8]. Les caissières sont théoriquement prévenues quinze jours à l'avance de leurs horaires, mais ce délai n'est pas toujours respecté. Les horaires changent toutes les semaines, avec souvent des coupures de plusieurs heures en plein milieu de la journée.

« Des petits boulots... aux vrais emplois » préconisés par Michel-Édouard Leclerc, la frontière a été largement dépassée. L'amplitude des journées, c'est-à-dire le nombre d'heures comprises entre le commencement et la fin de la journée de travail, est considérable. Une employée à temps partiel peut être amenée à s'absenter de son domicile bien plus longtemps qu'une salariée à plein temps, compte tenu des pauses obligatoires et des moments de repos intercalés au cours de la journée.

Le secrétaire général du Syndicat du commerce parisien (SYCOPA) décrit la journée classique d'une vendeuse parisienne[9] : « Habitant la banlieue, vu son niveau de salaire, elle part à 8 heures de chez elle pour être à son poste à 9 h 30. Elle travaille de 9 h 30 à 12 h 30 et reprend de 17 heures à 20 heures pour rentrer chez elle à près de 22 heures. Elle est donc absente quatorze heures de chez elle, pour un travail effectif de cinq ou six heures, souvent six jours sur sept et pour un salaire net de 4 000 à 5 000 francs environ. »

L'accord signé entre la Fédération des entreprises du commerce et de la distribution (FCD) et certains syndicats salariaux (FO, CFE-CGC, CFTC) sur les 35 heures fixe désormais à 26 heures le temps de travail hebdomadaire garanti pour les salariés à temps partiel. La CFDT, estimant « la flexibilité exigée supérieure aux contreparties accordées[10] », a refusé de signer un texte qui ne règle pas la répartition du temps de travail sur les six jours de la semaine. Pour les syndicats : « Loin d'être perçue comme une avancée sociale, la loi sur les 35 heures sème l'inquiétude. Elle réduit encore la durée effective de travail alors que la plupart des femmes souhaitent au contraire travailler davantage. » La déléguée d'une enseigne de « magasins de proximité » ne cache pas ses inquiétudes : « Avec l'annualisation des horaires, les conditions de vie seront encore plus intenables. La loi Aubry risque d'accentuer la déréglementation et la précarité. » Contrairement à la ministre, les représentants du personnel sont persuadés qu'il n'y aura pas d'embauche.

Une nouvelle norme sociale

« À juste titre, la grande distribution a longtemps fait l'objet de récriminations pour le faible niveau et la précarité de ses emplois. Au début des années 90 encore, le mouvement syndical reprochait au commerce l'inobservation des conventions collectives en matière de qualification et de durée du travail, l'abus de contrats à durée déterminée et à temps partiel. Et voilà que ce qui fut vilipendé hier devient *la norme, le projet*[11]. » Étonnante clairvoyance de la part de Michel-Édouard Leclerc qui, en 1993, ne connaissait pas encore le contenu de la loi sur les 35 heures, mais ne pouvait ignorer pour autant l'inexorable régression sociale qui gagne notre pays.

Des salariés fantômes hantent les linéaires des hypermarchés Auchan d'Olivet et de Saint-Jean-de-la-Ruelle, dans le Loiret. L'inspection du travail a transmis au procureur de la République, le 12 juin 1998, un volumineux dossier constitué de 23 procès-verbaux, dénonçant la présence de vrais-faux salariés dans ces deux grandes surfaces. Un délit de « marchandage et prêt illicite de main-d'œuvre » pourrait être sanctionné mais le dossier n'arrive pas à sortir du bureau du procureur. *Le Canard enchaîné* souligne de bien curieux phénomènes[12] : « Avant même que la justice ne soit alertée, plusieurs élus locaux et responsables d'ANPE étaient intervenus. Ils avaient fait le siège de la Direction du travail du Loiret en s'inquiétant, avec une curieuse insistance, des sanctions qu'encourait Auchan. Il est vrai que ce groupe est un gros employeur et, au moins jusqu'en 1995, un généreux mécène politique. Une solide raison pour s'attendrir sur son sort ? »

La mécanique est simple. Une jeune femme, payée au SMIC par un fournisseur de l'hypermarché, est utilisée par la grande surface pour installer en rayons des paquets de café. Théoriquement, sa fonction devrait se limiter à cette tâche si elle était précisément définie. En fait, sur le terrain, elle peut tout aussi bien nettoyer le rayon ou assurer la promotion du produit de son employeur. Son « job » terminé, elle change d'employeur, mais reste dans le magasin ! Elle réalise les mêmes tâches, mais cette fois pour un industriel de la charcuterie bretonne, jusqu'à sa pause déjeuner. En début d'après-midi, elle tentera, pour le compte d'un troisième employeur, d'échanger deux barils de lessive à des ménagères arc-boutées sur leurs paquets de poudres préférées. Grâce à cet ingénieux mécanisme, certaines employées cumulent jusqu'à douze employeurs ! Elles travaillent à plein temps pour le distributeur auquel elles ne sont attachées par aucun lien et auquel elles ne coûtent rien non plus.

Il n'y a ni risque d'absentéisme, ni contrat, ni heures supplémentaires, ni ancienneté, ni engagement et, bien sûr, pas de convention collective.

La grande distribution présente le cas comme étant

isolé. Jean-François Julliard[13] n'est pas de cet avis : « Dans la grande distribution, la mise à disposition légale ou illégale de personnel est si répandue que de plus en plus de fournisseurs font appel à des entreprises extérieures. Elles font du chiffre, ces boîtes élégamment dénommées entreprises de promotion.

On trouve quelque 60 000 noms de salariés dans leurs fichiers. Corvéables à merci et pour pas cher. »

Tout n'est-il pas moins cher dans la grande distribution ?

La femme, elle aussi, se mondialise

La grande distribution n'a pas le monopole de la précarisation salariale. Un nouveau genre humain, spécifiquement féminin, apparaît un peu partout sur la planète. Ces « femmes mondialisées » décrites par la sociologue allemande Christa Wichterich[14] « forment aujourd'hui une véritable armée de fantassins enrôlés par nécessité dans la guerre économique, et qui assurent, à leurs dépens, le triomphe du libre-échangisme. Dans la course internationale au moins offrant, la femme mondialisée est utilisée comme un *combustible naturel*. Elle est l'ouvrière payée à la pièce dans l'industrie d'exportation, l'émigrée qui envoie des devises, la prostituée ou l'épouse recrutée par correspondance sur le marché international des corps et du mariage, la bénévole qui atténue les effets du démantèlement social et de l'adaptation structurelle ».

Le manège endiablé de l'économie de marché est censé, selon les experts néolibéraux, nous apporter justice et prospérité. La mondialisation se fait au détriment des femmes qui, la plupart du temps, se retrouvent en première ligne.

19.

En route vers les temps modernes

Les jeunes femmes sont des cibles privilégiées pour les postes précaires, à horaires variables et modulables. Elles n'ont peut-être pas d'autre choix que d'accepter ces conditions : salaires de misère, horaires peu compatibles avec une vie de famille, travail le samedi, travail le soir tard, travail le dimanche matin et certains jours fériés.

Caissière, ce n'est pas si facile. Les jeunes femmes s'assimilent peu à peu à ces robots humains que dénonçait à sa façon Charlie Chaplin dans *Les Temps modernes.*

Pour gagner du temps, et donc en productivité, on a simplifié et réduit à son strict minimum le nombre de gestes que ces jeunes esclaves doivent accomplir. Finis les codes qu'il fallait entrer chiffre après chiffre, les quantités qu'il fallait afficher sur le clavier des caisses enregistreuses et la monnaie qu'il fallait savoir rendre. Un chèque n'a même plus besoin d'être vérifié par la caissière. On délègue. C'est la machine qui le remplit et le client qui le vérifie. Les cartes de crédit, bancaires ou maison, se multiplient. Les nouvelles technologies sont plus fiables. Elles évitent les fraudes, les erreurs et même les attentes aux caisses. Les caissières n'en sont pas soulagées pour autant. Elles traitent aujourd'hui beaucoup plus de clients que leurs aînées. Cela allège les comptes de résultat de leurs employeurs.

Répétés des heures et des heures ces gestes finissent par créer des troubles de santé. L'émission du « bip » sonore accompagnant l'enregistrement des caractéristiques du produit est répétée des milliers de fois dans la journée. Il permet à la caissière et à son client de s'assurer du bon enregistrement de l'opération en cours. Cela permet aussi à certaines caissières, noyées dans la masse, et à de discrets inspecteurs déguisés en consommateurs de s'assurer que chaque article est présenté du bon côté. Au cas où...

Un syndrome professionnel

L'apparition de troubles nouveaux a été décelée par des médecins spécialisés. On parle du « syndrome des caissières », et plus précisément de troubles musculo-squelettiques (TMS), résultant d'une gestuelle répétitive opérée des heures durant dans la même position assise. L'avenir des ostéopathes et autres chiropracteurs est assuré grâce à ces nouvelles ouvrières de la modernité consommée.

Caissière, cela rime aussi avec salaires, même s'il ne faut rien exagérer. Dépenser de l'argent, pas beaucoup mais tout de même, pour payer des salaires et des charges sociales qui ne procurent, *in fine*, que de petits boulots ne serait pas raisonnable.

La grande distribution l'a bien compris : ce qui coûte cher, c'est le travail et sa cohorte de charges et de prélèvements. Le coût de la technostructure augmentant de jour en jour, les entreprises compensent en abaissant leurs masses salariales. Moins de salariés, c'est moins de salaires, de charges sociales et d'impôts assis sur la main-d'œuvre. De la théorie à la pratique, il n'y avait qu'un pas à franchir, dont on ne mesure pas tout à fait encore l'étendue des conséquences.

Rationaliser, réaliser des gains de productivité, assurer l'adaptabilité des outils de production, sont des mots qui font partie d'un vocabulaire autrement plus élégant que licencier, limiter les recrutements, contenir l'évolution des salaires, se séparer des plus anciens, des mieux payés, des trop bien payés. Jamais un responsable de grand réseau ne s'exprimera en ces termes triviaux. Ils sont trop délicats, trop polis et trop « politiquement corrects ». Ils le font mais ne le disent pas.

Il est un ennemi : les charges, et un poste compressible parmi ces charges : la masse salariale. Il faut gagner plus, toujours plus. Après avoir pris des parts de marché, il y a un moyen de gagner encore un peu plus, et même beaucoup plus. La recette est simple, sûre et imparable. Les salariés coûtent cher. Il faut supprimer les salariés, partout où cela est possible. Le libre-service est une première réponse à ce désir profond d'économies. La vente en quasi-entrepôt, qui veut que le client ne se choque pas de se servir directement sur une palette sortie directement des réserves, sans artifice de présentation, répond en partie à ce critère de management.

La réduction des circuits : plus de représentants, le minimum pour le maximum, est une autre réponse à cette préoccupation. Il en est bien d'autres.

L'amélioration des conditions de travail

Les penseurs de supermarchés ne sont pas si inhumains que certains voudraient nous le faire croire. Ils pensent aux caissières, à leurs troubles, à leur avenir aussi. On a cherché. Cela n'a pas été facile. On a fini par trouver... une machine. Une machine qui serait capable, instantanément, de dresser la facture d'un chariot, sans déplacer les produits, sans les manipuler, qu'ils aient la tête en bas ou que les codes barres soient cachés. Plus besoin de présenter, un à un, les produits devant le lecteur, plus d'attente aux caisses. Le rêve ! Elle existe cette machine. Il suffit d'avancer le chariot jusqu'à l'emplacement repéré au sol, et la facture s'établit, instantanément. Un projet concurrent permet d'incrémenter l'addition au fur et à mesure que la ménagère dépose ses emplettes dans le chariot. Le génie humain n'a pas de limite. Il n'y a plus qu'à glisser la carte de crédit dans la machine, à composer son code à 4 chiffres, et le tour est joué.

Ces machines ont subi avec succès les tests nécessaires. Il n'y a plus qu'à franchir le pas. Les emplois de caissières n'ont pas plus de raisons d'être sauvegardés que tant d'autres qui ont été détruits, dans l'indifférence générale. Personne ne s'en souciera, lorsqu'il nous sera encore plus commode de faire nos courses sans même attendre aux caisses. Et puis, à leur tour, ces jeunes femmes deviendront des consommatrices, répertoriées par les statisticiens dans la catégorie des « ménagères de moins de cinquante ans ». Cela leur laissera davantage de temps pour faire leurs courses dans les grandes surfaces et pour y dépenser l'argent qu'elles auront de plus en plus de mal à gagner.

Des caissières aux corps de Bakélite

Monoprix a su réussir une reconversion qui n'était pas si facile. Le groupe teste dans l'un de ses magasins parisiens une autre génération de caissières électroniques. Elle n'est certes qu'en période d'essai, mais déjà son sourire, sa peau lisse de Bakélite, la douceur des bips aimables qu'elle susurre à l'oreille de ses clients sous le charme lui prédisent un fort bel avenir. Neuilly-sur-Seine s'est distingué par cette expérimentation qui changera la face du monde. Déjà la relation avec le client n'allait guère au-delà du sinistre et souvent coincé : « Sourire, Bonjour, Au revoir, Merci... » (SBAM) imposé par le code des « bonnes manières » de la grande distribution. À Paris, à Lyon comme à Montpellier, dans d'autres supermarchés, ses petites cousines sont, elles aussi, en période d'essai. Il paraît que cette nouvelle génération donne toute satisfaction à ses employeurs de demain.

Chez Monoprix, le client utilise lui-même un scanner pour enregistrer au fur et à mesure les articles qu'il glisse dans son chariot. Avant de passer en caisse, le client raccroche le scanner sur un support électronique qui lui délivre un ticket où un seul gène code (code barre) est imprimé. La caissière (il y en a encore une pour le moment...) n'a plus qu'à présenter l'unique ticket à son propre lecteur et à en encaisser le montant. Dans quelque temps, lorsque tout cela sera bien rodé, le client pourra même glisser sa carte bancaire dans l'appareil prévu à cet effet. Sera alors venue l'époque tant attendue du commerce automatisé autant que déshumanisé.

Dans le magasin de Neuilly, les jours de grande fréquentation, déjà plus de 12 % du chiffre d'affaires sont réalisés grâce à ces « caissières du futur ».

Comme sur les autoroutes, le Français moyen se précipite sur les guichets automatiques. Les files conduisant à des guérites permettant un péage manuel, assisté par un individu, sont beaucoup moins fréquentées, quelle que soit l'intensité de la circulation. Un instinct primaire guide pourtant systématiquement certains esprits rebelles vers la file au bout de laquelle un humain anonyme leur souhaitera bonne route. On ne se refait pas...

L'an 1 des ressources humaines

« Chez Carrefour on ne néglige pas le social et on tient à le faire savoir », a-t-on pu lire dans la rubrique économique d'un grand quotidien national [1]. Fondé en 1963, le groupe vient de fêter ses trente-cinq ans d'existence, et le premier anniversaire... de sa direction générale des ressources humaines ! Il n'est jamais trop tard pour bien faire, et le quotidien d'ajouter, non sans ironie : « L'initiative est conforme à une tendance de fond des grandes sociétés qui, de plus en plus, revendiquent le qualificatif d'entreprise-citoyenne, image et marketing obligent. » La révélation de certaines pratiques a dérangé les hommes de marketing de la grande maison qui, depuis, se sont efforcés de minimiser les dérapages dénoncés. Ainsi Carrefour, qui fait appel massivement à du personnel rémunéré à temps partiel [2], a-t-il décidé de revoir les contrats de cette catégorie de personnel en y incluant une notion de durée hebdomadaire de travail minimum.

Il faut le reconnaître, la grande distribution recrute. Elle embauche, non pas parce qu'elle crée des emplois, mais parce qu'elle investit de nouveaux secteurs : la parapharmacie, la micro-informatique, les services financiers, les voyages, la téléphonie mobile et bien d'autres.

Les emplois qu'elle crée ne compensent pas les emplois qui disparaissent dans les secteurs d'activité faisant l'objet de ses nouvelles convoitises. Le rayon parapharmacie d'un hypermarché ne nécessite pas autant de personnel qu'en emploieraient les magasins de proximité remplacés, sans parler des emplois indirects qui passent, eux aussi, à la trappe. C'est une évidence. Parler de création d'emploi est, dans ce domaine aussi, extrêmement trompeur si l'analyse ne se limite qu'au seul point de vente considéré. Globalement, le développement de la grande distribution est un facteur aggravant du chômage et de la paupérisation sociale.

Le progrès fait rage

Le directeur général de Carrefour pour la France ne peut que le reconnaître : « Dans la distribution, on travaille traditionnellement beaucoup. Le cadre est une valeur très forte de l'entreprise. » Carrefour revendique désormais 46 heures de travail hebdomadaire pour ses cadres. On est bien éloigné des 70 heures que dénonçait Grégoire Philonenko, un an auparavant. Depuis janvier 1998, date de la parution du livre accusateur[3], les cadres de Carrefour ont l'obligation de prendre leur deuxième journée de congé hebdomadaire, ce qui n'était encore qu'une faculté pour ces « Japonais » de la nouvelle distribution, soixante ans seulement après le Front populaire.

Cinquième partie

CORRUPTION ET TRAVAUX PRATIQUES

20.

Les conséquences insoupçonnées de la loi Royer

Les débordements et les pratiques douteuses se sont installés progressivement dans les mœurs de la grande distribution. L'inaction des hommes politiques a permis de généraliser des comportements qu'on aurait voulu croire isolés.

Dans les années 70, les commerçants représentent encore une force électorale redoutée. Guidés par Gérard Nicoud, ils tiennent tête aux pouvoirs publics et n'hésitent pas à employer la manière forte pour essayer de faire passer leurs revendications. Vingt ans après, Michel-Édouard Leclerc se souvient[1] et voit dans le placide Edouard Balladur un agitateur redoutable, coupable d'avoir soufflé sur les braises de la contestation commerçante : « C'est Georges Pompidou, dès 1973, et déjà son secrétaire général Edouard Balladur, qui, appuyé par les actionnaires du grand commerce de l'époque, orchestra, pour mieux la gérer, la montée en puissance de la révolte des boutiquiers. Les coups de main contre les perceptions, les coups de gueule contre l'administration et les amabilités du CID-UNATI à l'égard des ministres successifs du Commerce ont servi de prétextes au renforcement de la réglementation. »

Les commerçants ruinés avaient-ils besoin d'être

manipulés pour exprimer leur colère et réclamer des textes régulant l'implantation de grandes surfaces ?

Le Jules Verne des supermarchés

Entre deux saccages de perception, les commerçants font le siège des ministères. En tant que ministre du Commerce et de l'Artisanat de Pierre Messmer, lui-même Premier ministre de Georges Pompidou, Jean Royer, député-maire de Tours, se penche sur le sort du commerce et de l'artisanat au travers d'une loi d'orientation qui porte son nom et qui l'a rendu célèbre, vingt-trois ans avant celles de ses héritiers spirituels : MM. Raffarin et Galland.

Nous n'en sommes qu'au début de l'ère du commerce en grande surface, pourtant, avec une perspicacité qui ferait pâlir de jalousie nos hommes politiques actuels et leurs « prévisionnistes », « Monsieur Jean » s'attaque à ce fléau qu'il pressent déjà comme extrêmement ravageur pour le commerce, l'artisanat, l'agriculture, l'industrie et l'économie dans son ensemble. La loi Royer est adoptée à la quasi-unanimité. Sur 308 députés, 304 la votent et 4 s'abstiennent. Pas un seul ne vote contre !

Le « Jules Verne » de l'économie ne pouvait soupçonner combien ses craintes allaient se révéler fondées. Sa loi se veut sévère avec la grande distribution. Elle impose de soumettre à l'autorisation d'une commission les constructions de nouvelles surfaces supérieures à 1 500 m². Dans les communes n'excédant pas les 40 000 habitants, l'autorisation de la commission s'impose dès 1 000 m². De quoi donner, dès 1973, un sacré coup de frein à l'implantation de nouvelles grandes surfaces de vente. Sur le papier, sans aucun doute. À condition que l'éthique qui était supposée l'accompagner soit respectée.

Les ingrédients de la corruption

Les promoteurs de supermarchés avaient vu juste en ciblant initialement des surfaces de ventes inférieures au seuil fatidique nécessitant les fameuses autorisations. En dépit de la loi Royer, qui était censée protéger le commerce et l'artisanat, dont chacun peut aujourd'hui mesurer la totale inefficacité, le seul groupe Intermarché allait passer de moins de 200 points de vente en 1980 à plus de 3 000 à l'aube du XXIe siècle.

Cette parade ne sera pas la seule imaginée pour détourner l'esprit de la dérangeante loi Royer. À l'origine, la loi Royer prévoyait que pour ouvrir une nouvelle grande surface, le candidat devait soumettre son dossier à une Commission départementale d'urbanisme commercial (CDUC), au sein de laquelle siègent élus et fonctionnaires. En appel, les dossiers préparés par ces commissions départementales sont soumis à la Commission nationale d'urbanisme commercial (CNUC), placée directement sous l'autorité du ministre du Commerce. Cette hiérarchie permet de confier l'ultime décision au pouvoir politique qui, seul et sans appel, peut donner ou refuser son accord.

Henri Emmanuelli, ancien trésorier du parti socialiste, aurait dit que « la loi Royer est aux distributeurs ce que le béret basque est à nos rares cosmonautes : un archaïsme ! ». Michel-Édouard Leclerc surenchérit : « Il aurait pu rajouter qu'elle est aux élus ce que la chaîne et le boulet sont aux frères Dalton : une marque d'infamie. »

Les liens entre distributeurs et hommes politiques

vont se créer et se resserrer au gré des services rendus. Les uns devenant redevables des autres à tour de rôle. Le pouvoir donné aux élus locaux va se trouver renforcé avec l'arrivée au ministère de l'Intérieur d'un vieux renard marseillais qui entreprend de révolutionner le fonctionnement de l'appareil d'État.

Les lois Defferre sur la décentralisation, excellentes dans l'esprit mais ne prévoyant aucun contre-pouvoir et n'organisant aucun contrôle, ont permis, quelques années plus tard, d'ouvrir de véritables boulevards aux élus les moins scrupuleux. Il ne suffisait plus, dès lors, que de corrompre certains d'entre eux (à moins que ce ne soit le contraire...) détenant le pouvoir décentralisé de l'État, pour obtenir les faveurs espérées. Le parti socialiste, comme les autres, en fit une consommation sans modération, au point de rejeter des millions de nos concitoyens dans l'indifférence de l'abstention électorale, tandis que des millions d'autres allaient se laisser séduire par les brunes idées de tribuns aux calembours douteux, mais aux compagnes *éligibles*.

L'appétit financier des formations politiques

Les partis politiques ne peuvent vivre avec les seules cotisations de leurs adhérents, ni avec les dons de leurs généreux donateurs, trop rares et trop peu généreux. Avant qu'un financement public ne soit instauré, il leur fallait donc trouver des moyens de substitution pour se procurer, sans trop se fatiguer, ce sésame qui ouvre toutes les portes. S'il est un domaine où l'imagination ne manque pas, c'est bien celui-là ! Les hommes politiques et ceux qui les servent débordent d'ingéniosité quand il s'agit de leurs intérêts personnels, mais perdent leur inspiration lorsqu'il s'agit de tenter de résoudre les problèmes de notre société. Ceux qui subissent les affres de la crise ne versent pas de pots-de-vin, eux.

La gestion d'un parti nécessite des moyens colossaux : un siège, des moyens de communication importants, la possibilité d'organiser des meetings, des conférences, d'inviter, de se déplacer, de rendre des services, d'influencer, de recevoir, de récompenser, de faire plaisir et parfois plus... Pour ce faire, il lui faut être représentatif et avoir beaucoup d'élus qui sauront faire comprendre à leurs obligés qu'un « bien fait » n'est jamais perdu. En tout cas, pas pour tout le monde. Tout cela demande énormément d'argent et donc, en définitive, beaucoup d'élus.

Les partis politiques, de gauche comme de droite, n'étaient pas capables de collecter légalement et honnêtement les fonds dont ils avaient besoin. Les élus locaux, grâce au pouvoir que leur a donné la décentralisation, disposaient d'un levier, aussi efficace que pervers, pour constituer de véritables fortunes. Ils ne s'en sont pas privés. Ce sera ici le versement de commissions occultes, et là, un service, une autorisation, un passe-droit, un arrangement, une faveur, un petit geste gratuit pour son émetteur mais dont le redevable se verra obligé de payer le prix. Un élu entre les mains duquel passent de telles sommes peut être tenté de ponctionner, au passage, ce qu'il estime être sa rémunération pour le service rendu à son organisation politique.

Rassurer les consommateurs

Outre la décentralisation conjuguée au besoin de financement des partis politiques, d'autres motivations ont contribué à développer des « liens forts d'amitié » entre les grands distributeurs et le pouvoir en place.

Dans les années de forte inflation qu'a connues la France, les ministres des Finances avaient besoin de rassurer le consommateur. Ne maîtrisant pas les effets désastreux de cette fuite en avant sur le pouvoir d'achat, ils prirent le parti d'en limiter l'impact psychologique par la diffusion d'indices manipulés. Dans *La Fronde des caddies*, l'animateur des centres Leclerc décrit des mécanismes qu'il connaît bien, comme ces déjeuners dans les salons dorés de la rue de Rivoli, au cours desquels à défaut de lutter contre l'inflation *on* se concoctait des indices sur mesure. « D'un air faussement intéressé, raconte-t-il, les ministres interpellent les patrons de la distribution sur l'état de la conjoncture. On évoque des hausses substantielles, prévisibles dans tel ou tel secteur d'activité. D'un regard pernicieux posé sur chacun des convives, on s'inquiète du gonflement des marges du commerce et de l'exaspération des producteurs dont la chute des cours n'a pas été répercutée au stade de la consommation. Encaissant le message, jaugeant les risques d'inertie, en termes d'autorisation d'ouverture de magasin, ils regagnent leurs voitures en pensant au coup de téléphone qu'ils recevront, dans l'après-midi, d'un sous-directeur listant les produits qu'il serait bon de faire baisser en vu du prochain indice. Faisant fi du secret de la composition de l'indice INSEE, nos politiques se sont ainsi préparé quelques bons effets d'annonce pour la prochaine période électorale. »

Complices du mensonge de nos ministres, les grands distributeurs baisseront leurs prix sur les quelques dizaines de produits qui font les indices et se rattraperont au centuple sur les dizaines de milliers d'autres qui n'entrent pas dans le jeu faussé de la statistique. Les syndicats de salariés se calent alors sur ces indices manipulés pour négocier des rattrapages. Les indices d'augmentation de prix sont officiellement contenus. Le pouvoir d'achat réel des consommateurs régresse mais seuls les initiés le savent.

Pendant que les hommes politiques comptent le contenu des mallettes déposées en offrande sous leurs bureaux, les grands distributeurs communiquent, à coups de campagnes d'affichage tapageuses, pour valoriser leur action salutaire sur la maîtrise des prix ! Un vieux proverbe dit que « la vérité vient toujours de la bouche des enfants ». Il aura fallu attendre que l'inflation soit totalement maîtrisée pour qu'un fils de distributeur de renom se mette à table et que ces pratiques soient enfin révélées au grand jour.

L'inflation galopante a été jugulée ; pourtant l'argument « prix » demeure un leitmotiv fort pour les grands distributeurs qui, il est vrai, n'en ont pas beaucoup d'autres.

Le « marché » des autorisations

Michel-Édouard Leclerc a également dénoncé les mécanismes qui conduisent les grands distributeurs à généraliser la corruption politique. À l'origine, les commissions départementales d'urbanisme commercial étaient composées pour une part de représentants du monde du commerce et des chambres de métiers, et pour l'autre d'élus locaux. Les consommateurs n'avaient droit qu'à deux voix. Les « actifs économiques », salariés et industriels, étaient, comme aujourd'hui, exclus du débat.

Les commerçants ne peuvent être favorables à la multiplication des implantations de grandes surfaces. Leurs arguments se limitent le plus souvent à la défense de leurs propres tiroirs-caisses. Parfois pourtant, ils votent contre leur camp, comme le décrit non sans réalisme

Michel-Édouard Leclerc : « À la rigueur, un collègue trouvera grâce à leurs yeux s'il appartient au même réseau d'amitiés, d'obédience ou d'intérêt. L'establishment défend toujours les siens ! Et les syndicats de commerçants ont su placer dans ces instances quelques hommes d'entreprise, arbitres de discrets échanges de bons et loyaux services : On a voté pour ton gars à Marseille, n'oublie pas de nous renvoyer la balle à Metz ou à Dijon... » Bel exemple de compromission et de dysfonctionnement de la délégation de pouvoir.

Les représentants des chambres de métiers ne sont pas plus favorables au développement des grandes surfaces. Les consommateurs n'ayant qu'un rôle de quasispectateur, ce sont les politiques qui tranchent. Le patron des centres Leclerc le reconnaît : « C'est cette dépendance de la distribution à l'égard du politique qui crée l'occasion du marchandage ou de la corruption. » Les mécanismes sont bien rodés et font partie du quotidien : « Ce marché des autorisations fait vivre toute une faune de rabatteurs, les uns autoproclamés au service des partis politiques, les autres apparatchiks notoires bien installés dans les avenues du pouvoir. Des uns, on ne sait quelle est leur légitimité et s'ils sont agréés par les clans dont ils se réclament. Les autres sont connus. On les croise dans les cabinets ministériels. »

Le service « public » et l'argent « privé »

Parfois la jeunesse des ghettos se révolte. Les distributeurs servent alors de catalyseurs à l'expression des frustrations. Suite à l'incendie criminel qui a ravagé son magasin d'Argenteuil, en novembre 1990, Édouard Leclerc décide de fermer progressivement ses supermarchés situés dans les banlieues « à rixes ». Michel-

Édouard Leclerc rapporte les propos de Jacques Floch, député socialiste de Loire-Atlantique : « Les établissements commerciaux font partie des équipements publics nécessaires à la vie sociale des cités. La distribution alimentaire est depuis toujours un service public, concédé par celui qui détient le pouvoir. On leur permet de gagner beaucoup d'argent dans les zones sans problème, ils doivent faire leur métier dans les secteurs difficiles et renvoyer aux élus l'ascenseur de leur soutien en commission d'urbanisme. »

L'ascenseur social étant en panne, on est prié d'utiliser l'escalator politico-financier.

Corrompre pour bénéficier des largesses des hommes politiques, réduire la surface unitaire de chaque magasin sans pour autant réduire ses prétentions, ne sont pas les seuls moyens utilisés par les grands distributeurs pour détourner les lois qui devaient limiter leur appétit pantagruélique. En ne demandant rien à personne, ils sont sûrs de ne pas être contrariés. À condition, tout de même, de pouvoir bénéficier de la complaisance des hommes politiques, de la bienveillance de l'administration et de la clémence de l'appareil judiciaire. Il est des cas où, miraculeusement, tous ces ingrédients se trouvent réunis.

Selon Michel-Édouard Leclerc, les distributeurs sont acculés par les hommes politiques : « Au Monopoly de la loi Royer, il faut payer ou tricher. Depuis vingt ans, les distributeurs trichent pour payer moins. Et depuis vingt ans, toutes les modifications législatives et réglementaires visent à diminuer les occasions de tricher. Tricher devient un acte de résistance, procure le doux plaisir d'une sorte d'illégalité morale, un sentiment anarchique et ludique qui transformerait un clerc de notaire en Robin des Bois. » Sans commentaire.

21.

Les grains de sable de Vitrolles

À Vitrolles de petits grains de sable sont venus perturber le fonctionnement de la belle machine politico-financière qui étend ses tentacules jusque dans certains milieux administratifs et judiciaires.

En 1975, Claude Diot ouvre un magasin de puériculture à l'enseigne New Baby dans la galerie commerciale du Carrefour de Vitrolles, à côté du magasin Phildar de Martine Dethier, elle-même franchisée. Leurs commerces sont situés dans une partie que Carrefour décide, quelques années plus tard, de réhabiliter. Les magasins sont déplacés à l'intérieur du centre commercial, dans une zone que les deux commerçants estiment beaucoup moins favorable à leurs activités. L'un puis l'autre sont amenés au dépôt de bilan. Ils accusent la société Carrefour d'être à la source de leurs difficultés. Au quotidien *Libération*, qui a consacré une page entière à leur « guerre de dix ans contre Carrefour » en décembre 1998, Claude Diot déclarait : « Il faut que la nation sache. On a fait un magasin. Carrefour nous l'a volé. » Carrefour nie toute responsabilité et considère que les commerçants étaient « consentants ». Les plaignants contestent devant les tribunaux cette migration imposée.

Au cours de la procédure d'expulsion, les plans qui

leur avaient été remis initialement par Carrefour auraient disparu du dossier judiciaire. D'autres, beaucoup moins précis, s'y seraient substitués. Comment ? Par qui ? Cela reste un mystère. L'affaire aurait pu en rester là si Martine Dethier et Claude Diot n'avaient eu la volonté de retrouver les plans disparus et la curiosité de se pencher sur les conditions de réalisation de l'extension du centre commercial. Ainsi est née l'association En toute franchise, présidée par Martine Dethier, regroupant des franchisés, des ex-franchisés et des commerçants indépendants. Depuis, les deux amis livrent avec leur association un combat de tous les instants contre les pratiques illégales des géants de l'épicerie. L'association a constitué une véritable base de données des us et coutumes de la grande distribution locale. Étudiants et journalistes y puisent des informations d'une richesse inégalée.

Des pros de l'urbanisme commercial

Martine Dethier est une femme de défis. En 1987, elle établit le record de « l'écharpe la plus longue du monde » en tricotant un modèle de 247 mètres, homologué au *Guinness des records*. À 50 ans, la dynamique déléguée consulaire de la chambre de commerce de Marseille fait honneur à sa fonction élective. Involontairement, elle pourrait bien détenir avant longtemps un nouveau record : celui du combat judiciaire le plus long et le plus coûteux. L'avocat de l'association reconnaît ses doutes initiaux face à ses clients : « Au début, je leur demandais de se procurer tel document. Au fond de moi je me disais : ils ne l'auront jamais. Une semaine plus tard, ils se présentaient à mon cabinet avec la pièce précieuse. Martine Dethier et Claude Diot sont devenus de vrais pros du droit de l'urbanisme commercial. »

Claude Diot perd parfois son enthousiasme lorsqu'il explique : « Depuis 1985, Carrefour a manœuvré la mairie de Vitrolles, la préfecture et la direction départementale du commerce, pour agrandir son magasin dans la plus totale illégalité. Nos opposants jouent la lassitude. Je suis devenu un prolo mais cette affaire m'a coûté beaucoup plus encore en santé qu'en argent. »

Ruiné, le couple vit dans une caravane depuis 1992 et reçoit les journalistes au QG de l'association, un box qu'elle loue pour y entreposer les tonnes de dossiers scrupuleusement répertoriés, accumulés en ces longues années de guerre livrée à la grande distribution. Dans « la salle des archives », plus aucune étagère n'est libre, et le coffre de leur vieille BX sert parfois d'annexe aux armoires de rangement, pour les dossiers nouveaux qui viennent sans cesse compléter leur riche documentation.

20 000 m² de surfaces illégales

L'affaire commence en juin 1987 lorsque le directeur de l'hypermarché Carrefour de Vitrolles présente son projet à sa clientèle : « Nous vous avions informé de l'agrandissement de la galerie marchande. Nous avons choisi de mettre les bouchées doubles. Le nouveau centre commercial régional de Vitrolles sera deux fois plus grand que prévu (50 000 m² au lieu de 25 000 m²), avec deux fois plus de boutiques (110 au lieu de 55)... »

L'association En toute franchise a beau chercher, elle ne trouve pas deux fois plus d'autorisations, ni deux fois plus de permis de construire. Et pourtant...

« Trop Grand Vitrolles, trop grande surface », ironise Pierre Vincent dans l'hebdomadaire *Le Pavé*[1] : « Quand Carrefour Vitrolles a eu besoin de s'agrandir, il a sans doute estimé que le meilleur moyen de ne pas se voir refuser les autorisations, c'était encore de ne pas les demander. Résultat : près de 20 000 m^2 de grandes surfaces[2] seraient aujourd'hui illégaux. »

Pour sa défense, la société Carrefour[3] affirme qu'elle possède « des permis de construire en bonne et due forme ». Personne ne les a jamais vus. Pas même Renaud Guiliani, journaliste au quotidien *La Provence*, malgré son insistance. Le distributeur argumente sur le fait que « construit en 1969, le centre commercial n'est pas soumis au régime d'autorisation imposé par la loi Royer ». À l'analyse des documents concernant les extensions successives, cette thèse paraît difficilement soutenable.

Jardinerie : l'effet de serre

La société Carrefour sollicite l'autorisation de construire 284 m^2 de jardinerie. La superficie en jeu n'est pas de nature à déchaîner les passions. La demande de permis de construire, déposée le 4 octobre 1984, reçoit un accord le 8 janvier 1985. Au passage, la société demande aussi l'autorisation de transfert d'une jardinerie qui existerait depuis 1973. L'antériorité de cette jardinerie fait l'objet de nombreuses contestations.

L'association se plonge dans les dossiers. Elle découvre qu'en 1980 la CDUC avait refusé la construction de la jardinerie litigieuse. En toute logique, Carrefour n'a donc pu construire sa jardinerie qu'après 1980, date du dépôt de demande du permis de construire refusé. Cela n'empêche pas le distributeur d'arguer de l'antériorité de la construction qu'il situe, non sans acharnement[4], avant 1973, date d'entrée en vigueur de la loi Royer. À Vitrolles, une question est sur toutes les lèvres : « Pourquoi Carrefour a-t-il déposé en 1980 une demande d'autorisation à la CDUC si la jardinerie existait avant 1973 ? »

La procédure veut que les associations de consommateurs soient consultées par la commission lors de toute nouvelle implantation ou modification de grandes ou moyennes surfaces (GMS). Une lettre adressée le 16 juillet 1980 par l'Union départementale des associations familiales (UDAF) interroge l'avocat Jean-Jacques Anglade, futur maire de Vitrolles, en sa qualité de secrétaire de section du parti socialiste, pour se faire une opinion sur l'évaluation des besoins des usagers dans le cadre de la création d'une « jardinière ».

Subtilité de la langue française, le mot « jardinière » a *habilement* remplacé celui de « jardinerie ». Ce « lapsus » crée une confusion entre « un espace d'ornement floral » et « une surface de vente » ouverte au public...

Dans le numéro 17 du 1er septembre 1980 du très officiel *Recueil des actes administratifs et bulletin des mairies* (RAABM), portant l'en-tête de la République française, figure, à la page 26, une décision qui ne souffre aucune ambiguïté : « Au cours de la séance du 6 août 1980, la commission départementale d'urbanisme commercial des Bouches-du-Rhône a décidé de ne pas autoriser la société Carrefour à reconstruire la jardinerie provisoirement édifiée dans l'enceinte dudit centre commercial. » Une jardinerie aurait donc été construite sans permis, à titre « provisoire ».

Malgré l'existence de ces documents, pour Carrefour, « la jardinerie existait avant la loi Royer ». Le magasin bénéficierait donc d'un « droit acquis » sur cette surface.

Bercy à la rescousse

Les services du ministre des Finances viennent à la rescousse du distributeur en difficulté. Le 10 mai 1984 un responsable du ministère des Finances, tout en se cachant sous son numéro de poste téléphonique, affirmait doctement : « La jardinerie du Centre commercial Carrefour qui existe depuis 1973 a été créée dans sa forme actuelle en janvier 1975 et sa surface de vente est de 1 680 m² ». Pour l'association, l'étude des photographies aériennes démontre que la jardinerie n'était pas construite en 1975. Elle n'apparaîtrait sur les clichés qu'en 1981. Ce constat est d'ailleurs confirmé indirectement et involontairement par Carrefour. Dans une notice[5] jointe à la demande de permis de construire[6] du 8 janvier 1985, Carrefour ne parle pas de jardinerie mais bien de « serres pour 1 600 m² », et d'une surface de 1 400 m² d'exposition. Ces serres qui ne sont pas des serres de culture ou de production auraient dû faire l'objet d'une demande de permis de construire. Il n'en a rien été. Selon ses opposants, « la société Carrefour a entrepris les travaux, sans permis de construire et sans autorisation de la commission départementale d'urbanisme commercial ». Ces affirmations sont confirmées par le courrier du sous-préfet en date du 8 octobre 1997 précisant : « La direction départementale de l'équipement vient de me faire connaître qu'il n'y a pas eu de permis de construire accordé en 1973 pour la réalisation d'une jardinerie dans l'hypermarché Carrefour. »

Le distributeur campe néanmoins sur ses positions.

L'association En toute franchise réclame alors à la mairie une copie du permis de construire fantôme de 1973. En vain. Pourtant, depuis la loi de 1978[7], les documents administratifs sont de plein droit communicables aux personnes qui en font la demande. Devant le mutisme de la municipalité, l'association saisit le tribunal administratif de Marseille. Ce dernier ne cache pas son embarras. Il rappelle que les documents relatifs au permis de construire « qui n'ont pas été retrouvés par les services de la direction départementale de l'équipement sont susceptibles d'avoir été soit *détruits,* soit *versés* au service départemental des archives du département ». Toujours est-il qu'ils sont introuvables. Le magistrat n'a plus qu'à conclure que « dans ces conditions, Mme Dethier et autres ne sont pas fondés à demander l'annulation de la décision du préfet des Bouches-du-Rhône leur refusant *la communication de documents qui n'existent pas* ». CQFD : à l'impossible défi de délivrer la copie d'un permis de construire qui n'existe pas, nul élu n'est tenu !

Cette décision relance l'affaire sur le fond. Celle-ci se perd dans les méandres de différentes juridictions. Les autorités compétentes ne font guère preuve d'empressement. Pendant ce temps, les associations s'asphyxient, les hommes se lassent et les délais de prescription courent. Il suffit de laisser le temps au temps...

La jardinerie n'est pas le seul reproche qui est fait aux exploitants de l'hypermarché de Vitrolles. Une cascade de demandes de permis de construire, auxquels personnes ne veut rien comprendre, aurait permis à Carrefour de gagner plusieurs milliers de mètres carrés sans que quiconque y trouve à redire...

La valse des permis

Le 25 janvier 1985, le BHV dépose une demande de permis de construire, toujours au sein du Centre commercial Carrefour de Vitrolles, prévoyant, d'une part, la construction de 9 132 m² destinés à abriter les activités d'un magasin à l'enseigne BHV et, d'autre part, la disparition d'une cafétéria à l'enseigne Flunch. Dans ses documents, elle déclare un « existant » global de 46 778 m². Le même jour, 25 janvier 1985, la société Carrefour dépose une demande de permis de construire. La surface de « l'existant » mentionnée est toujours de 46 778 m². Carrefour déclare, dans le même document, la démolition d'une partie de la galerie marchande pour 1 860 m². La surface de 46 778 m², diminuée des 1 860 m², est alors ramenée à 44 918 m². Accessoirement, noyé dans le texte, Carrefour sollicite dans cette demande de permis de construire « l'extension de la galerie pour 10 968 m² ».

La Direction départementale de l'équipement (DDE) déclare la demande irrecevable le 6 février 1985, mais Carrefour bégaye... Le 11 février 1985, cinq jours après ce rejet, la société Carrefour dépose une deuxième demande de permis de construire, bizarrement datée, comme la précédente, du... 25 janvier 1985. Cette dernière demande mentionne toujours les 44 918 m² auxquels s'ajoute cette fois un « existant virtuel » de 10 968 m² de galerie.

Les 10 968 m² irrecevables le 6 février sont considérés comme « existants » le 11 février. En moins de quatre jours, sans permis et sans autorisation, plus de 10 000 m² s'officialisent grâce à la multiplication des demandes de permis de construire. « Il n'y a aucun problème, aucun défaut », clame l'avocat du distributeur au journaliste Michel Henry[8], ajoutant : « Bien sûr, cela n'empêche pas que dans certains documents, il puisse y avoir des erreurs, mais ce sont des détails... »

À Vitrolles, ville aujourd'hui dirigée par le Front national[9], les « détails » se régionalisent. Ils ne se chiffrent, au cas présent, *que* par milliers de mètres carrés. Une erreur de plume qui peut peser très lourd.

Les demandes inondent la mairie. Pour le seul Carrefour de Vitrolles, cinq autres permis de construire[10] sont encore décortiqués avec minutie par l'association et leurs avocats. Ces derniers concluent à une surface construite de façon illicite de 12 662 m^2, auxquels s'ajoutent 4 878 m^2 d'extensions réalisées par le jeu de décloisonnements et autres subtilités auxquelles élus et promoteurs sont parfaitement rodés. Ces astucieuses pratiques ne trompent plus grand monde, sauf ceux qui, profondément assoupis sur les dossiers, devraient les sanctionner.

Un permis peut en cacher un autre

Toujours très active, la société Carrefour dépose le 6 juillet 1994 une nouvelle demande. Il s'agit cette fois de réaménager l'intérieur de la surface de l'hypermarché construit en 1969, c'est-à-dire avant la loi Royer. À peine le chantier est-il déclaré ouvert, le 1er août 1994, que déjà un premier permis rectificatif est déposé le 19 décembre 1994. Les fêtes de Noël sont propices à la réflexion. Le 5 janvier 1995, un deuxième permis modificatif, modifiant le premier permis modificatif, est déposé.

Les dossiers se compliquent, favorisant les méprises. La confusion s'installe en faveur du distributeur. L'administration a du mal à suivre ces changements répétitifs. Le 19 janvier, la CDEC donne un avis positif sur le premier permis modificatif, ignorant purement et simplement l'existence du second, probablement resté coincé sous une pile de dossiers en attente, eux aussi. Ce second permis modificatif comportait pourtant des changements fort intéressants. Son examen révèle que le service après-vente de Carrefour ne sera plus dans l'enceinte du bâtiment de l'hypermarché mais dans une boutique extérieure.

En toute franchise étudie le permis de construire et les plans. Elle découvre que Carrefour a, en réalité, installé son service après-vente dans des locaux sociaux créés en 1981 pour son personnel. Cette petite modification a permis de récupérer autant de surface de vente, sans solliciter d'autorisation de construire, sans recueillir l'avis de la commission et encore moins celui de l'inspecteur du travail.

Leur curiosité attisée, les membres de l'association découvrent que Carrefour a transformé d'autres locaux sociaux et des sanitaires (rien ne se perd...) destinés au personnel, en services financiers et en billetterie, sans permis de construire [11] et en violation, là encore, des dispositions du Code du travail. À 180 000 francs de chiffre d'affaires annuel moyen estimé par mètre carré dans les hypermarchés, ces « WC » rapportent plus que les échoppes de la rue du Faubourg-Saint-Honoré !

La mairie FN relèvera elle aussi cette situation, sans prendre d'autre mesure qu'un modeste refus de délivrance de certificat de conformité, sans grandes conséquences et pour un motif sans rapport avec les faits constatés :

— 1° « Façade est : ouvertures non conformes (serres) ;

— 2° Manque un portique (nouvelle entrée) ».

L'existence des surfaces illégales n'est pas mise en cause par la mairie, c'est le système de fermeture qui incommode le délégué à l'urbanisme. Un portique anti-caravanes flambant neuf devrait très vite trouver sa place pour permettre d'obtenir le précieux autographe de la maire de Vitrolles.

En toute franchise produit, à l'appui de son dossier juridique, des photos réalisées par un spécialiste [12] de la prise de vue aérienne. Les clichés ont été pris à différentes époques : février 1975, juin 1981, avril 1985, novembre 1988 et juin 1994. Comme au « jeu des 7 erreurs », la juxtaposition de ces images met en évidence l'évolution de l'occupation des sols au fil du temps. Les clichés sont révélateurs. Les bâtiments ajoutés sont d'autant plus repérables que leurs toitures sont de couleur différente selon leur époque de construction : toits verts pour les bâtiments historiques, toits rouges pour les bâtiments plus récents. C'est la tuile !

Un « sport national »

L'association déborde de dynamisme. Tracts, affichages et communiqués informent la population. Face à un tel remue-ménage, la répression des fraudes procède à quelques contrôles de routine. Son procès-verbal du 19 janvier 1996 ne mentionne pas le permis du 27 mars 1995, ayant trait entre autres au déplacement du service après-vente. Ce qui évite bien des tracasseries à l'hypermarché de Vitrolles. Le délit de construction n'étant pas relevé, Carrefour ne sera sanctionné que par de modestes amendes.

En août 1995, une enquête officieuse est réalisée au plan national, portant sur un échantillonnage de 8,5 % des surfaces exploitées. Le palmarès est éloquent : hypers et supers se font épingler dans un cas sur deux ! Cinquante pour cent des hypermarchés observés étaient en dépassement, en moyenne de 6,35 %, par rapport aux surfaces pourtant généreusement autorisées. Près d'un supermarché sur deux triche aussi sur les surfaces exploitées. La moyenne de dépassement observée dans cette catégorie de magasins de plus petite taille flirte avec les 20 % [13]. Des chiffres qui font peur aux autorités. Au point de ne plus renouveler ce type d'enquête et de garder jalousement secrets les résultats de celles effectuées par le passé.

Interrogé par la journaliste Élise Rouard, le chargé de communication de la répression des fraudes y va de son explication : « La tricherie sur les mètres carrés est un sport national. La loi Royer a été faite pour calmer les commerçants, le temps qu'ils prennent leur retraite. Il n'y a pas assez de grandes surfaces en France, alors on ne peut pas refuser de nouvelles implantations. » Un homme averti en vaut deux : la fraude, ramenée au rang de sport national, ne sera pas réprimée par les services officiels.

La préfecture des Bouches-du-Rhône, comme toutes les autorités locales ou judiciaires, a longtemps fait la sourde oreille aux demandes répétées inlassablement par Martine Dethier et Claude Diot. Incidemment, l'association découvre en 1999 l'existence d'une décision importante datant de 1980 et jusqu'alors gardée secrète. Le 3 mai 1999, le secrétaire général de la préfecture répond à la demande formulée aussitôt par l'association En toute franchise. Il lui adresse copie de la décision de la commission départementale d'urbanisme commercial en date du 6 août 1980, concernant le projet de reconstruction de la jardinerie du Carrefour de Vitrolles. Ce précieux document est la pièce qui manquait au puzzle de Martine Dethier. Il en dit bien plus que tous les tracts accusateurs : « Vu la demande, enregistrée le 14 mai 1980 sous le numéro 80-3, présentée par la société Carrefour afin d'être autorisée à procéder à la reconstruction en dur de la jardinerie installée, à titre provisoire et de façon irrégulière, dans l'enceinte du centre commercial, considérant que la demande formulée constitue en réalité la régularisation d'une situation de fait que la CDUC n'admet pas, décide de refuser l'autorisation demandée. » Cette fois, « les autorités » ne peuvent plus ignorer la réalité. Dès lors, le secrétaire général de la préfecture ne peut conclure sa lettre d'accompagnement du 3 mai 1999 que par cette lapalissade : « Eu égard aux caractéristiques de cette opération et à la motivation de cette décision, il semble que cet établissement ait été exploité depuis l'origine en méconnaissance de la réglementation en matière d'équipement commercial... »

Le préfet écrivait pourtant, un an auparavant : « Cet établissement a été créé en 1969 et a connu des extensions antérieures à la loi Royer. Les services de la Direction départementale de la concurrence, de la consommation et de la répression des fraudes, en charge alors de prononcer un avis sur ces opérations, avaient estimé qu'elles n'étaient pas soumises au régime de ladite autorisation. » Le préfet ne relevait alors, en conclusion, qu'une infraction portant sur 564 m^2 de surfaces illégales, « immédiatement signalée au procureur de la République ». Comme il se doit.

Le conseil du Conseil d'État

Brigitte Challiol, correspondante à Marseille du quotidien économique *Les Échos*, consacre un long article[14] à l'affaire du Carrefour de Vitrolles. La journaliste ne dissimule pas son scepticisme : « On peut s'interroger sur le devenir de l'affaire, si on la compare au dossier similaire de l'Intermarché de Miramas. Malgré une décision du Conseil d'État du 20 octobre 1995 confirmant l'annulation du permis de construire et le maintien de plus de 2 millions de francs d'amende pour 893 jours d'infraction par la Cour de cassation, le magasin est toujours en exploitation et n'a rien payé. Dans une lettre du 3 février 1998, le Conseil d'État remarque que le bâtiment étant construit au moment de l'annulation du permis, l'administration est dépourvue de tout moyen d'action et qu'il appartient au plaignant de saisir le juge judiciaire. » Le procureur, garant de l'intérêt général, ne se plaint pas. Le Conseil d'État est précis : L'État étant démissionnaire, c'est aux associations de s'y substituer !

À elles aussi de supporter, si elles le peuvent, les frais de justice générés par de très longues procédures qui n'ont d'autre objectif que de pallier les carences d'un système défaillant. De quoi dissuader les meilleures volontés et rasséréner ceux, nombreux, qui profitent de ce système.

Dans son enquête consacrée à la saga de l'épicier planétaire, Sylvain Courage souligne les enjeux économiques de l'affaire de Vitrolles : « S'il est finalement reconnu, comme le prétend Claude Diot, que les principales extensions du centre commercial de Vitrolles ne répondent pas aux règles de l'urbanisme commercial, les amendes pourraient se chiffrer en centaines de millions de francs pour Carrefour. Les juges pourraient même ordonner la démolition pure et simple des constructions jugées illégales. »

Néanmoins Carrefour n'a pas trop à s'inquiéter. Il y a déjà eu un précédent en avril 1996, alors que se discutaient les lois Galland et Raffarin. Le tribunal de grande instance a ordonné la démolition d'une extension de l'hypermarché Carrefour de Denain dans le Nord, construite illégalement en 1993. La peine n'a pas été appliquée puisque tout s'est arrangé par un accord à l'amiable.

22.

Des pratiques généralisées

Intermarché ouvre à Nice, en 1997, un supermarché de 1 000 m^2 sans autorisation. Curieusement, ni la mairie, ni la préfecture, ni la répression des fraudes ne s'opposent à cette implantation sauvage.

En France, ce ne sont plus les citoyens qui délèguent aux institutions la sauvegarde de l'intérêt collectif et le respect de la loi. En matière d'environnement comme en matière d'urbanisme commercial, cette tâche revient désormais aux citoyens et à leurs associations. Le tribunal de commerce est donc saisi par l'exploitant d'une supérette à l'enseigne « 8 à huit », un concurrent d'Intermarché.

Statuant en référé, la juridiction consulaire ordonne, en novembre 1997, la fermeture immédiate du magasin et condamne son propriétaire à une astreinte de 20 000 francs par jour de poursuite illégale de l'exploitation. La note s'élève à 2 320 000 francs. Intermarché feint d'ignorer la décision : il continue son exploitation et ne verse pas l'astreinte. En août 1998, le jugement en référé est confirmé et l'astreinte est cette fois portée à 40 000 francs par jour d'obstination. Intermarché jette l'éponge et baisse le rideau, non sans faire appel de la décision.

Un an plus tard [1], la cour d'appel d'Aix-en-Provence [2],

constatant la fermeture définitive du magasin, annule la décision en référé du président du tribunal de commerce infligeant à Intermarché une astreinte pour exploitation illégale.

Depuis, le « 8 à huit » a été recouvert de tags et Pierre Franco, son gérant, reçoit régulièrement des appels téléphoniques anonymes lourds de menaces.

La mairie a refusé de répondre au journaliste du mensuel *Capital* qui souhaitait l'interroger sur son ignorance des faits[3] alors que « la direction de l'urbanisme de la ville de Nice avait indiqué à un acheteur potentiel que les locaux acquis par Intermarché ne disposaient pas du permis de construire indispensable à l'exercice d'une activité commerciale ».

L'immobilisme des ministres

Selon la loi, une demande de permis de construire doit être présentée soit par le propriétaire du terrain ou son mandataire, soit par une personne justifiant d'un titre l'habilitant à construire sur le terrain. On ne peut solliciter un permis de construire sur un terrain dont on n'est pas propriétaire. À Miramas, la loi connaît quelques exceptions. Un permis de construire a été délivré le 5 octobre 1988, par le préfet des Bouches-du-Rhône au profit du promoteur intervenant pour le compte d'Intermarché, qui n'était pas propriétaire du terrain. Les irrégularités relevées sont telles que le tribunal administratif de Marseille annule le permis dans son jugement du 18 mai 1989. Cette décision ne satisfait guère les Mousquetaires et leurs acolytes. Ils portent l'affaire devant la juridiction supérieure.

Le jugement rendu, six années plus tard, par le Conseil d'État, statuant au contentieux sur les affaires 110993,

110994 et 110995 ne souffre aucune équivoque. On peut y lire :

— que « si, à la date des décisions attaquées, l'État avait décidé de céder le terrain à la commune de Miramas, le transfert de propriété n'avait pas eu lieu ;

— que l'avis favorable émis par le maire de Miramas lors de l'instruction des permis de construire ne pouvait, en tout état de cause, être regardé comme un titre habilitant à construire sur lesdits terrains restés propriété de l'État ;

— que l'ouverture, le 29 mai 1990, d'une procédure d'attribution des terrains en cause au profit des requérants n'a pu leur donner le 5 octobre 1988 un titre les habilitant à construire sur lesdits terrains ».

Le Conseil d'État conclut que « c'est à bon droit » que le permis de construire litigieux a été annulé par le tribunal administratif de Marseille dès le mois de mai 1989. Le 20 octobre 1995, « au nom du peuple français, la République mande et ordonne au ministre de l'Aménagement du territoire, de l'Équipement et des Transports de pourvoir à l'exécution de la décision ». Ni Jean-Claude Gaudin, ni Dominique Voynet, titulaires successifs de ce portefeuille, n'ont bougé.

Gauche ou droite, roses ou verts, tous s'accordent sur une même stratégie : l'immobilisme dans la déraison d'État.

À Miramas, on pousse les murs

L'Intermarché de Miramas a poussé comme un champignon sur un terrain qui ne lui appartenait pas. La surface indiquée lors du dépôt du permis de construire en 1988 (annulé par le tribunal administratif[4] le 18 mai 1989) était inférieure à 1 000 m² et ne nécessitait donc pas d'autorisation. À l'ouverture, le magasin excédait allégrement les 1 500 m^2...

Au départ, trois individus ont déposé trois permis de construire, sur des terrains dont ils n'étaient pas encore propriétaires, pour trois magasins aux enseignes respectives d'Intermarché, Vêtimarché et Bricomarché. Chaque entité « indépendante » développant sur le papier moins de 1 000 m^2, aucune autorisation n'a été demandée. À l'arrivée, après quelques rétrocessions de permis entre les uns et les autres, un bel Intermarché tout neuf est ouvert au public le 20 février 1989 sur une surface au sol de... 1 563 m^2 !

Le 28 mai 1990, le tribunal de police de Salon-de-Provence condamne Intermarché à une peine d'amende de 694 000 francs représentant 347 amendes de 2 000 francs, infligées par jour d'ouverture illégale du magasin au cours de la période allant du 20 février 1989 jusqu'à la citation devant le tribunal.

Cette petite péripétie ne change rien aux habitudes du Mousquetaire qui chaque matin remonte son rideau comme au premier jour.

Le 27 janvier 1992, les mêmes magistrats du même tribunal de police de Salon-de-Provence condamnent Intermarché à une peine d'amende de 1 365 000 francs représentant 546 amendes de 2 500 francs[5] chacune, infligées par jour d'ouverture illégale du magasin au cours de la période allant du 28 mai 1990, date du premier jugement, jusqu'à la date de l'audience. Coup d'épée dans l'eau, puisque le 7 mai 1998 le parquet d'Aix-en-Provence se ravise et classe l'affaire pour... « absence d'infraction », malgré les 893 amendes infligées par le même parquet au même distributeur !

Le parquet et les murs

Le parquet n'a pas voulu voir les murs extensibles de l'Intermarché de Miramas. En toute franchise et l'Association de défense des commerçants et artisans de Miramas (ADCAM), présidée par Paul Beaumeyer, un commerçant du cru, assignent Intermarché devant le tribunal de commerce de Salon-de-Provence le 21 mai 1999. Les associations réclament la fermeture immédiate, contre 50 000 francs d'astreinte par jour, du magasin exploité, selon elles « illégalement, sans permis de construire, sans autorisation d'ouverture légale, sans payer des taxes foncières et professionnelles, sans payer les amendes[6] consécutives aux condamnations par les tribunaux, sans payer l'Organic[7], sans payer les dommages et intérêts dus aux associations suite aux condamnations par le Conseil d'État ».

Le tribunal de commerce ordonne le 30 juillet 1999 une expertise des surfaces de vente exploitées. En dépit de la décision du Conseil d'État et de celle de la Cour de cassation, il précise, avant de statuer sur le fond, que « rien ne prévoit que les infractions à la législation du permis de construire soient sanctionnées par la fermeture de l'exploitation ».

La loi Royer avait fixé la barre à 1 000 m^2 pour exiger l'autorisation de la CDUC. La juridiction consulaire la « revisite » en précisant : « La société n'a nullement besoin d'une autorisation de la CDUC pour exploiter une surface de vente dès lors qu'elle reste inférieure à... 1 200 m^2. »

Pour y voir plus clair, le juge ordonne la nomination, dans un délai de 48 heures, d'un expert chargé de mesurer avec précision les surfaces de vente contestées. Il devra avoir rendu ses conclusions pour le 24 septembre 1999, date de l'audience. Les commerçants versent les 5 000 francs demandés à titre de provision sur les honoraires de l'expert. On dit la justice française gratuite : elle n'est pourtant pas à la portée de toutes les bourses.

L'huissier désigné par le tribunal confirme qu'il entreprendra sa mission dès le lundi 9 août, mais le 23 août... il n'est toujours pas sorti de son bureau. Entre-temps, les cloisons très mobiles auraient retrouvé une configuration plus conforme à la loi.

Nouveau coup d'épée dans l'eau pour le Mousquetaire de Miramas : flairant une certaine lenteur estivale de la justice locale, les associations avaient aussi fait demander par leur avocat la désignation d'un huissier pour faire constater, dès le 2 août 1999, en présence de la directrice du magasin, les dépassements non autorisés. Deux rapports à moins d'un mois d'intervalle ne vont pas faciliter la décision des juges consulaires.

Fort de son impunité, le groupe Intermarché décide de conforter ses positions dans la ville. Un nouveau projet est élaboré, prévoyant l'implantation d'un hypermarché de 15 000 m² cette fois, à la sortie nord de Miramas. Le dossier est rejeté le 5 mai 1999 par la Commission départementale d'équipement commercial. Les Mousquetaires ne désarment pas. Ils en appellent à la trop fameuse Commission nationale d'équipement commercial.

Noël toute l'année

Absence d'autorisation, vrai-faux permis de construire, les grands distributeurs débordent d'imagination. Une des combines les plus répandues consiste à s'étendre, bien au-delà des surfaces de ventes construites, sous des tentes, des chapiteaux, à l'intérieur de remorques de camion ou tout simplement en plein air. Une astuce célèbre est élevée au rang de coutume, relève Élise

Rouard dans les colonnes du *Canard enchaîné*[8] : « La vente de sapins de Noël, ou de piscines gonflables en été, sous des chapiteaux installés sur les parkings. Ces structures de plastique doivent en principe être démontées dès la promotion terminée. Leur installation, l'année suivante, doit faire l'objet d'une nouvelle demande d'autorisation. C'est loin d'être toujours le cas. »

En 1997, l'association En toute franchise profite des fêtes de Noël pour vérifier si les Carrefour, Leclerc, Intermarché, Casino et autres Auchan de son voisinage ont obtenu les autorisations auprès de la préfecture. Aucune de ces enseignes n'en avait pris la peine. Chaque année ce sont des millions de mètres carrés qui sont ainsi exploités illégalement. Les constats d'huissiers succèdent aux constats d'huissiers. Au printemps 1999, pour la première fois, à la demande de l'association En toute franchise et sans attendre une action en justice, le Géant Casino de Salon-de-Provence a démonté son chapiteau.

La multiplication des mètres carrés et celle des petits pains

Crise économique oblige, les abords des villes regorgent de bâtiments inexploités et abandonnés. L'amélioration de la gestion a réduit le volume des stocks, libérant de la place dans les entrepôts. Il suffit de détruire des cloisons pour transformer réserves et entrepôts en rayons. Supermarchés et hypermarchés, qui connaissent bien cette ficelle, en usent et abusent en toute impunité.

Deux actions ont été menées en parallèle contre l'hypermarché Géant Casino situé à Saint-Victoret, en bordure de l'aéroport de Marseille. L'une concerne les surfaces exploitées dans la galerie marchande, et l'autre la construction d'une boulangerie dans le centre commercial, sans permis de construire et sans intervention de la commission technique de la sécurité civile. L'affaire commence par les observations d'un huissier, intervenant à la demande de l'association et constatant que Géant Casino utilise son personnel pour vendre de la boulangerie et de la pâtisserie. La vente se fait dans un espace situé en limite de l'hypermarché, du côté de la galerie marchande, dans une zone déclarée comme étant un espace de restauration. En sortant certaines activités de leur périmètre initial, les grandes surfaces récupèrent les surfaces libérées au sein même de leurs hypermarchés. Une façon comme bien d'autres de s'agrandir sans en avoir l'air.

À la mairie, on élude la question, prétextant que « les travaux étant internes à la galerie, il n'y a pas besoin de permis de construire, encore moins d'affichage ». Ici comme ailleurs, il suffit de pousser les murs. Les lettres adressées au sous-préfet, au maire, comme la plainte déposée devant le procureur de la République d'Aix demeurent sans réponse. Le 7 avril 1999, jour de l'inauguration de la jolie boulangerie à l'enseigne Amandine et Chocolat, les membres de l'association En toute franchise et du nouveau syndicat des artisans boulangers-pâtissiers sont mobilisés. Ils distribuent un tract dénonçant les irrégularités commises. Une heure après, la police était là et, le lendemain, la boulangerie était fermée. Aucun dossier n'a été déposé auprès d'aucune autorité administrative. Martine Dethier ne se fait pourtant aucune illusion : « Si dans les deux mois, la commission départementale des pompiers n'a pas donné signe de vie, ce sera jugé favorable et la boutique pourra rouvrir. Si aucun dossier de permis n'a été déposé, si le maire n'a rien envoyé à cette commission, comment voulez-vous que les pompiers aient un avis quelconque sur la boutique ? » Ainsi va l'urbanisme commercial à la française.

Le consommateur est un mammifère comme les autres

« Les Français sont des veaux », avait affirmé Charles de Gaulle, irrité par notre apathie collective. Les distributeurs ne sont pas loin de partager cette idée. Michel-Édouard raconte comment, en 1964, Édouard Leclerc, son père, qui n'arrivait pas à obtenir le permis de construire de son premier hypermarché a dû s'y prendre pour berner le représentant de l'État : « Au préfet du Finistère qui, affolé, apprit un jour la transformation en centre Leclerc d'un grand hangar agricole dont la demande de permis stipulait qu'il était destiné à la distribution de tous produits pour mammifères, l'épicier de Landerneau retourna innocemment la question : l'homme n'est-il pas le premier des mammifères ? Silence sur la ligne... Le permis ne fut jamais contesté ! » Dans le Finistère comme dans les Bouches-du-Rhône, les préfets manquent parfois singulièrement de repartie.

Les anecdotes de Michel-Édouard Leclerc sont révélatrices des pratiques de ce secteur[9] : « Pour avoir longtemps barré l'accès d'une ville bretonne au promoteur d'un hypermarché dont elle voulait réserver l'exploitation à l'un de ses enfants, la bourgeoisie locale a frôlé la crise cardiaque. Elle découvre qu'un magasin de meubles, sitôt ouvert, pouvait se transformer en centre Leclerc. Et, en une nuit, canapés et fauteuils cédaient la place à des gondoles, une batterie de caisses et des laboratoires de produits frais. »

Des mètres carrés en réserve dans les entrepôts

L'histoire n'est qu'un éternel recommencement. À Plan-de-Campagne, sur la commune de Cabriès située au nord de Marseille, l'association En toute franchise reproche au centre Leclerc de s'être installé, en 1988, dans les anciens entrepôts... d'un marchand de meubles. Sans autorisation et sans permis. Du déjà-vu.

Jusqu'au 31 janvier 1979, la société des Meubles Pasquet stockait ses meubles dans ces entrepôts. Elle déclare au greffe du tribunal de commerce, le 1er février 1979 : « la création d'un fonds de commerce de ventes de meubles et articles d'ameublement, décoration et aménagement de la maison à l'enseigne Mobilier de France » [10], en lieu et place de l'entrepôt qu'elle utilisait jusqu'alors. Ces informations démontrent que le fonds de commerce a été créé six ans après l'entrée en vigueur de la loi Royer.

La préfecture a une autre vision de la chronologie. Elle estime que le centre Leclerc « a ouvert le 10 mai 1988 sur une surface de vente de 3 360 m^2, en lieu et place du magasin Meubles Pasquet, ouvert lui-même en 1968 ». Pour ses services : « Cette surface de vente, créée antérieurement à la loi Royer et exploitée de façon continue depuis son ouverture, bénéficie donc d'une autorisation d'exploitation commerciale implicite. »

Les commerçants locaux s'interrogent : « Si le bâtiment avait été réellement exploité en surface de vente, pourquoi les Meubles Pasquet n'ont-ils pas fait valoir un droit acquis implicite sur leurs 3 500 m^2 lors de l'entrée en vigueur de la loi Royer ? Pourquoi ont-ils déclaré la création d'un fonds en février 1979 s'il était exploité depuis 1968 ? »

Leclerc entre dans ses meubles

Le 1er avril 1982, le fonds est donné en gérance à la Société d'exploitation des Meubles Pasquet[11]. Toujours sans autorisation de la CDUC. Le 13 janvier 1984 la Société Docks Européens, promoteur et propriétaire des locaux, déclare, dans une seule et même demande de permis de construire, l'extension du bâtiment existant « à usage d'entrepôt » et la création de six nouveaux bâtiments, eux aussi « à usage d'entrepôts ». À aucun moment, il n'est fait allusion à une quelconque surface de vente. Le 10 mai 1984, un arrêté préfectoral autorise[12] le permis de construire en spécifiant : « Tout changement [ultérieur] de destination ou d'affectation des locaux devra faire l'objet d'une demande de permis de construire. » On ne peut être plus clair. Cela n'empêche pas Leclerc d'exploiter, depuis 1988, plus de 3 000 m^2 dans ces locaux, en les assimilant, sans autorisation, à une surface de vente. En toute franchise découvre que « les sept bâtiments sont tous affectés à la vente et constituent un ensemble commercial d'environ 14 000 m^2, non déclaré et non soumis à autorisation ».

Le 18 décembre 1998 la chambre de commerce et d'industrie de Marseille Provence répond laconiquement à une demande de l'association : « Leclerc : dossier d'autorisation de la CDUC non retrouvé. Il s'agit peut-être d'un changement d'activité dont nous ne retrouvons pas la trace dans les archives. »

Plan de cuisine à Plan-de-Campagne

En toute franchise ne désarme pas. Considérant que « le magasin ne peut bénéficier d'une autorisation d'exploitation commerciale implicite puisque son bâtiment a toujours été déclaré à usage d'entrepôts », elle demande, le 25 mai 1999, au préfet des Bouches-du-Rhône « de faire cesser l'exploitation de toutes les surfaces commerciales du magasin Leclerc et des six bâtiments ». Les documents produits par l'association ne sont pas contestés par le préfet qui préfère conclure sans argumenter, quitte à faire quelques entorses à la chronologie des événements : « Cette surface de vente a été créée antérieurement à la loi Royer. Le changement d'activité, intervenu en 1988 lors de l'installation de l'hypermarché Leclerc, ne nécessitait pas d'être autorisé. Ce magasin est donc actuellement exploité en toute légalité. »

Le profond sommeil des autorités

Comme savent le faire les hommes politiques lorsqu'ils n'ont plus d'arguments, les avocats de Carrefour[13] ont tenté de discréditer En toute franchise, en essayant de faire croire que « le Front national manipulerait l'association ». Un moyen couramment utilisé pour faire le vide autour de citoyens trop remuants, un peu comme s'il n'existait que trois sortes de Français :

— les corrompus, qui se remplissent les poches et vivent grassement sur le denier public ;

— les dociles petits agneaux écervelés qui bêlent en silence mais n'expriment leur désapprobation que dans l'abstention ;

— les « tantes Jeanne » en chemises brunes qui, du haut de leurs montures immaculées, s'approprient l'honneur et la vertu tous les 1er mai, et font comme les autres dès que l'occasion leur en est donnée, tout le reste de l'année...

Dénoncer ces comportements douteux et bien souvent mafieux, affirmer que certaines sociétés secrètes sont infiltrées par des malfrats en cols blancs, combattre les tricheurs, devient alors un signe évident de « réaction » aux yeux de ceux qui « s'empiffrent » aux banquets de la compromission...

La connivence s'installe chez les hommes de pouvoir. Ils considèrent que parler des « affaires » fait le jeu de la droite extrême et totalitaire. Ce ne sont pas les tricheurs qui sont mis au ban de la société mais ceux qui condamnent les dérives et les excès de ces hommes politiques aux comportements douteux.

L'affaire Carrefour se passe à Vitrolles. Mettre en cause l'ancien maire socialiste peut être aisément caricaturé comme une démarche à connotation politique. L'amalgame n'a rien d'élégant, mais il peut rendre service. On ne peut pourtant suspecter En toute franchise de pactiser avec le diable. L'association s'est attaquée aussi à la mairie frontiste qui, le 11 juin 1998, a délivré un autorisation d'ouverture au public [14], pour des surfaces construites « illégalement » dans la galerie commerciale. Sous la pression, les élus ont retiré [15], le 25 septembre 1998, la décision favorable au grand distributeur. La municipalité a botté en touche en précisant « que n'étant pas partie aux différentes procédures, elle n'a jamais eu communication des décisions de justice ». Le texte de la décision du 6 août 1980, n'autorisant pas la construction de la jardinerie, a pourtant dû être affiché à la porte de la mairie de Vitrolles [16], comme indiqué dans l'officiel *Recueil des actes administratifs et bulletin des mairies* du 1er septembre 1980. Il doit figurer, à ce titre, dans les archives de la mairie, mais Carrefour est un riche pourvoyeur d'impôts locaux.

La « grosse fatigue » de la justice

Henri d'Attilio, député socialiste et conseiller général des Bouches-du-Rhône, attire l'attention du procureur de la République, près le tribunal de grande instance d'Aix-en-Provence, sur les faits graves mis en avant par Martine Dethier et Claude Diot. En réponse, le substitut du procureur adresse [17] au député une réponse qui en dit long sur la considération que peut avoir la justice locale à l'égard de ces infatigables plaignants : « Concernant Mme Dethier et M. Diot, j'ai l'honneur de vous faire savoir que ces deux personnes sont des plaignants d'habitude qui inondent depuis plusieurs années les diverses juridictions et administrations de multiples plaintes. » Un *a priori* qui en dit long sur l'empressement de la justice à s'intéresser à ces dossiers. Le magistrat précise toutefois qu'une information « a cependant été ouverte, auprès d'un juge d'instruction... ». Depuis, personne n'a entendu parler de rien. L'association En toute franchise a alerté par lettre l'ensemble des autorités politiques, de la présidence de la République, au Premier ministre et au gouvernement en passant par les présidents des chambres et des groupes parlementaires en n'obtenant, au mieux, que de vagues accusés de réception. Les abus de la grande distribution ne sont pas de nature à troubler le personnel politique.

Claude Diot le répète à tous ceux qui veulent bien l'écouter [18] : « Notre dossier est trop explosif, il fait peur à tout le monde car nous y démontrons la faute des grands distributeurs et d'un certain nombre d'élus et de hauts fonctionnaires. » Le pays entier est touché par ces mécanismes. Tant que le couvercle tient sur la marmite marseillaise, il ne peut rien se passer. Après, plus personne ne répondra de rien...

Sixième partie

DEUX NOUVELLES LOIS POUR RIEN

23.

Des élus atypiques

Les temps changent et les acteurs évoluent. Les corrompus deviennent les corrupteurs. Le distributeur est corrompu par l'industriel qui lui verse des fonds sans contrepartie. Le distributeur corrompt l'homme politique en achetant sa précieuse signature.

La corruption est-elle un phénomène de gauche ? Oui et non à la fois. Oui, parce que la gauche a tenu les rênes du pouvoir au cours des années 80, cette décennie qu'il a été convenu d'appeler « les années fric » et « les années frime » et que ce fut aussi, coïncidence, la période de l'explosion de la grande distribution. Oui, parce que longtemps éloignés du pouvoir, ses dirigeants avaient quelques revanches à prendre, quelques années à rattraper aussi...

Et la droite ? Même combat ! Elle n'est pas en reste, pas plus avec la grande distribution qu'avec les lobbies du bâtiment ou des travaux publics. Elle excelle dans ces domaines, avec peut-être davantage de maîtrise, de savoir-faire, de talent ou de discrétion. Encore que, depuis quelque temps, les règlements de comptes vont bon train dans la désunion de l'opposition agonisante. Pourtant, à droite comme à gauche il existe des élus probes, des maires intègres, comme des députés-maires honnêtes. Il n'empêche que les années 80-90, associées aux effets d'une décentralisation nécessaire mais incontrôlée, ont permis à une génération d'hommes politiques, aussi arrivistes que peu scrupuleux, de s'engouffrer dans un système taillé à leur mesure.

Le système politique est basé sur un principe qui veut que la réussite d'un élu passe, à de rares exceptions près, par la reconnaissance et la notoriété qu'il a su acquérir en tant que notable local. Dans ce contexte, les grands distributeurs représentent un enjeu considérable. Les réalisations visibles (ronds-points, piscines, bibliothèques, aménagements de carrefours, de courts de tennis, de médiathèques, ...) sont autant d'éléments qui motivent la reconnaissance de l'électeur. Michel-Édouard Leclerc ne s'en cache pas[1] : « Les contributions financières exigées par les élus sont fixées par des conventions souscrites auprès de sociétés d'économie mixte ou de sociétés d'aménagement. S'il est un produit dont la valeur marchande excède largement son coût de fabrication, c'est bien le rond-point, dont le cours atteint parfois 3 à 4 millions de francs ! »

La contribution active d'un élu, par sa capacité à drainer des fonds au profit de son parti, est un gage de progression à l'intérieur d'une organisation politique nationale. Certains d'entre eux ont su se rendre incontournables grâce à leur parfaite maîtrise de ces systèmes.

La constitution de sociétés « off-shore » dans des pays où les juges d'instruction sont interdits de séjour permet aujourd'hui de se faire verser des commissions à l'étranger en toute impunité. Certains s'en sont fait une spécialité.

Nature et Culture, même combat ?

Pour Alain de Swarte, le directeur du magazine *Combat Nature*, « en matière d'urbanisme : super et hypermarchés, c'est la dévastation ». Le journaliste dresse un tableau[2] qui pourrait faire sourire s'il n'était en deçà de la réalité : « Ils se livrent une guerre impitoyable pour dominer le concurrent. Le plus gros prétendant proposer les meilleurs prix, c'est une course au gigantisme. Les entrées de villes sont toutes polluées par la laideur des bâtiments et l'outrance des publicités. Le client-consommateur, matraqué par les offres alléchantes de produits vendus, soi-disant bon marché, est toujours piégé par la frénésie d'achats. On achète plus et trop. Quant au super ou hypermarché, il fera ses bénéfices sur certains produits rentables achetés en masses de plus en plus importantes et de qualité souvent douteuse, comme ces salades et autres légumes souvent flétris, venus par camions polluants de l'autre bout de la France, d'Espagne ou du Maroc. »

Alain de Swarte poursuit : « L'actuel ministre socialiste du Commerce et de l'Artisanat estime que tout ce qui favorise la consommation est une bonne chose. Quand la grande distribution brade des ordinateurs à 4 000 francs, la France se porte mieux. Il est affligeant de constater l'augmentation constante des autorisations de créations et ouvertures d'hypermarchés et de supermarchés. Le résultat sera la faillite accélérée des petits et moyens commerces dans le centre des agglomérations. Et un chômage qui ne sera pas compensé par les emplois créés par les super et hypermarchés. » L'article se termine par une dose d'optimisme : « Il ne faut pas désespérer, car enfin certains élus prennent conscience de l'effet dévastateur de cette absence de politique urbaine et s'opposent aux nouveaux projets. C'est le cas exemplaire de l'opposition unanime contre le projet de centre commercial de Domont en Val-d'Oise refusé par tous les élus de gauche comme de droite. »

Domont, ville pilote

À Domont, commune de 15 000 habitants située à 20 kilomètres au nord de Paris dans le Val-d'Oise, rien ne va plus. Quatre ans après une première tentative, Carrefour récidive en essayant de s'implanter sur un site extrêmement sensible pour l'équilibre environnemental de la région. Le terrain convoité couvre 35 des 200 hectares de la plaine des Cercelets, appréciée pour son caractère agricole et arboricole. Elle permet de préserver à la commune un certain caractère campagnard. Cette plaine est, en fait, constructible depuis 1970, selon le schéma directeur d'Île-de-France. La moitié des terrains ont déjà été acquis par l'OCIL (organisme collecteur du 1 % logement) mais, depuis vingt-cinq ans, les habitants s'opposent farouchement, et avec succès, à tous projets d'urbanisation qui la concernent. On trouve déjà un centre Leclerc et deux hypermarchés Continent dans un rayon de dix kilomètres autour de la commune.

À l'issue des concertations organisées par les élus, 3 998 habitants ont émis un avis défavorable au projet alors que seulement 115 y étaient favorables. Malgré l'opposition massive de la population, le commissaire enquêteur a donné le feu vert.

Les élus ne désarment pas. Le 10 octobre 1998, après un rassemblement sur le site convoité par Carrefour, une conférence de presse s'est tenue à la mairie de Domont. Tous les élus ont rejeté les conclusions du commissaire enquêteur et se sont engagés à relayer la très forte opposition des habitants. À l'initiative d'Yves

Cochet, député Vert, Robert Daviot, conseiller général UDF de Domont, Michel Coffineau, maire PS de Bouffémont, Jérôme Chartier, maire RPR de Domont, Jean-Claude Noyer, maire RPR de Deuil-la-Barre, Yannick Paternotte, maire Démocratie libérale de Sannois et quatorze associations et partis politiques ont créé le « Collectif contre Carrefour ». Devant une telle levée de boucliers, les membres de la CDEC ont fini par se prononcer le 9 décembre 1998, à l'unanimité eux aussi, contre le projet.

Le « Collectif contre Carrefour » a été reçu le 25 janvier 1999 par la secrétaire d'État aux PME, au Commerce et à l'Artisanat. Carrefour a déposé un recours devant la Commission nationale d'équipement commercial (CNEC) qui n'a pu que confirmer la décision de la CDEC. Décidément, Domont n'est pas une terre d'accueil pour les hypermarchés.

Les rapports introuvables

Les élus sont ainsi amenés à se pencher de plus près sur le monde de la grande distribution. On ne peut reprocher à nos parlementaires trop de précipitation. Vingt-trois ans séparent en effet la loi relative à l'orientation du commerce et de l'artisanat, dite loi Royer, de celles destinées à la toiletter et à l'adapter à la réalité économique. Vingt-trois ans pour voir apparaître la loi relative au développement et à la promotion du commerce et de l'artisanat et celle relative à la loyauté et à l'équilibre des relations commerciales. Il n'y a pas de quoi stresser un sénateur.

On ne peut reprocher non plus à nos parlementaires de ne pas avoir étayé leurs travaux. Les rapports du député Jean-Paul Charié sont là pour le démontrer. Le

3 décembre 1993, le député du Loiret déposait sur le bureau du président de l'Assemblée nationale le rapport d'information qu'il avait commis avec la complicité de près de 150 de ses collègues composant la commission de la production et des échanges, sous le titre évocateur : « Un enjeu de société : vers une concurrence libre et loyale »[3].

Deux années plus tard, il récidive avec un nouveau rapport dont l'intitulé : « Pour une libre concurrence à dimension humaine : redéfinir les règles de la loyauté »[4], ne laisse place à aucune ambiguïté. Curieusement ces deux rapports, qui restent d'une actualité brûlante, sont devenus introuvables à la bibliothèque de l'Assemblée nationale pourtant richement documentée.

Dans ces rapports, les parlementaires décrivent par le menu les mécanismes que tous les professionnels et surtout tous les fournisseurs de la grande distribution connaissent bien.

L'auteur de la préface, Philippe Séguin, un « éléphant » du RPR, ne fait pas dans la demi-mesure : « La concurrence n'est pas libre si elle n'est pas d'abord réglementée, si elle ne s'inscrit dans un cadre construit et organisé. » Et d'ajouter quelques lignes plus loin : « Une concurrence loyale constitue non seulement un facteur d'efficacité économique, mais aussi de justice dans les rapports entre les différentes forces économiques et sociales, et plus souvent qu'on ne croit, une protection des faibles contre les forts. » Dans un élan de lucidité, il poursuit : « Sur le plan international, comment ne pas s'inquiéter de la spirale déflationniste où nous entraînent certaines structures commerciales qui, à travers la recherche de produits toujours moins chers, sacrifient la production nationale, souvent héritière d'une tradition de qualité qui devrait être un des atouts de l'économie européenne ? » Et de conclure : « Les lois mal conçues et trop rapidement préparées manquent leur but, lorsqu'elles n'ont pas des effets pervers : ainsi est-on surpris d'apprendre que la France cumule le commerce le plus concentré et la législation la plus restrictive en matière de grandes surfaces. »

Hélas, en dépit de ces analyses marquées au sceau du bon sens et de la lucidité, il ne s'est rien passé ou si peu. Tout juste une nouvelle loi, elle aussi « mal conçue et trop rapidement préparée », qui a manqué son but et même conforté la grande distribution française sur son territoire national pour mieux lui permettre d'aller exercer ses talents en terre étrangère. Le racket, la concurrence déloyale, les positions dominantes, s'exportent et plutôt bien. Il y a bien quelques effets secondaires indésirables, du type chômage, misère, pauvreté ou précarité. Le bonheur des uns fait, parfois, le malheur des autres.

Dans notre société gangrenée par la corruption, cent cinquante députés se sont mis autour d'une table pour faire le constat que les grands distributeurs n'avaient pas d'autre choix que de piller notre économie. Ils l'ont exprimé en termes plus feutrés et l'ont consigné dans un rapport destiné au président de l'Assemblée nationale. Son successeur au perchoir a fait partie, lui aussi, de la commission qui a travaillé sur ce délicat sujet. La droite a succédé à la gauche. La gauche a repris l'avantage. Rien n'a changé dans les mœurs commerciales. Les pratiques déloyales de la grande distribution sont restées les mêmes, bien qu'un certain Premier ministre se soit réservé ce qu'il est convenu d'appeler « un droit d'inventaire ». Lionel Jospin n'est pas encore passé aux travaux pratiques.

Un an avant la menace des lois Raffarin et Galland, les grands distributeurs se sont regroupés en une puissante organisation. Créée le 1er juin 1995, la Fédération des entreprises du commerce et de la distribution (FCD) dispose d'une capacité de lobbying autrement supérieure à celle des industriels. La FCD revendique 288 entreprises grossistes en alimentation et 150 entreprises de détail représentant 8 500 magasins d'alimentation de proximité, 5 200 supermarchés et 620 hypermarchés[5].

Le Commerce et l'Artisanat ne manquent pas de débouchés. Pour la représenter, la fédération a débauché un énarque, ex-collaborateur de ce ministère. L'ancien haut fonctionnaire y a conservé de puissants réseaux d'amitié. Cela peut toujours servir.

Les hypermarchés et les Français

Afin de mesurer l'impact sur les Français du projet de loi réformant l'ordonnance de 1986 sur les prix et la concurrence et d'identifier leurs attentes, la FCD a fait effectuer une enquête d'opinion. Comme la plupart du temps, la tournure de la question induit la réponse. Exemples : « Dans l'avenir, souhaitez-vous que les grandes et moyennes surfaces :

— vous proposent plus de services ? Le *oui* obtient 64 % ;

— améliorent l'accueil dans les magasins ? Le *oui* passe à 79 % ;

— vous proposent des prix plus compétitifs ? Le *oui* atteint 80 % ;

— améliorent la qualité et le choix des produits ? Le *oui* culmine à 81 %.

La fédération des gros distributeurs en conclut bien sûr que « les Français maintiennent leur confiance dans le rôle des grandes et moyennes surfaces (GMS), dans l'économie française et pour le maintien de leur pouvoir d'achat[6] ». Du désir au constat il n'y a qu'un pas, qu'un sondage réalisé par la Sofres[7] franchit en faisant apparaître que 97 % des ménages français se rendent, en moyenne, près de huit fois par mois dans les grandes et moyennes surfaces. Par choix, obligation ou nécessité ? L'histoire ne le dit pas.

Le développement de la grande distribution se mesure pourtant aussi à la vision qu'offre aujourd'hui le cœur des villes. Il n'y a plus grand-chose à conquérir sur le commerce à taille humaine communément appelé petit commerce ou commerce de proximité, qui a pratiquement disparu, entraînant avec lui les métiers qui l'environnaient. Le ministre des PME, du Commerce et de l'Artisanat a fait réaliser par IPSOS le 24 novembre 1995, huit mois après le sondage de la FCD, une étude d'opinion destinée à savoir ce que nos concitoyens pensent de la grande distribution. Trois pour cent des français pensent « qu'il n'y a pas assez de grandes surfaces ». Quatre pour cent estiment « que les petits commerces sont trop nombreux ». Soixante-cinq pour cent des personnes interrogées estiment « qu'il y a assez de grandes surfaces en France ». Vingt-huit pour cent d'entre elles considèrent « qu'il y en a déjà trop ». Cela fait quatre-vingt-treize pour cent pour lesquels : « cela suffit » ! Les personnes interrogées plébiscitent les petits commerces et sont soixante-quatorze pour cent à estimer qu'ils ne sont pas assez nombreux. Le sondage terminé, les mêmes se précipitent chez le premier grand distributeur venu, mais ont-ils encore le choix ?

24.

Les initiatives du législateur

Jacques Chirac, lorsqu'il était encore maire de Paris, s'est toujours posé en farouche opposant à l'implantation de la grande distribution dans la capitale. Avec succès, puisque pas une seule grande surface n'a réussi à pénétrer la ville. Devant le Sénat, il n'a pas caché son aversion : « Le système est très excessif, injuste, et au total destructeur de vie et porteur de corruption[1]. » Réponse de Michel-Édouard Leclerc : « Ce propos n'empêche évidemment pas les journaux édités par la mairie de Paris de récolter la publicité de quelques grandes enseignes de distribution ! » Est-ce à dire que la publicité des grands distributeurs est devenue un moyen de pression sur les médias et sur les hommes politiques ?

Devant les caméras de France 2 le président de la République déclarait le 1er mai 1996 : « La grande distribution, phénomène purement français, peut faire état d'un bilan extraordinairement négatif, s'agissant de la distribution en général, s'agissant de l'équilibre de l'aménagement de notre territoire, s'agissant peut-être et surtout de la convivialité. »

À l'annonce d'un projet de loi susceptible de réglementer leurs pratiques lucratives, les dirigeants des chaînes de la grande distribution ont affiché profil bas. Philippe Vasseur, alors ministre de l'Agriculture, avait dans un premier temps donné son accord à un texte contraignant. Il était notamment prévu d'autoriser les agriculteurs à constituer des groupements leur permettant d'imposer à tous les commerces un prix de vente minimal de certains de leurs produits.

À l'approche des élections législatives, Jacques Chirac voulait faire valoir aux paysans, artisans, petits commerçants, et autres responsables de petites et moyennes entreprises, le travail accompli par ses amis politiques. Apprenant que des faveurs allaient être accordées au monde agricole, les pétroliers se mirent à leur tour à exiger des prix de vente planchers. Le ministre de l'Économie et des Finances, Jean Arthuis, ne dormait que d'un œil et entra en scène pour remettre de l'ordre dans les intentions du Premier ministre et de son ministre de l'Agriculture. Pas question d'ouvrir la boîte de Pandore. Si des prix minimum sont accordés aux agriculteurs et aux pétroliers, tous les secteurs de l'économie vont demander à en profiter. Ce serait le retour au contrôle des prix, désormais interdit par Bruxelles.

Le pacte des centristes

La tension est alors au plus haut entre le pouvoir politique et les réseaux de grande distribution. Pour calmer le jeu, Pierre Méhaignerie, président de la commission des finances de l'Assemblée nationale, s'empresse. Le 11 octobre 1995 il organise une réunion au cours de laquelle les délégués des principaux ministères concernés[2] exposent aux délégués des principaux groupes de grands distributeurs les vertus d'un nouveau plan, plus modéré. Il sait les rassurer et leur faire comprendre que, de retraits en amendements, cette nouvelle loi en préparation sera vidée de sa substance. Les grands distributeurs comprennent qu'ils ont échappé au pire et qu'à bien y réfléchir, cette loi n'aura que peu d'incidences sur leurs pratiques, bien au contraire.

Le jeu politique a rempli son rôle en opposant les défenseurs du monde agricole, du commerce et de l'artisanat, traditionnellement électeurs de droite, aux défenseurs de « la vie pas chère », des ouvriers et des employés, traditionnellement électeurs de gauche. Les clichés ont la vie dure, comme le chômage, la précarisation, la misère et le non-redéploiement économique.

Il était temps que le pouvoir politique vienne à la rescousse de ces grands réseaux qui commençaient à sentir la menace de l'étranger. Libéraux lorsqu'il s'agit d'imposer la loi du plus fort face au commerce à taille humaine, nos nouveaux commerçants savent se convertir au réglementarisme autoritaire lorsque ce sont leurs propres intérêts qui sont en jeu.

En période de crise, l'étranger constitue toujours une menace. C'est un des arguments récurrents de la démagogie. Les étrangers menaçaient de venir croquer les superbénéfices de nos prédateurs nationaux. Ils présentaient au moins deux inconvénients majeurs : ils risquaient d'entraîner une baisse des prix de vente en exacerbant la concurrence nationale ; ils menaçaient de provoquer une concurrence farouche en terme de loyauté commerciale. Or, les industriels sont captifs de leur clientèle quasi exclusive : la grande distribution à la française. En laissant s'installer des distributeurs étrangers, moins concentrés, aux mœurs plus fréquentables, les industriels auraient bénéficié d'une plus grande diversité, en termes de débouchés. Impensable et inacceptable. D'un côté des distributeurs aux pratiques nouvelles, loyales, conformes aux us et coutumes du monde du commerce, se conformant aux règles qui favorisent le développement économique équilibré. De l'autre, des pratiques obscures, anticoncurrentielles, quasi monopolistiques, déloyales et confiscatoires, dominantes à la limite de la caricature. Deux systèmes diamétralement opposés risquaient de devoir s'affronter.

L'interventionnisme au service de l'ultracapitalisme

Soixante ans après leur dernière visite, les Allemands menaçaient à nouveau d'envahir nos villes et nos campagnes. Les Anglais, ennemis de toujours mais alliés d'hier, préparaient un nouveau débarquement avec leurs commandos de *hard-discounters*.

Les hard-discounters ne vendent pratiquement plus de produits de marques. Leurs références se limitent aux produits les plus basiques et les prix sont extrêmement tendus. Contrairement aux pratiques de nos grands distributeurs, leurs marges sont faibles. La vente se fait en entrepôt, sans dépense inutile en termes de décor ou de mise en valeur des produits. Ils fonctionnent avec un minimum de personnel.

Être concurrencés sur leur propre terrain n'est pas dans les habitudes de nos courageux distributeurs. Il leur fallait trouver un moyen d'arrêter la concurrence, quelque chose ou quelqu'un qui pourrait régler ce problème. Un ministre par exemple. Une loi, deux lois en « trompe l'œil » permettraient de donner l'illusion que l'on défend l'emploi, menacé par les excès de la grande distribution, tout en la confortant solidement dans ses positions. Les grands distributeurs ont compris l'intérêt de l'oligarchie qui permet aux dominants de limiter la concurrence à un nombre d'intervenants soigneusement sélectionnés, voire cooptés.

Ainsi sont nées, appauvries et dépouillées de leur substance, la loi du 1er juillet 1996 relative à la loyauté et à l'équilibre des relations commerciales et quatre jours plus tard, comme une fausse jumelle, la loi du 5 juillet 1996 relative au développement et à la promotion du commerce et de l'artisanat. Ces lois sont plus connues sous le nom de leurs parrains sur les fonts baptismaux. On parle de loi Galland pour la première et de loi Raffarin pour la seconde.

Toutes deux avaient pour objectif de compléter, renforcer, toiletter, lifter l'inefficace et archaïque loi Royer qui remontait à 1973. Rien n'avait été fait dans ce domaine, malgré la parfaite inadéquation entre cette vieille loi et les problèmes posés par le développement exponentiel de la grande distribution.

Les projets de refonte du droit de la concurrence, prévus initialement, étaient beaucoup plus audacieux que les lois finalement votées par le Parlement. Les véritables problèmes de fond demeurent et s'amplifient.

La loi n° 96-603, dite Raffarin

Jean-Pierre Raffarin, ministre des Petites et Moyennes Entreprises, du Commerce et de l'Artisanat, connaît bien la grande distribution. Diplômé d'une école de commerce, il a débuté sa carrière comme chef de produit chez Jacques Vabre, torréfacteur de cafés.

La loi n° 96-603, qui porte son nom, définit avec lyrisme, dans son article premier, la mission allouée au grand commerce, et pas seulement : « Le commerce et l'artisanat ont pour fonction de satisfaire les besoins des consommateurs, tant en ce qui concerne les prix que la qualité des services et des produits offerts. Ils doivent participer au développement de l'emploi et contribuer à accroître la compétitivité de l'économie nationale, animer la vie urbaine et rurale et améliorer sa qualité. » Le législateur, emporté par son élan, ajoute : « Les implantations, extensions, transferts d'activités existantes et changements de secteur d'activité d'entreprises commerciales et artisanales doivent répondre aux exigences de l'aménagement du territoire, de la protection de l'environnement et de la qualité de l'urbanisme. Ils doivent en particulier contribuer au maintien des activités dans les zones rurales et de montagne ainsi qu'au rééquilibrage des agglomérations par le développement des activités en centre-ville et dans les zones de redynamisation urbaine. [...] Ils doivent également contribuer à l'amélioration des conditions de travail des salariés. » De la théorie à la pratique, il y a un grand pas qui n'a jamais été franchi.

La loi précise, dans son article 5, que doivent être « soumis à une autorisation d'exploitation commerciale les projets ayant pour objet la création d'un magasin de commerce de détail d'une surface de vente supérieure à 300 m², résultant soit d'une construction nouvelle, soit de la transformation d'un immeuble existant ». Il en va de même pour « l'extension de la surface de vente d'un magasin de commerce de détail ayant déjà atteint le seuil des 300 m² ou devant le dépasser par la réalisation du projet ».

L'article 8 définit la composition des nouvelles commissions chargées de distribuer les généreuses autorisations : « La commission départementale d'équipement commercial est présidée par le préfet qui, sans prendre part au vote, informe la commission sur le contenu du programme national. Dans les départements autres que Paris, elle est composée des trois élus suivants : le maire de la commune d'implantation ; le président de l'établissement public de coopération intercommunale compétent en matière d'aménagement de l'espace et de développement dont est membre la commune d'implantation ou, à défaut, le conseiller général du canton d'implantation ; le maire de la commune la plus peuplée de l'arrondissement, autre que la commune d'implantation ainsi que des trois personnalités suivantes : le président de la chambre de commerce et d'industrie dont la circonscription territoriale comprend la commune d'implantation, ou son représentant ; le président de la chambre des métiers dont la circonscription territoriale comprend la commune d'implantation, ou son représentant ; un représentant des associations de consommateurs du département. »

Cette loi est, elle aussi, un modèle d'effets pervers induits, rendant finalement de sacrés services à nos grands distributeurs. Elle consacre les surfaces installées en empêchant de façon définitive toute implantation de la concurrence étrangère sur le territoire national. Elle conforte ainsi nos grands distributeurs dans leurs positions et le gigantisme de leurs résultats financiers. Étonnant, tout de même, ces commerçants qui prétendent nous garantir une vie moins chère et qui engrangent des bénéfices incommensurables, chaque année plus importants. Étonnant que personne ne se soit demandé comment cela est possible. Étonnants aussi, ces champions de la concurrence qui deviennent frileux à l'idée que des concurrents étrangers puissent venir leur faire de l'ombre !

La loi n° 96-588, dite Galland

Yves Galland est ministre délégué aux Finances et au Commerce extérieur du gouvernement Juppé. Bien décidé à réintroduire un peu d'éthique dans le grand bazar, il s'attaque aux pratiques déloyales de la grande distribution. Adjoint au maire de Paris depuis 1983, il connaît bien le sujet, puisqu'il est aussi chef d'entreprise [3].

La loi n° 96-588, dite loi Galland, tente de réglementer le déréférencement, l'interdiction de la revente à perte, l'interdiction de vente à des prix abusivement bas, essaie de glisser un peu de moralité dans la facturation mais reste obstinément muette sur la licéité du « refus de vente ».

L'article 14 de la loi interdit « d'obtenir ou de tenter d'obtenir, sous la menace d'une rupture brutale des relations commerciales, des prix, des délais de paiement, des modalités de vente ou des conditions de coopération commerciale manifestement dérogatoires aux conditions générales de vente » et de « rompre brutalement, même partiellement, une relation commerciale établie, sans préavis écrit tenant compte des relations commerciales antérieures ou des usages reconnus par des accords interprofessionnels ». Modérer ses commandes ou les espacer dans le temps reste néanmoins du domaine du possible.

L'article 32 prévoit que « le fait, pour tout commerçant, de revendre ou d'annoncer la revente d'un produit en l'état à un prix inférieur à son prix d'achat effectif est puni de 500 000 francs d'amende. Cette amende peut être portée à la moitié des dépenses de publicité dans le cas où une annonce publicitaire, quel qu'en soit le support, fait état d'un prix inférieur au prix d'achat effectif ». Lorsqu'elle est applicable, c'est avec l'interdiction de pratiquer des *prix abusivement bas* l'une des seules avancées de cette loi ambitieuse tuée dans l'œuf.

Les pétroliers contestent[4] les vertus de ce texte : « La nouvelle loi sur la concurrence aurait pu améliorer significativement la situation. Le régime de l'interdiction de la revente à perte s'est révélé complètement inefficace car ne prenant en compte, parmi les frais de commercialisation, que les seuls frais de transport du produit. » En sont exclus les salaires, charges sociales, commissions sur les cartes bancaires, électricité, eau, entretien et réparation des appareils, taxes, amortissements des investissements... Prétextant qu'il serait difficile d'isoler ces frais, le gouvernement a refusé de les introduire dans le calcul de la revente à perte. Pourtant la plupart des entreprises, même petites, sont aujourd'hui dotées d'outils de comptabilité analytique leur permettant d'appréhender, avec précision, les éléments constitutifs de ces différents coûts, facilement identifiables.

L'interdiction de vente à des « prix abusivement bas »

La loi stipule que « sont prohibées les offres de prix ou pratiques de prix de vente aux consommateurs abusivement bas par rapport aux coûts de production, de transformation et de commercialisation, dès lors que ces offres ou pratiques ont pour objet ou peuvent avoir pour effet d'éliminer d'un marché ou d'empêcher d'accéder à un marché une entreprise ou l'un de ses produits » et que « toute publicité à l'égard du consommateur, diffusée sur tout support ou visible de l'extérieur du lieu de vente, mentionnant une réduction de prix ou un prix promotionnel sur les produits alimentaires périssables doit préciser la nature et l'origine du ou des produits offerts et la période pendant laquelle est maintenue l'offre proposée par l'annonceur ». Elle précise aussi que « lorsque de telles opérations promotionnelles sont susceptibles, par leur ampleur ou leur fréquence, de désorganiser les marchés, un arrêté interministériel ou, à défaut, préfectoral fixe, pour les produits concernés, la périodicité et la durée de telles opérations ». Désorganiser les marchés ne serait donc pas interdit, à condition que ce soit à durée déterminée !

L'application à la revente des carburants de la notion de prix abusivement bas qui, elle, tient compte de l'ensemble des frais, a été refusée par le gouvernement, malgré un avis favorable en première lecture du Parlement, au prétexte qu'elle serait un retour à un régime de marges imposées. Peut-être aussi parce qu'elle aurait permis d'ouvrir la possibilité d'engager une action en concurrence déloyale auprès du conseil de la concurrence ?

Le législateur a souhaité que les factures mentionnent « toute réduction de prix acquise à la date de la vente ou de la prestation de services et directement liée à cette opération de vente ou de prestation de services, à l'exclusion des escomptes non prévus sur la facture ». Cet article aux apparences anodines est censé interdire la pratique des « marges arrière » chères aux grands de la distribution.

Enfin, le refus de vente que les projets avaient proposé de rendre licite a été oublié lors du vote de la loi. Le « libéralisme » a choisi son camp. Le fournisseur n'est donc toujours pas libre de choisir ses clients.

Tout reste à faire

Dans leur rapport annuel, les compagnies pétrolières[5] dressent sans complaisance le bilan de la nouvelle législation : « Les grandes surfaces à la française ont capté au cours des vingt-cinq dernières années plus de la moitié du commerce de détail en France. La disparition de centaines de milliers de petits commerces dont plus de trente mille stations-service, la désertification des centres-villes, la réduction du service de proximité ont été le prix payé par la collectivité pour cette restructuration du commerce. Les politiques ont pris conscience que cette dégradation du tissu économique et du cadre de vie doit être stoppée. La réforme de l'ordonnance de 1986 sur la concurrence, dite loi Galland, et celle de l'urbanisme commercial, dite loi Raffarin, n'ont apporté que des améliorations timides à une situation déjà très dégradée. Une nouvelle réflexion et des mesures supplémentaires s'imposent ». En un mot : tout reste à faire.

Ces lois ont pourtant été présentées comme un gigantesque coup d'arrêt à l'hégémonie de la grande distribution. Or, elles ne prévoient pas l'arrêt des implantations, bien au contraire. Dès lors, les autorisations vont se monnayer encore plus cher qu'avant.

Promulguée en 1970, cette législation aurait évité à la France de connaître une destruction massive de ses emplois, si elle avait été appliquée à la lettre. En 1996, elle ne présente plus qu'un intérêt mineur pour l'emploi. Le pays est gavé de grandes surfaces alimentaires et ne pourrait en accueillir davantage. Les grands distributeurs, eux, rêvent de nouveaux horizons, de nouveaux espaces. Les lois Raffarin et Galland, vidées de leur contenu et de leurs bonnes intentions, ne présentent plus aucun danger. Elles serviront d'alibis à la mise en place d'une nouvelle stratégie.

Les grands distributeurs ont désormais la certitude que leurs concurrents étrangers ne viendront pas braconner sur leurs chasses gardées. Le territoire français a été fort bien quadrillé. Rayonnants dans leurs citadelles ultraprotégées par un efficace interventionnisme d'État, que, pour une fois, ils n'ont pas décrié, nos chevaliers du chariot à roulettes n'ont plus désormais qu'à se consacrer aux secteurs d'activité qu'ils n'ont pas encore conquis. Le législateur a fait la courte échelle à nos grands prédateurs nationaux à vocation internationale. Il leur devait bien ça !

25.

Quatre parades préventives

La grande distribution a fort bien compris le bienfait qu'elle pouvait tirer de l'Europe, désorganisée comme elle l'est encore aujourd'hui, et de la mondialisation, toutes deux caractérisées par l'absence de codification de relations commerciales respectueuses des spécificités humaines et sociales locales. Quatre parades ont été évoquées pour contrer toutes velléités nouvelles du législateur. Quatre formules suffisent à résumer ces intentions : importer, transiter par l'Europe, contourner la loi, développer les MDD.

Importer de pays où « la vie est moins chère »

Que le législateur s'avise d'annoncer son intention hypothétique de rétablir les règles élémentaires de la loyauté, et déjà la riposte apparaît : la loi sera détournée. Rien de moins... La Déclaration des droits de l'homme n'a pas prévu la dignité de l'homme par le travail, cela tombe plutôt bien. Il suffit de créer une structure dans n'importe quel pays de l'Union européenne balbutiante pour échapper aux obligations nationales. La législation française n'est pas opposable à un opérateur européen. La législation européenne n'est appliquée en France qu'en fonction de la volonté des lobbies amis du pouvoir. En l'absence de textes communautaires appropriés, c'est la loi de la jungle.

Les commerces autour desquels s'organisait la vie de nos villes ont été peu à peu abandonnés. Les zones industrielles et autres zones d'activité subissent à leur tour le même sort. Après le commerce et l'artisanat, c'est l'industrie française qui est largement entamée. L'industrie, la vraie, celle qui produit dans des usines où s'affairent des femmes et des hommes, jeunes et moins jeunes, qui échangent leur force de travail et leurs compétences contre une rémunération et une couverture sociale, est menacée. Elle devrait pourtant être distinguée de ces officines qui importent une grande partie des marchandises qu'elles écoulent sur le territoire français. Celles-ci ne font appel à de la main-d'œuvre française que pour une partie infime de leur activité, celle-là même qui ne peut être réalisée à l'étranger.

Les entreprises industrielles délocalisées ont le double avantage d'être plus performantes en termes de prix par rapport aux entreprises nationales, et surtout, de donner bonne conscience à nos grands distributeurs. Elles effectuent le sale boulot pour la grande distribution, en délocalisant leurs productions pour échapper aux impôts, taxes et charges sociales assis sur les salaires.

La France est le pays où les prélèvements sociaux et fiscaux progressent le plus rapidement, celui aussi où la pauvreté est de plus en plus présente, preuve de l'inefficacité du système d'assistance sociale technocratique et bureaucratique à la française. Les grands distributeurs veulent avoir une image de bons citoyens. Des entreprises commerciales intermédiaires sont créées et chargées d'acheter des produits étrangers pour lesquels le coût de la main-d'œuvre n'intervient que dans une part infime du prix de revient. La centrale d'achat du distributeur achète, quant à elle, à ces entreprises françaises, dont les sièges sociaux sont situés sur le territoire français. Elles occupent des salariés en France, peu nombreux certes mais « labellisés » français. Elle ne veut rien savoir d'autre. La part des importations directes dans les achats de la grande distribution est donc infime, officiellement. L'origine véritable des marchandises ne la regarde pas et ne l'intéresse pas. Le fait de savoir si les jeans, les chemises ou les blousons qu'elle distribue ont été confectionnés par des enfants de 8 ans, exploités dix-huit heures par jour dans les ateliers du tiers-monde, ne la concerne pas.

Avec les contraintes qui leur sont imposées par leurs acheteurs occidentaux, les manufacturiers de la misère organisée que sont les exploitants de ces ateliers ne peuvent rétribuer le travail effectif de leurs salariés en culottes courtes. Le voudraient-ils vraiment ? Les prix pratiqués ne peuvent inclure que la rémunération de ceux qui les exploitent et laissent, tout juste, une petite marge permettant de nourrir ces esclaves du temps présent pour qu'ils ne soient pas défaillants et donc moins productifs.

Michel-Édouard Leclerc ne le dit pas autrement[1] : « Sur une paire de chaussettes commercialisée entre 30 et 35 francs, les charges de salaire n'excèdent plus 2 à 3 francs. Elles représentent à peine 20 % de la marge commerciale qu'un grand magasin prélève sur ces produits. » La marge commerciale d'un grand magasin varie donc de 10 à 15 francs. Le « dur labeur » du distributeur est ici rémunéré cinq fois plus que « l'amusement » préféré des jeunes enfants du Maghreb qui « s'éclatent » dix-huit heures par jour dans les caves de ceux qui les exploitent. En prenant 15 francs par paire de chaussettes jetée nonchalamment sur les rayons de son magasin, le discounter peut-il encore prétendre, sans rire, être le défenseur du consommateur ?

Le jeune et élégant distributeur écrivait il y a quelques années[2] : « Des milliers de professionnels regardent passer le train de la concurrence. Quand les premiers travaillent avec des marges commerciales de 10 à 15 %, les autres ne s'offusquent même pas de multiplier les prix par deux ou par trois. » Depuis, il s'est converti aux thèses du libéralisme intégriste et mondialisé.

La responsabilité du consommateur

Le consommateur veut des prix, coûte que coûte. Il n'est pas regardant. Il porte pourtant une responsabilité certaine dans ce mécanisme destructeur. Le sénateur UDF Jean Arthuis ne mâche pas ses mots. Dans son rapport d'information sur les délocalisations des activités industrielles et des services hors de France, il définit les responsabilités du consommateur qui veut « plus et à meilleur marché en exigeant malgré tout de conserver son emploi », mais qui « achète sans vergogne les chaussures fabriquées en Chine par des prisonniers politiques qui travaillent dans des conditions voisines de l'esclavage, ou des chemises fabriquées en Malaisie ou ailleurs par des enfants de moins de 12 ans qui s'entassent dans des usines-dortoirs où les contraintes d'environnement sont absentes ».

Le consommateur, pas plus vigilant ou scrupuleux que les animateurs et les receleurs de ces réseaux de la misère, ne veut voir que la vitrine. Ce qui se passe dans l'arrière-boutique ne le concerne pas. Cela fait marcher *ce* commerce.

Créé en 1961, le groupe Promodès a été le premier distributeur français, en 1998, à adopter la norme sociale SA 8000[3], visant à faire respecter les traités internationaux dans neuf domaines dont celui du « travail des enfants de moins de 15 ans ». L'Organisation internationale du travail (OIT) estime que 120 millions d'enfants occupent dans le monde des emplois qui les mettent directement en danger. En adoptant cette norme, Promodès s'est engagé à écrire à tous ses fournisseurs du secteur non alimentaire « afin de les sensibiliser au problème et leur demander de déclencher eux-mêmes des audits ». Le distributeur devra ensuite former ses acheteurs internationaux. L'objectif est de convaincre les fournisseurs qu'« en s'engageant dans cette voie, ils vont gagner en qualité, gagner de nouveaux marchés et faire progresser leur chiffre d'affaires ».

Est-ce à dire que les distributeurs vont accepter des prix de cession qui incluent la juste rémunération des salariés de leurs fournisseurs ? Il reste pour cela un grand pas qui est loin d'être franchi.

Transiter par des sociétés de droit européen

En introduisant subrepticement une société écran entre la centrale d'achats et son fournisseur, la loi ne s'impose plus à ceux qui veulent la détourner. Telle est la deuxième parade imaginée par la grande distribution. Ces sociétés de droit européen refactureront les magasins français, au prix net. En rendant complices leurs fournisseurs de leurs fraudes et du détournement des lois françaises, les distributeurs organisent la riposte. Le législateur serait-il tenté de se mêler de ce qui ne le regarde pas, qu'il suffirait au distributeur d'acheter depuis n'importe quel pays européen et d'exiger tout ce qui n'aurait pu l'être sur le territoire national. Par bonheur, ces petites astuces n'ont pas été prévues par le législateur de Bruxelles. L'Europe, à laquelle on reproche trop souvent sa réglementation contraignante, devient pour la grande distribution une zone de non-droit.

Les abus peuvent être commis, la corruption organisée, les détournements de règlements et de lois perpétués en toute tranquillité. Il ne reste qu'à approvisionner nos rutilants magasins tricolores en marchandises revenues, comme par enchantement, vers leur destination originale. Elles auront effectué un voyage un peu plus long que prévu. Le plus souvent, ce détour ne sera que virtuel, juste le temps d'échapper à la volonté du législateur par de savants jeux d'écritures. Ce petit circuit permet aux marchandises de revenir accompagnées de factures blanchies et surtout inopposables aux fonctionnaires chargés de la répression des fraudes et autres menus abus. Spectateur beaucoup plus qu'acteur, influencé beaucoup plus que décideur, le législateur voit son rôle de défenseur de l'intérêt commun se réduire comme une peau de chagrin.

L'euro, nouvel instrument de pression

L'arrivée de l'euro durcit encore les relations entre les grands distributeurs et les industriels de l'agroalimentaire. Les géants de la distribution se sont préparés depuis longtemps à l'ouverture du grand marché. Ils ont créé des centrales intégrées qui réalisent des achats pour l'ensemble de leurs implantations internationales. La Suisse, qui pourtant ne fait pas partie de l'union, a le privilège d'accueillir, outre les tennismen et les pilotes de « Formule 1 » les plus fortunés, le plus grand nombre de ces structures à vocation européenne. Promodès World Trade [4] y est installé depuis 1992, Eurolec [5] et Agenor AG [6] l'y ont rejoint en 1997. Carrefour a choisi la Belgique pour Carrefour Marchandises Internationales alors qu'Auchan Coordination Center est bien isolé sur le territoire français. Cette puissance démultipliée donne à la grande distribution un pouvoir encore accru face aux industriels.

Certains s'interrogent et feignent de croire que tout n'est pas perdu, comme dans ce rapport d'une grande banque spécialisée, qui pose la véritable question : « Qui demain mènera le marché ? Les industriels parviendront-ils à imposer leurs produits en s'adressant directement aux consommateurs, ou devront-ils se plier aux exigences de la distribution et fabriquer à sa demande ? » Le développement des « marques de distributeurs » (MDD) constitue une première réponse.

L'européanisation des centrales d'achats va peser davantage encore sur les marges des industriels. Le risque de change va disparaître totalement. Les achats vont se concentrer à partir de centrales exerçant leurs talents pour l'ensemble des points de ventes mondiaux. Tous ces paramètres vont conférer davantage de puissance aux grands réseaux de distribution qui, pourtant, n'en manquaient pas. Deux cabinets de conseil se sont penchés sur l'impact que l'euro aura sur les relations industriels/ distributeurs. L'un des consultants n'y va pas par quatre chemins pour annoncer que « l'euro amènera les distributeurs à revoir leur politique d'achat et à rechercher des produits moins chers à l'étranger ». Ils auraient tort de s'en priver, puisque personne ne veut admettre que les salaires et le travail font partie intégrante de ces prix qu'ils « écrabouillent ».

Le rapport établi par Andersen Consulting est alarmant : « Les effets de la monnaie unique se produiront bien avant l'échéance de 2002. L'introduction de la monnaie scripturale fera l'objet d'une large médiatisation que les distributeurs vont mettre à profit pour opérer des baisses de prix en se lançant dans une chasse à l'importation de produits en Europe. » Ce scénario catastrophe s'appuie sur un sondage effectué par Cap Gemini dans le cadre d'une enquête réalisée auprès de 130 distributeurs européens. Le résultat ne peut laisser planer aucun doute sur leurs intentions réelles. Soixante-treize pour cent des distributeurs pensent que « l'euro va conduire à une harmonisation des prix des fabricants ». Soixante pour cent sont persuadés que « l'euro conduira à une pression sur les prix à la baisse ». Soixante-deux pour cent estiment que « l'euro les conduira à augmenter le nombre de leurs fournisseurs étrangers ». Le passage à l'euro est estimé, par les spécialistes, comme pouvant coûter de 0,5 % à 2 % du chiffre d'affaires des enseignes. Le directeur de Gemini Consulting le confirme : « Il n'est pas question pour les grands distributeurs de le prendre en charge, de le faire supporter à leurs actionnaires, ni de le répercuter sur leurs prix. » S'il n'en reste qu'un, c'est le fournisseur qui paiera.

Ce n'est pas l'Europe qui est en cause, mais son absence de préparation et l'usage détourné qui en est fait.

La mondialisation permet aussi de placer certaines opérations confidentielles à l'abri des regards indiscrets. Il y aura beaucoup moins d'affaires de pots-de-vin et de commissions occultes dans les années à venir. Le volume n'en diminuera pas mais elles seront désormais versées *off shore* dans des paradis fiscaux où ni le fisc ni les juges n'ont droit de regard. Pas vu, pas pris, ils ont tout compris.

L'internationalisation de l'économie rend la mission du juge d'instruction beaucoup plus difficile. Les contrôleurs des impôts n'ont qu'une compétence territoriale et ils auront, eux aussi, beaucoup plus de difficultés à mettre en évidence les éléments caractéristiques des fraudes fiscales. Les grands groupes multinationaux, et parfois même nationalisés, pratiquent de la sorte depuis bien longtemps en se déplaçant au gré des avantages fiscaux dont ils peuvent bénéficier.

Contourner l'esprit de la loi

La troisième parade imaginée face à une nouvelle réglementation de la distribution est simple : si la vente à perte est désormais interdite, il n'en va pas de même de la vente à prix coûtant. La loi prévoit que le coût du transport doit être ajouté au prix d'achat pour déterminer le prix de revient que le distributeur doit comparer à son prix de vente pour mesurer son seuil de revente à perte. Pour ne pas avoir à en mesurer l'impact dans leurs calculs de prix de revient, les distributeurs exigent désormais d'effectuer les transports par leurs propres moyens et à leur charge, moyennant compensations de la part de leurs fournisseurs. Ce nouvel artifice permet de ne pas respecter l'esprit de la loi, sans avoir à s'en expliquer.

En demandant à leurs fournisseurs de collaborer de façon active à leur propre perte, les grands distributeurs les impliquent et les musellent encore un peu plus. D'autant qu'ils ne trouvent face à eux qu'une résistance molle, désorganisée, voire inexistante.

Autre avantage, et non des moindres, certaines contraintes imposées aux fournisseurs pourront l'être en terre étrangère et échapper à la réglementation française, si cette dernière venait par malheur à se faire plus contraignante et si, par hasard, une nouvelle loi venait tenter d'imposer un peu plus de loyauté. Les affaires sont les affaires et en période d'incertitude économique, les affaires s'internationalisent. Le territoire français est saturé de grandes surfaces, et les grands distributeurs n'ont plus de volonté expansionniste, en terme de mètres carrés destinés à la distribution de produits alimentaires. Les lois de 1996 leur permettent d'investir de nouveaux secteurs sans pratiquement avoir à effectuer d'investissement supplémentaire. Ils possèdent les surfaces de ventes. Elles sont protégées et confortées par la loi. Pour ce qui est des mœurs et de la loyauté, le lifting de la vieille loi Royer, opéré par les lois Galland et Raffarin, n'aura été salutaire qu'en ce qui concerne quelques points : une harmonisation des barèmes, davantage de transparence dans les tarifications, une simplification de la facturation pour les industriels et surtout, et principalement, l'interdiction de la revente à perte. La loi Galland amène aussi davantage de clarté dans la facturation, mais il n'y a pas de quoi affoler nos champions du panier à roulettes.

Développer les marques de distributeurs

Michel-Édouard Leclerc a défini la force de l'industrie agroalimentaire[7] comme résultant de « la formidable notoriété de ses marques. » « La marque fidélise le consommateur, écrit-il. Elle rassure, car elle engage la responsabilité du producteur. Elle évite à ce dernier les aléas de fluctuation de cours réservés aux matières premières. » C'était en 1994. Le coprésident des centres Leclerc n'était pas encore converti aux vertus des marques de distributeurs (MDD). « L'arrivée des hard-discounters, l'accroissement des produits sans marque ou de marques génériques sont les signes d'un nouvel affrontement commercial entre ceux qui, s'appuyant sur la crise, développent un système de production hyperstandardisé, normalisé et proposent aux consommateurs une offre restreinte et les adeptes d'une offre plus différenciée, plus qualitative, correspondant à chaque segment de marché, expliquait-il. La plupart des hypermarchés français, les grands magasins et les commerces spécialisés ont opté pour le deuxième scénario. » Quelques années plus tard, les produits Repère ont envahis les rayons de ses centres de distribution.

En s'appropriant aujourd'hui les produits agricoles comme les produits manufacturés, la grande distribution impose ses prix. Elle achète où elle veut, quand elle veut. Le fournisseur n'existe plus que par son produit. Ce dernier peut être interchangé à tout moment sans que le consommateur en ait conscience. Toutes les exigences peuvent être imposées. Les prix de cession n'ont plus de référence et peuvent être négociés librement. Le consommateur n'est plus attaché à une marque liée à un industriel mais seulement à « l'image » de son distributeur.

Yves Galland a tenté, non sans audace, d'interdire la vente à perte. Cette perspective a été insupportable pour la grande distribution. Avec les MDD, il ne peut plus être question de vente à perte puisqu'il n'existe plus de prix de référence de marque ou de fournisseur. Le distributeur peut exercer la pression qu'il entend sur son fournisseur de matière première, acheter au plus bas, tout en dégageant une marge apparente suffisante, le plaçant hors d'atteinte du législateur.

Les marques de distributeur pour conquérir la ménagère

Les produits sans marque, les « produits libres », inventés par Carrefour, ont aujourd'hui atteint l'âge de la majorité. C'est, en effet, en 1976 que le géant français lança avec succès ses fameux produits maison. Il vient de récidiver avec une gamme de produits biologiques distribués sous sa propre marque. Rendons à Carrefour ce qui lui appartient, cette invention est géniale d'efficacité et elle a depuis été largement copiée.

Le client perd ses repères originels et s'attache à une marque qu'il ne trouvera plus que chez *son* distributeur et nulle part ailleurs. Cette accoutumance lui impose une certaine fidélité. Seulement, il est impossible de comparer le rapport qualité/prix d'un établissement à l'autre puisqu'il ne s'agit plus des mêmes produits, du moins en apparence. Le distributeur peut dès lors pratiquer les prix qui le rémunèrent le plus grassement, à l'insu de son client, sans risque de comparaison. Il n'y a pas de marque équivalente chez la concurrence.

Pour désaccoutumer le consommateur, il faut procéder avec douceur. Un conditionnement savamment trompeur permet, sous forme de clin d'œil, de faire croire au consommateur que le produit distribué ne peut être que celui habituellement proposé par l'industriel, moins cher bien évidemment. Ceci est d'autant plus facile que le grand distributeur fixe lui-même les prix. À quelques détails insignifiants près, les « packagings » se ressemblent comme deux gouttes d'eau. Pour mieux tromper le consommateur, les appellations sont quasiment les mêmes dans leurs consonances et dans leurs graphismes. Sous la même marque peuvent se glisser des produits concurrents, sans que le consommateur en ait connaissance.

Cette confusion est orchestrée et organisée avec la bénédiction, et même la complicité, des industriels qui ont fait la fortune des grands distributeurs. Ils crieront au scandale dans quelques années, s'ils peuvent encore crier, eux qui n'ont jamais rien su refuser à la grande distribution lorsqu'ils le pouvaient. Visionnaires du court terme, ils ne voient dans cette première phase aucun inconvénient. Le problème sera différent lorsque, dans un second temps, ils retrouveront des produits de leurs concurrents conditionnés dans des emballages qui ressembleront à s'y méprendre aux leurs. Le précieux contenant, générateur de confusion, appartient au distributeur, pas à l'industriel. Une nuance qui pèsera lourd le moment venu.

Les MDD pour détourner la loi

Les MDD permettent de détourner la fameuse loi Galland et de la réduire pratiquement à néant dans ce qu'elle pouvait avoir de légèrement agaçant, le tout dans la plus parfaite légalité apparente. On habitue le consommateur à se procurer des produits labellisés à la marque de son distributeur et l'image de celui-ci s'en trouve renforcée. De telles méthodes rendent un peu plus dépendants les industriels, ce qui n'est pas fait pour déplaire à nos épiciers du libre-service. À terme, l'image de l'industriel est appelée à devenir transparente, puis à disparaître purement et simplement, comme l'effectif de ses salariés.

Acheté à bien meilleur compte que le produit de marque, le produit *non marqué* sera proposé moins cher de quelques pour cent. Il suffira d'assurer une promotion soutenue de ces produits dits « libres », « repères » ou « références », notamment en leur réservant l'emplacement le plus vendeur sur les rayons, pour voir s'envoler vers des sommets jusqu'alors infranchis un niveau de marges pourtant déjà très confortable. Augmenter ses marges en vendant moins cher pour gagner beaucoup plus, il fallait y penser ! La quadrature du cercle a été résolue depuis longtemps sur cette petite planète.

L'industriel, qui jadis fit la gloire des grands distributeurs et contribua largement à leur succès, se trouve relégué au rôle de sous-traitant, avec la vulnérabilité que cette situation implique. De leader incontesté, il se retrouve coéquipier révocable à tout moment. Il ne peut plus imposer sa production, ni négocier ses prix. Ses produits sont travestis et n'osent plus avouer leur nom, ni leur origine.

À tout moment le distributeur pourra négocier et renégocier encore, changer de fournisseur, mixer les provenances, substituer un produit à un autre sans que le client ne s'en rende compte. Le produit apparent restera le même, dans son bel emballage façon contrefaçon. Mais il n'y a pas « contrefaçon » lorsqu'il y a accord du contrefait, qui approuve et qui signe.

Cinquante pour cent de marge en plus

En achetant des produits sans marque la ménagère réalise une petite économie. Par les temps qui courent, toute économie est bonne à prendre. Le distributeur, lui, voit sa marge renforcée, et dans des proportions[8] fort satisfaisantes. Les produits de marques laissent 14,5 % de marge à leurs distributeurs, ceux dits de « premier prix » leur permettent de dégager un 15 % non négligeable. Les produits distribués sous les marques de distributeurs permettent de dégager des marges de plus de 23 %. Plus de 53 % de marge supplémentaire, ce n'est pas un plaidoyer en faveur des MDD, c'est un réquisitoire contre les produits de marques !

Les MDD permettent de tenir les industriels. Le distributeur achète à un industriel ou à un autre. Il n'a aucune obligation de suivi. Il peut papillonner, passer de l'un à l'autre, augmenter les volumes puis les diminuer, avoir des exigences et même bien plus que cela. Il peut acheter français. Il n'y est pas obligé.

Achetant massivement à des industriels anonymes, il appauvrit les industriels producteurs de produits marqués, repérables et labellisés. Le marché de ces derniers se restreint. Leur puissance s'affaiblit. Leur capacité de recherche et d'innovation diminue. Ils sont moins solides pour concevoir, développer et promouvoir de nouvelles marques et de nouveaux produits. C'est toujours autant de gagné pour les produits sans marque et leurs riches et puissants promoteurs. Devenus trop faibles, les fournisseurs iront un jour ou l'autre rejoindre le camp des gagnants... par la petite porte. Il existe des réseaux spécialisés dans ce type de pratiques. Ils épuisent leurs fournisseurs au point de les amener au dépôt de bilan. Le rachat et l'intégration des entreprises en sous-activité et surendettées se font alors à la barre des tribunaux de commerce pour une poignée d'euros.

Outil industriel : destruction programmée

En Europe, les marques de distributeurs représentent déjà 1 235 milliards de francs de chiffre d'affaires, et ce n'est qu'un début. En Italie, pourtant sous-équipée en terme d'hypermarchés, les produits distribués sous les marques de distributeurs représentent déjà plus de 8 % du marché des produits alimentaires. En France, la stratégie des grands distributeurs est imparable. L'objectif fixé pour les produits dits de « premier prix » a été de passer des 16 % qu'ils représentaient en 1993 à 30 % juste avant l'an 2000. Le verdict est rendu, il est sans appel. La part des marques nationales chutera d'un tiers. De par la volonté clairement annoncée des grands distributeurs, elle passera de 60 à 40 % du marché.

En Grande-Bretagne, les marques de distributeurs dépassent allégrement les 30 %. Le réseau Sainsbury effectue plus de 65 % de ses ventes sous sa propre bannière. La compétition ne fait que commencer. La liberté d'entreprendre et le choix des consommateurs se restreignent d'autant. Le gagnant est encore incertain. Le grand perdant est tout désigné : l'emploi.

L'effet boomerang

Les industriels n'ont, historiquement, pas été les derniers à favoriser l'essor de la grande distribution contre le commerce traditionnel. Ils portent une large responsabilité dans la crise. Ils en subiront l'effet boomerang. Des importations massives ruineront un peu plus l'économie. Les grands distributeurs pourront même, pour faire bonne mesure, baisser symboliquement leurs prix de quelques points, histoire de faire croire, à qui le voudra bien, qu'ils contribuent à préserver le pouvoir d'achat. Ce n'est pas un hasard si plus de mille milliards de francs de chiffre d'affaires sont captés chaque année en Europe par les marques de distributeur. Depuis les années 70, elles connaissent une croissance de plus de 7,5 % l'an sans discontinuer.

La stratégie avouée des grands distributeurs[9] est claire : « Il s'agit d'offrir des articles au prix le plus bas possible, mais sur toute l'échelle de la gamme. »

Une nouvelle machine de guerre se met en place, sans que l'on y prenne garde. Coupés de leurs points de distribution devenus quasi monopolistiques du fait d'une impressionnante concentration du monde de la grande distribution, les industriels ne pourront gagner cette bataille. Les grands distributeurs les croqueront après s'en être amusés. Les industriels savent ce qui les attend. Les commerçants et les prestataires de services pourraient leur expliquer le scénario, si la mémoire venait à leur manquer.

Le manque à gagner, qui aurait pu résulter de l'appauvrissement des consommateurs, ne touchera pas les distributeurs. Ils ne subiront pas les petites misères qui affectent les Français moyens. Leur sens aigu de la prévision leur aura permis de compenser par anticipation. Grâce aux MDD, la baisse du nombre des consommateurs sera équilibrée par des marges plus importantes.

Rien sur le fond

Les députés ont multiplié les amendements pour appauvrir la loi et la vider de son contenu. Les distributeurs ont rivalisé de malice pour élaborer des stratégies la rendant inapplicable. L'absence de volonté politique aura fait le reste. Jean-Paul Charié, député RPR du Loiret et auteur des rapports parlementaires sur « la loyauté et l'équilibre des relations commerciales », a été nommé rapporteur du projet de loi qui avait pour objectif de « moraliser les relations commerciales ». Dans une interview à *L'Express*[10], après le vote de la loi, il pose la véritable problématique des prix : « Défend-on le pouvoir d'achat des consommateurs quand on les attire avec quelques prix (500 sur 140 000) nettement inférieurs aux coûts d'achat ou de revient, pour, en réalité, leur faire acheter d'autres produits vendus beaucoup plus cher ? Ainsi, pour les grandes surfaces, les prix d'achat sont de moins de 2 francs le kilo pour les carottes, les courgettes, les concombres, les laitues, les pommes, les tomates, alors qu'on les retrouve rarement à moins de 12 francs dans les rayons. Défend-on les prix, la qualité des produits, le monde agricole et les industriels ? Défend-on les emplois quand, pour accorder toujours plus de remises, les entreprises baissent la qualité de leurs produits et licencient ? »

Lucide, Jean-Paul Charié conclut : « Que modifie cette loi ? Rien sur le fond. Elle n'oblige pas les grandes surfaces et les commerçants à avoir des prix uniques. La loi ne fixe pas de marges minimales. Elle n'encadre pas les prix. »

Vient alors l'argument présenté comme imparable de la mondialisation. Pourtant, une prise de conscience, au moins européenne, pourrait décider que les prix ne sont pas qu'un élément de rémunération des grands distributeurs. Derrière les prix il y a, certes, la marge des grands distributeurs, mais aussi la rémunération et la dignité des 370 millions d'habitants qui vivent dans l'Union européenne. Le respect d'un équilibre Homme/capital ne pourrait-il devenir une spécificité européenne face à une économie « mondialisée à l'américaine » qui ne raisonne plus qu'en performance boursière ?

Des lois prometteuses, il ne reste pas grand-chose : quelques intentions sur les pratiques dites de coopération commerciale, appellation pudique pour désigner des pratiques qui le sont beaucoup moins ; rien sur le racket qu'exercent sur les industriels les centrales d'achat des grands distributeurs. Pire encore, en s'internationalisant elles vont disposer d'une arme de persuasion encore plus importante et redoutable, pour accentuer leur pillage de l'économie. La loi codifie même, en quelque sorte, ces pratiques douteuses. Elle prévoit[11] que « les avantages exigés » par la grande distribution peuvent l'être, « à condition qu'ils fassent l'objet d'un engagement écrit sur un volume d'achat proportionné et, le cas échéant, d'un service demandé par le fournisseur ». Le législateur a juste oublié de préciser les conditions de fixation des seuils.

Rien sur le boulevard qui s'ouvre devant les grands réseaux de distribution dans des domaines aussi nouveaux que les loisirs, la finance, la banque, l'assurance, les services, les voyages, les spectacles, la communication et tous les secteurs qui seront amenés à se développer dans les années à venir.

Rien non plus sur le sort de ceux qui, encore titulaires d'un emploi dans ces nouveaux secteurs abordés, vont se retrouver sur la touche dans les cinq ans à venir.

Septième partie

LA DÉMISSION DES RESPONSABLES POLITIQUES

26.

Un scénario qui se répète

Giscardiens et chiraquiens se sont partagé le gâteau durant des années, au profit de leurs amis politiques. En 1978, quand sonne l'heure de la rupture entre les deux hommes, la Commission nationale d'urbanisme commercial (CNUC) passe sous le contrôle *exclusif* des giscardiens. Le Président et ses amis veillent à ce que le ministre du Commerce soit choisi dans leurs rangs. Michel d'Ornano, maire de Deauville, va prendre en charge le secteur. À cette époque, on estime que le « péage » minimum pour un hypermarché s'élevait à six millions de francs.

En mai 1981, la France bascule à gauche. Les grands distributeurs se croient ruinés. L'alternance bouleverse quelque temps leurs habitudes. L'arrivée des socialistes aux affaires aurait pu s'accompagner d'un assainissement et d'une moralisation, il n'en fut rien, bien au contraire.

François Mitterrand remplace Valéry Giscard d'Estaing à la présidence de la République tandis que Michel Crépeau, chef de file des radicaux de gauche, devient ministre du Commerce. Dans les années 90, les enchères montent et les enveloppes se font plus épaisses. On exige en moyenne dix millions de francs pour un hypermarché.

Quatre millions s'évanouissent dans l'environnement des élus locaux alors que six millions remontent dans les caisses parisiennes des partis politiques. La corruption qui a défrayé la chronique à la fin des « années Mitterrand » ne concerne que la partie ayant transité par les caisses des partis politiques parisiens. Pas celle qui s'est égarée dans nos lointaines provinces décentralisées...

La grande distribution a influé sur le civisme et les mœurs politiques. La corruption existait certes avant elle, mais elle s'est développée et a connu son apogée avec les gouvernements socialistes.

La gauche aime les magasins qui fleurent bon le populaire

Le pouvoir socialiste s'est volontiers converti aux thèses de l'ultracapitalisme sauvage. Il n'a pour tout programme économique, outre son apparente bonne volonté, que son adhésion aux grands principes monétaristes et un désir incontestable de respecter les critères imposés par la mondialisation du marché. La gauche est donc une inconditionnelle de la grande distribution. Ces magasins populaires ont une connotation sociale qui sied bien à son teint. L'envers du décor est un peu moins flatteur mais ne la concerne pas. Elle n'a pas fait la relation entre les pratiques douteuses qui président au développement anarchique de ces grands réseaux de distribution, et le service après-vente qu'elle se doit d'essayer d'assurer pour tenter d'adoucir les effets induits du désastre économique, humain et social qui en résulte.

Tandis que l'électorat de gauche fait ses emplettes dans les hypermarchés de la pauvreté organisée, les partis qu'il a portés au pouvoir recyclent des valises bourrées de millions fournies par les promoteurs de la grande distribution.

Au carrefour de tous les développements

L'affaire du Carrefour du développement puis l'affaire Urbatechnic-Gracco ont amené les juges d'instruction à s'intéresser au financement du parti socialiste. Ils ont examiné, de près, les flux de trésorerie ayant transité sur les comptes occultes de ce parti. Il ne suffisait plus, dès lors, qu'à remonter jusqu'aux généreux donateurs, aux noms évocateurs : Auchan, Carrefour, Casino, Promodès, et autres Rallye[1]. Rackettés, les grands distributeurs ? À moins que ce ne soit le contribuable qui fasse les frais de cet énorme gaspillage. Le PDG d'Auchan, Gérard Mulliez, et cinq représentants de l'état-major de son groupe, sont mis en examen pour « abus de biens sociaux, complicité d'escroquerie » et « faux en écritures » par le juge d'instruction Jean-Louis Lécué[2], en charge de « l'affaire Destrade ».

Paul-Louis Halley, PDG du groupe Promodès, est longuement entendu dans les locaux de la police judiciaire de Caen et placé en garde à vue le 21 septembre 1995, par le même Jean-Louis Lécué. Plusieurs PDG de la grande distribution sont mis en examen au cours du même été, dans le cadre du financement du parti socialiste.

La direction de Promodès précise dans un communiqué[3] que son PDG n'est pas seul en cause, « puisque d'autres responsables de la grande distribution étaient visés par la même enquête ». Pas très bonne camarade, elle précise que les entreprises auraient été victimes, au cours des années passées, de « dysfonctionnements engendrés par le financement des partis politiques et des campagnes électorales ». Qu'en termes choisis ces choses-là sont dites !

Le député socialiste des Pyrénées-Atlantiques, Jean-Pierre Destrade, a été le conseil éclairé d'Auchan. Membre de la CNUC de 1981 à 1988, son suppléant au sein de cette instance n'est autre qu'un certain Christian Nucci, ancien ministre de la Coopération impliqué dans les détournements de fonds du Carrefour du Développement. Quand ses pratiques sont révélées et que son dossier tourne au vinaigre, Jean-Pierre Destrade se retrouve seul en première ligne. Il essaye de faire face, résiste un peu. La pression monte. Après sept mois passés en prison, il se sent menacé, lâché par les siens, et se met à table. Jean-Pierre Destrade adresse au magistrat instructeur une lettre manuscrite de sept pages, dans laquelle il explique les mécanismes du financement de son parti. *Le Monde* reproduira, dans son édition du 29 août 1995, de larges extraits de cette confession en forme d'aveu.

Dans sa lettre, le député affirme qu'Henri Emmanuelli, ancien ministre et trésorier du PS, lui fixe des rendez-vous avec les principaux interlocuteurs de la grande distribution et qu'il arrête lui-même le montant des générosités exigées.

135 millions de francs, toutes origines confondues, auraient été identifiés par le parquet comme ayant transité sur les comptes à numéro, panaméens ou luxembourgeois, gérés par l'ancien député socialiste. À lui seul, Henri Emmanuelli aurait fait entrer 33 millions dans les caisses de son parti, entre 1988 et 1992, grâce aux étroites relations qu'il entretenait avec les grands patrons de la grande distribution française.

Un million, sinon rien

Le 13 mars 1996, le trésorier du parti socialiste, Henri Emmanuelli, est condamné, dans le cadre de l'affaire Urbatechnic-Gracco, à dix-huit mois de prison avec sursis, 30 000 francs d'amende et deux ans de privation de droits civiques. Le premier secrétaire d'alors du PS, Lionel Jospin, n'hésite pas à évoquer « une décision inique, qui le stupéfait et le blesse [4] »... Le parti lance une campagne de mobilisation en faveur du député des Landes. L'objectif est ambitieux : un million de signatures. Au soir du 10 mai, seules 70 000 signatures sont recueillies. Le projet est abandonné. Les recours en appel puis en cassation n'y feront rien. Le mardi 16 décembre 1997, la Cour de cassation [5] confirme les décisions rendues.

Comme un seul homme, tout le parti socialiste témoigne de sa sympathie, allant jusqu'à critiquer cette décision des tribunaux de la République. Lionel Jospin, en sa qualité de Premier ministre, exprime ses « sentiments de tristesse, de solidarité personnelle et de sympathie chaleureuse ». Le premier secrétaire du parti socialiste demande au président de la République d'« examiner ce qu'il est possible de faire ». Au nom du RPR, Philippe Séguin évoque « la dimension humaine de cette affaire ». Son collègue Pierre Mazeaud affirme « qu'on a brisé la vie d'un homme » et sollicite « la solidarité dans la vie politique, y compris entre élus de camps opposés ». Exposés, il est vrai, aux mêmes risques ! À l'UDF, Claude Goasguen parle « d'injustice de la situation ». Alain Madelin juge « un peu scandaleux que l'on se scandalise ». Un peu seulement ?

Amitié et immunité

Les grands distributeurs ont payé à la caisse des partis politiques le droit de pouvoir exercer leur talent et de mener leurs petites affaires. Ces amitiés ont permis aux enseignes nationales de proliférer dans la plus grande anarchie, avec la complaisance de ceux qui avaient le pouvoir d'arrêter la machine infernale. Des parlementaires, des hommes de conviction, des journalistes, ont essayé de tirer le signal d'alarme, mais personne n'écoute.

Rien n'y fait. La droite, pleine de bonnes intentions, à moins que ce ne soit par électoralisme ou pour couper le tuyau de la « pompe à fric » du PS, a mis un quart de siècle pour accoucher de deux lois qui finalement ne changent pas grand-chose. Quadrillé, comme aucun autre pays au monde, le territoire français a été livré à l'appétit sans limites de ces prédateurs des temps modernes. Ils ont les surfaces de ventes, il leur faut des prix susceptibles de leur assurer des marges pharaoniques. Le secret de leur réussite est à la portée de tout un chacun. Il suffit de laisser la morale, l'éthique et la loyauté au vestiaire, et de savoir s'entourer de quelques amis initialement chargés de veiller à l'intérêt collectif mais qui savent fermer les yeux lorsque cela devient nécessaire. Et dire que c'est le parti de Léon Blum qui fait ce sale petit boulot !

27.

Au pays du cassoulet

Sylvain Courage, un habitué des coulisses de la grande distribution [1], rapporte les propos du journaliste Denis Robert, un spécialiste des affaires de financements occultes des partis politiques [2] : « Dans les commissions d'urbanisme, si vous vouliez obtenir une extension ou déplacer un magasin, il fallait absolument passer par des conditions financières. Au départ, c'était 100 000 francs, puis 200 000 francs. Très vite, on est arrivés à 3 millions. »

L'auteur cite les propos d'un avocat nancéien : « C'étaient des sommes invraisemblables à l'époque ! Elles circulaient en liquide, et elles étaient souvent centralisées dans les caisses des partis sur le plan national. Puis tout a complètement dévié. Les élus locaux se sont aperçus qu'un simple vote, un simple bras qui se levait dans une réunion pouvait permettre de gagner des sommes considérables : 50 000 francs, 100 000 francs pour un vote ! »

Le Mosellan René Lecart, ancien secrétaire fédéral du PS, précise au journaliste : « Les élus sont très forts pour ramasser de l'argent. Ce qui a été grave, c'est qu'à la fin ils se faisaient acheter par ceux qui étaient pour et par ceux qui étaient contre. »

La ville rose, elle aussi

Dans la région toulousaine, un chef d'entreprise, qui sait de quoi il parle, avance à visage découvert[3] : « Ici quand vous créez une entreprise, vous passez par des péages obligatoires. Quatre millions de francs de fausses factures, c'est le prix qu'il m'a fallu payer pour obtenir toutes les autorisations d'implantation de mon centre Leclerc. À Toulouse, c'est la pratique. » Un autre précise : « Dans la région, de telles pratiques sont si courantes qu'aux yeux de certains, elles ne semblaient plus être des délits. »

Le principe s'est tellement généralisé que les études de coûts et de financement, lorsqu'elles sont correctement évaluées, doivent inclure le coût de la corruption, faisant dorénavant partie intégrante du prix de revient de l'implantation.

À contre-courant du gourou américain Bernardo Trujillo, qui a fait la fortune des distributeurs en préconisant son fameux *« No parking, no business »*, Dominique Baudis, député-maire centriste de Toulouse, a pris d'audacieuses mesures tendant à limiter la circulation automobile dans la « ville rose ». Le taux de fréquentation des automobiles aurait chuté de 80 % grâce à une politique volontariste de développement des transports en commun. Indirectement, ces mesures sont extrêmement favorables aux grands distributeurs.

Michel-Édouard Leclerc, qui connaît bien la région, ne le dément pas[4] : « Peut-on inciter au renouveau du commerce de centre-ville et dans le même temps dissuader les automobilistes ? Imagine-t-on les consommateurs transporter à bout de bras, dans le bus ou le métro, l'équivalent d'un gros Caddie de 450 francs ? »

Ne peut-on imaginer, de la part des commerçants, la mise en place de services structurés de consignes ou de livraisons gratuites à domicile, à une heure fixée, une fois l'ensemble des courses effectuées et « abandonnées » chez chacun des commerçants visités ? Trop individualistes, nos commerçants, pour organiser ce service en aval de leurs prestations ? Cette logistique offrirait pourtant de belles perspectives d'emplois, réglerait une grosse partie des problèmes de circulation, de stationnement et de nuisances au cœur des villes et amènerait une véritable valeur ajoutée au commerce traditionnel. Le développement du commerce électronique ne peut qu'ajouter à la faisabilité du concept.

Exit les critiques relatives à l'interdiction de la circulation en ville. En 1993, Michel-Édouard Leclerc se félicite de l'accueil chaleureux que lui ont réservé les élus locaux[5] : « À Blagnac, la municipalité a compris tout l'intérêt de se servir d'un hypermarché comme pôle d'attraction rééquilibrant les flux de consommation entre Toulouse et la cité de l'aéronautique. Une telle implantation commerciale renforce le commerce existant, lui donne les moyens de son dynamisme, modernise son image, tout en confortant sa fonction sociale. » Ces propos contredisent ceux tenus concernant le commerce en centre-ville et l'interdiction faite par Dominique Baudis à la circulation automobile dans sa bonne ville de Toulouse. Six années plus tard, Blagnac n'est plus tout à fait ce qu'elle était.

Blagnac l'atterrissage

Le vendredi 30 avril 1999, plusieurs personnalités de la région toulousaine ont été condamnées à des peines de prison ferme par le tribunal de Montauban[6], dans le cadre de la construction du centre Leclerc de Blagnac en 1993.

Ce projet avait généré fausses factures, corruption,

recels d'abus de biens sociaux, trafic d'influence. L'affaire de Blagnac réunit la panoplie des délits pénaux traditionnellement rencontrés lors de l'implantation d'une grande surface. Un cas d'école parmi tant d'autres... L'arrêt a été jugé sévère [7] par les avocats des prévenus. Jacques Puig, l'ancien maire radical de Blagnac, a écopé en effet de quatre ans d'emprisonnement ferme, de 500 000 francs d'amende et de cinq ans d'inéligibilité. Marcel Dauriac, adjoint au développement, est condamné à quatre ans de prison et à 500 000 francs d'amende. Georges Farré, ancien président de la chambre de commerce et d'industrie de Toulouse, est condamné à quatre ans de prison ferme et à un million de francs d'amende. Son frère, Roger Farré, qui dirige avec lui les entreprises familiales de travaux publics, à trois ans de prison et, lui aussi, à un million de francs d'amende. Jean Chetcuti, ancien président de la commission d'expansion de la chambre de commerce et d'industrie de Toulouse et, selon *La Dépêche du Midi*, « membre influent de la commission départementale d'urbanisme commercial de la Haute-Garonne », est condamné à trois ans de prison et à 200 000 francs d'amende. Les autres prévenus, chefs d'entreprises, architectes, experts-comptables ou intermédiaires, ayant participé au réseau de fausses factures, sont sanctionnés de peines de prison allant de six mois avec sursis à deux ans fermes et d'amendes allant de 70 000 francs à 400 000 francs.

Rémy Nauleau, PDG des centres Leclerc de Blagnac et de Saint-Orens, a été condamné lui aussi à une peine de quatre ans de prison assortie d'une amende d'un million de francs. Ses avocats avaient pourtant plaidé que « le PDG des centres Leclerc avait été soumis au chantage et au racket ». La frontière entre un racketté et un corrupteur est de plus en plus ténue.

Les principaux prévenus de ce dossier ont décidé de faire appel du jugement de Montauban.

Apprendre à compter

Michel-Édouard Leclerc voudrait faire croire à ses lecteurs que les grands distributeurs font parfois office de « boucs émissaires[8] » : « Certains hommes politiques invoquent la disparition du commerce traditionnel. Il est vrai qu'en six ans, 5 000 patrons du commerce de détail ont fermé boutique. Ils pourraient aussi citer les grandes enseignes de distribution qui ont changé de main ou qui ont disparu : Euromarché, Escoulan, Montlaur, Genty Cathiard. Mais que ne savent-ils étudier les chiffres les plus officiels, les leurs ! » Il convient, pour être juste, de s'intéresser de plus près au sort des quatre malheureuses enseignes disparues...

Concentration oblige, trois des quatre distributeurs cités sont toujours là ! Ils ont changé de main et font désormais, sous de nouvelles enseignes, la fortune de leurs propriétaires. Genty Cathiard a été repris par Rallye en 1990. Euromarché comme Montlaur ont été rachetés en 1991 par Carrefour. Quant à Escoulan, elle a été intégrée dans le sinistre du Crédit Lyonnais.

Située dans la région toulousaine, la société Escoulan dépose son bilan en décembre 1991. Elle est rachetée, en mars 1992, à la barre du tribunal, par un autre distributeur, la société Disco. Cette dernière appartient à l'homme d'affaires François Marland à hauteur de 75 % et à Altus, la généreuse filiale du Crédit Lyonnais, pour les 25 % restants. Durant l'été 1992, Altus souscrit à une émission d'obligations de 250 millions de francs émise par Disco pour renforcer ses fonds propres. Les difficultés d'Escoulan sont plus graves que prévu. Sa gestion est confiée à « un quatuor d'hommes d'affaires » qui ne feront que passer, le temps de diagnostiquer l'impérative nécessité de déposer à nouveau le bilan.

Malgré l'argent frais injecté par le Crédit Lyonnais, la santé de Disco (société mère d'Escoulan) est, elle aussi, chancelante. En octobre 1992, François Marland vend à Altus ses participations dans Disco (et donc, en prime, sa filiale Escoulan), pour 160 millions de francs. Il était temps. Deux mois plus tard, Escoulan dépose son bilan pour la deuxième fois en quelques mois.

Laurent Chemineau cite, dans *La Tribune Desfossés*[9], une source non officielle qui affirme : « Au titre des quelque 5 000 emplois qu'elle représente, la société sera reprise, dès le lendemain de son dépôt de bilan, par le groupe Crédit Lyonnais via deux fonds hollandais (Horbeam et Pancho), la banque ne voulant pas apparaître. Mais on assure que le montage avait été validé par le Trésor et même... par le parquet de Toulouse ! »

En juin 1994, Disco dépose le bilan à son tour.

« La droite brûle ses idoles. Elle ne cesse de se démarquer du reaganisme, du thatchérisme, et dénonce, dès la première contestation populaire, les excès des ultralibéraux » déplore l'auteur de *La Fronde des caddies*. Les grands distributeurs se gardent bien de brûler « les ultraconservateurs de gauche », lorsque avec les deniers publics ils volent au secours de ceux qui pensent « tiroir-caisse » lorsqu'ils entendent le mot « économie ». Le milliard et demi de francs accordé par le Crédit Lyonnais à Disco s'ajoute à la charge laissée au contribuable. L'élite de la nation a déjà coûté 500 milliards de francs[10] à la collectivité. Avec les félicitations du jury, la compassion de ses concurrents et 160 millions de francs d'argent de poche, le malheureux distributeur s'en sort, lui, plutôt bien.

En décembre 1997, le président d'Altus, surnommé du temps de sa splendeur « le Mozart de la Finance », est mis en examen dans le dossier Escoulan pour « complicité de banqueroute par moyens ruineux », par le juge toulousain Laurent Nion. Le 23 septembre 1998, un ancien inspecteur général des Finances, ancien directeur du Trésor et président du Crédit Lyonnais pour la période de 1988 à 1993 est à son tour mis en examen par le juge d'instruction Jean-Pierre Zanoto. « La gravité des chefs d'inculpation est spectaculaire puisque le juge a retenu les qualifications de présentation de comptes inexacts, diffusion de fausses informations, abus de biens sociaux, abus de crédit et abus de pouvoir », écrit *La Tribune Desfossés*[11].

28.

Des hommes sous influence

« Cent lobbies font la loi en France. » Ce n'est pas qu'un titre[1] à la une d'un magazine économique. Les réseaux d'influence agissent dans les coulisses du Parlement et des ministères. Lucien Rebuffel, président de la Confédération générale des petites et moyennes entreprises (CGPME), et ami de trente ans de Jacques Chirac lui aussi, a inspiré le gel des autorisations d'implantations d'hypermarchés imposé par Edouard Balladur dès 1993. Il est aussi à l'origine de la création des observatoires de l'équipement commercial et de la mise en place des études d'impact sur l'emploi du développement anarchique de la grande distribution. Le patron du syndicat des entrepreneurs a ensuite fortement influencé le texte de loi proposé par Jean-Pierre Raffarin. Cette fois, le lobbying des grands distributeurs a semblé ne pas être à la hauteur de celui du défenseur du commerce. « Les députés ne nous écoutaient même plus, se souvient, amer, le patron d'une chaîne d'hypermarchés. Ni le très politique patron de la FCD et aussi vice-président du CNPF, ni le bouillant Daniel Bernard, patron de Carrefour, ni l'influent Paul-Louis Halley, de Promodès, n'ont pu infléchir Jean-Pierre Raffarin, qui n'avait pas de mots assez durs pour fustiger la grande distribution, accusée d'étrangler ses fournisseurs, de défigurer les abords des villes et de détruire des emplois. » Soutenir le contraire aurait relevé d'une impossible gageure ! Tout vient à point à qui sait attendre...

Le journaliste le confirme : « Pour relancer leur lobbying, les patrons du grand commerce ont dû attendre la constitution du gouvernement Jospin. Leur nouvelle interlocutrice, Marylise Lebranchu, secrétaire d'État aux PME, les reçoit régulièrement. Mais ils ne disposent plus de beaucoup d'alliés dans le monde politique, hormis quelques têtes d'affiche, comme les UDF Pierre Méhaignerie et Alain Madelin. Pour l'heure, les grands groupes de distribution n'ont pas eu raison de la loi Raffarin, mais, sur le terrain, les autorisations d'agrandissement et de rénovation des points de vente sont accordées plus facilement », confie un de leurs lobbyistes... Dans la grande distribution, les affaires reprennent...

Une corruption érigée en système

Courageusement, Michel-Édouard Leclerc a lancé un pavé dans la mare devant les caméras d'Antenne 2, le 22 septembre 1991. Interrogé par Alain Duhamel, dans le cadre de l'émission « L'heure de vérité », il confirme : « On monnaye une autorisation contre un financement. » La rumeur devient vérité... « On paie d'avance, comme dans la rue Saint-Denis, confessera plus tard Michel-Édouard Leclerc[2]. Si le projet est autorisé par le ministre ou la Commission nationale, l'argent restera acquis. Si le vote est négatif, l'argent sera rendu. C'est tout boni pour les passeurs puisque statistiquement, un dossier sur trois est acquis. Personne ne s'engage ni n'engage personne. »

Un dossier sur trois est acquis, ce qui signifie que deux « mallettes » sur trois reviennent à leurs expéditeurs. Rendu l'argent ? À qui et que devient-il ?

Comment de telles sommes sont-elles réintégrées dans les comptabilités probantes des grands distributeurs sans attirer l'attention de leurs auditeurs internes, externes ou de leurs commissaires aux comptes ? Où sont-elles conservées et comment ressortent-elles pour de prochaines opérations, sans que personne s'en émeuve ?

Un grand distributeur le confirme[3] : « Les méthodes de facturation ont largement été éventées par la publicité donnée aux affaires : surfacturation de publicité, surtarification de panneaux d'affichage, études de marché bidon, fausses études d'images, réalisations de maquettes publicitaires qui ne verront jamais le jour, et jusqu'aux rédactions concrètes des recours ministériels... Un institut de sondage a même poussé la provocation jusqu'à commercialiser des études sur le comportement sexuel des Françaises pour remplir les caisses d'un parti. »

Levant le voile, Michel-Édouard Leclerc décrit certaines pratiques utilisées pour taxer les corrupteurs[4] : « Inépuisables sont les méthodes utilisées par les sociétés taxi. Plus c'est gros, plus ça passe ! Une société monégasque ne craint pas de proposer son intervention et ses factures pour un projet de centre Leclerc dans la région du Pas-de Calais. Une autre n'hésite pas à proposer à Carrefour, qui refusera, un coût d'acquisition du permis de construire à 6 millions de francs. »

Thierry Sagardoytho, l'avocat de l'ancien député socialiste Jean-Pierre Destrade, explique devant les caméras de M6, lors d'une émission « Capital » consacrée à la grande distribution, un mécanisme qui n'a plus de secret pour personne : « On s'assure de la décision favorable du ministre, on verse une enveloppe qui varie de 1 à 6 millions de francs selon l'importance de l'opération et l'on obtient la décision attendue. Il s'agit d'un impôt occulte, fixé discrétionnairement, à la tête du client en quelque sorte. »

Ce ne sont pas les hommes politiques qui corrompent, mais les officines qui, délicatement, se glissent entre eux et les distributeurs. Elles ne sont pas très fidèles : « Le comble, c'est que ces sociétés écrans peuvent travailler indifféremment pour l'un ou l'autre des partis politiques. »

Ancien ministre du Commerce et de l'Artisanat, Jean-Marie Bockel, député-maire socialiste de Mulhouse, déclarait[5] : « Par cette fiscalité clandestine, les groupes de distribution sont devenus les financiers des réalisations municipales et ceux des partis politiques de manière très œcuménique. »

Ce sont toujours les anciens ministres qui parlent de ces sujets. Les ministres en exercice, eux, ne sont jamais au courant. Dans sa *Fronde des caddies*, Michel-Édouard Leclerc prolonge les aveux : « La vérité oblige à dire que près de la moitié des grands ensembles commerciaux ont été soumis à ce trafic. Certains promoteurs y ont cédé par nécessité ; d'autres ont participé aux enchères pour évincer un concurrent ou s'assurer de la maîtrise du site. »

S'il faut en croire le distributeur breton, la cartographie des implantations d'hypermarchés et de supermarchés pourrait coïncider avec celle de la corruption politique, dans un cas sur deux ! S'il fallait y ajouter la dynamique corruption immobilière et celle, généreuse, des travaux publics, combien resterait-il d'élus intègres ? Et que resterait-il, aussi, de nos ultimes illusions ?

Ces pratiques créent de larges distorsions entre *petits* et *grands* corrupteurs : « Les grands groupes succursalistes, les grandes sociétés qui peuvent faire appel à l'épargne publique, les consortiums internationaux pourront toujours, en intégrant ces financements dans les dépenses globales, en diminuer les effets et les rendre supportables. Mais un commerçant indépendant, même bénéficiaire d'une enseigne franchisée de grande renommée, ou membre d'une chaîne volontaire de commerçants, aura bien du mal à suivre une enchère dont les tarifs représentent quelquefois 10 % du montant de l'investissement. » Pour faire face à l'inflation corruptive, les commerçants devront se regrouper ou disparaître. Le développement de la corruption politique est un autre facteur d'accroissement des fusions-acquisitions dans la grande distribution.

La révolte des corrupteurs

Dans une interview à *L'Express*[6], sous le titre provocateur « Révélons les affaires », Michel-Édouard Leclerc ajoutait : « On n'en a pas fini avec le racket des grandes surfaces. Pour le contrer il faut dénoncer les réseaux et laisser faire les juges. » Qui le fera ? Pour qu'il y ait un corrompu, il faut qu'il y ait un corrupteur.

Dès lors, qui va bien pouvoir dénoncer les réseaux ? Le corrupteur, fraîchement travesti en victime innocente ? Cela ne risquerait-il pas de l'empêcher de continuer à bénéficier des largesses et de l'extrême complaisance du milieu politique ? Le corrompu, l'homme qui fait les lois et qui devrait saisir la justice pour révéler *ces*, ou plutôt, *ses* pratiques mafieuses ? Ce sont les députés qui votent les lois, dictent parfois la leur et se considèrent le plus souvent comme étant au-dessus. Il est amusant de voir le porte-drapeau d'un grand réseau de distribution, travesti pour la circonstance en chevalier blanc, posant devant les caméras en victime abusée d'un système qui, pourtant, lui a tant donné. Jeu de rôles subtil dans lequel les gendarmes et les voleurs se retrouvent autour des mêmes tables pour en partager les dessous.

La formule « qui gagne »

Les élus locaux détiennent, depuis la loi de décentralisation, un pouvoir bien plus important qu'il n'y paraît.

Ils ne veulent pas s'en défaire. Constatant que la confusion des genres est le premier facteur de dérapage, le Premier ministre Lionel Jospin a souhaité, par une réforme appropriée et audacieuse, mettre fin au cumul des mandats. Pour la première fois, on allait s'attaquer à l'une des causes essentielles de la corruption qui gangrène la société française, phénomène qu'exploite une extrême droite pourtant tout aussi magouilleuse. Hélas, les amis du Président ne l'entendent pas de cette oreille. Ils sont sortis de leur léthargie pour expliquer, sans rire, que le cumul est une excellente chose et qu'il faut à tout prix le préserver. Les députés risqueraient, selon eux, d'être coupés de leur base et de ne plus rien savoir de nos concitoyens s'ils ne cumulaient les mandats de maire et de parlementaire.

Comment exiger de la transparence, alors que les éléphants, mammouths ou autres dinosaures qui ont fait la fortune de ce système sont encore aux postes clés des appareils politiques, accrochés à des pratiques aussi dépassées qu'archaïques, mais qui ont fait leurs preuves et constituent, dans bien des cas, la seule justification de leurs carrières politiques ?

À un tarif se situant, dans une fourchette large, de 12 à 20 millions de francs pour un hypermarché, sachant que les hypermarchés sont passés de 1 en 1963 à 1 043 en 1995 et les supermarchés, de 224 à la même époque à plus de 7 400 en 1995[7], on mesure sans peine la masse d'argent qui a pu être ainsi détournée, tous partis politiques confondus. Cet argent n'est ni celui des corrompus, ni celui des corrupteurs : il appartient au contribuable français et au cotisant qui voit chaque trimestre la liste des prélèvements s'allonger sur son bulletin de paye, lorsqu'il a la chance d'en avoir un.

29.

Les chiffres interdits

Ce n'est pas dans les églises que les exclus trouvent refuge. Ils n'ont pas leur place non plus dans les corridors flamboyants des ministères. On les rencontre, de plus en plus nombreux, dans les halls de gare, au petit matin, lorsqu'il s'agit d'enjamber des corps endormis à même le sol, pour regagner un TGV. Un commissaire général au Plan a osé comparer la réalité physique et humaine du chômage aux chiffres de la « statistique officielle ». Le rapport[1] que lui avait commandé Alain Juppé, et qu'il a adressé à son successeur, était trop éloigné de la vérité officielle des tenants de la langue de bois pour que son auteur puisse prétendre être un « serviteur » de l'État. L'économiste affirme en effet que « la situation de près de sept millions de personnes est directement affectée d'une façon ou d'une autre et plus ou moins gravement par l'évolution de l'emploi », allant même jusqu'à conclure que « le modèle républicain s'efface peu à peu et avec lui, une certaine idée du pacte social ».

Lionel Jospin, Premier ministre socialiste, met fin aux fonctions du commissaire au Plan qui a osé analyser les causes réelles et profondes de notre chômage national. Tout rentre dans l'ordre. Il n'y a plus, à nouveau, que trois millions de sans-emploi et un haut fonctionnaire qui n'est pas prêt de retrouver un poste dans un ministère.

La CMU pour révélateur

L'exposé des motifs du projet de loi instaurant la Couverture maladie universelle (CMU) en dit pourtant bien plus que les discours des ministres de la Solidarité : « L'assurance maladie laisse près de 30 % des dépenses de santé à la charge des ménages. Au fil des plans d'économie qui se sont succédé ces dernières années, sous la droite comme sous la gauche, la prise en charge des soins n'a cessé de se réduire, tandis que le forfait hospitalier et le ticket modérateur sont devenus une obligation financière insurmontable. Toutes choses qui ont creusé les inégalités au point d'amener de plus en plus de personnes en difficulté à renoncer à se soigner. »

Ce texte concerne environ huit millions d'exclus ou de personnes aux revenus très modestes. Selon une enquête publiée par le Centre de recherche, d'étude et de documentation en économie de la santé (CREDES) : seulement huit Français sur dix bénéficient d'une couverture sociale complémentaire, alors que près de 40 % des chômeurs n'ont pas de mutuelle.

Le commissaire au rapport incendiaire s'est fait virer comme un gendarme pyromane parce qu'il a osé affirmer un peu trop haut, et sûrement trop fort, que la douce France compte sept millions de laissés-pour-compte. Deux ans plus tard, Martine Aubry reconnaît huit millions de pauvres. *Le Monde*[2] rapporte que Mme la ministre d'État estime qu'« augmenter le seuil de revenu maximal pour pouvoir bénéficier de la Couverture maladie universelle de 3 500 francs à 3 800 francs toucherait deux millions de personnes en plus des six millions déjà concernés. Auditionnée par la commission des affaires sociales de l'Assemblée nationale, la ministre a justifié l'impossibilité de prendre cette mesure, par son coût, estimé entre 2 et 3,5 milliards de francs ».

Deux milliards ne représentent modestement que 3,33 % des 60 milliards de francs que réalise la grande distribution en exploitant, le plus illégalement du monde, des surfaces de ventes construites sans autorisation comme de vulgaires paillotes, mais avec le consentement, pour le moins tacite, des services de nombreux ministères.

Le seuil de revenus pour bénéficier de la CMU a été limité au moment du vote de la loi à 3 500 francs[3], alors que le minimum vieillesse versé aux plus anciens pour les remercier de leurs bons et loyaux services était fixé à 3 540 francs. Ces « 40 francs de trop » ne permettront pas aux retraités vivant en dessous du seuil de pauvreté, fixé par l'Institut national de la statistique et des études économiques (INSEE) à la même époque à 3 800 francs, de bénéficier du régime de la Couverture maladie universelle. Il en sera de même pour ceux qui, « trop riches », dépassent le seuil des 3 500 francs sans pour autant atteindre les 3 800 francs mensuels à partir desquels, selon les statisticiens et la ministre de la Solidarité, on ne peut plus parler de pauvreté... Deux millions de pauvres ne bénéficieront pas du régime de couverture maladie qui, pourtant, se prétend « universel ».

Le sort de six millions de pauvres et de deux millions de « pas assez pauvres pour qu'on s'intéresse à eux » a été scellé à la va-vite par 65 députés noctambules sur les 577 députés inscrits à l'Assemblée nationale. Lors du vote, plus de 81 % des députés socialistes sont restés sous la couette. Leurs petits camarades du PC étaient encore moins bien représentés avec un taux d'absentéisme voisin de 83 %. À droite, il aura fallu cumuler les voix du RPR, de l'UDF, de Démocratie libérale et de l'Alliance désunie pour réunir un peu plus de 5 % des élus !

Miracle de l'imprévision, moins de quatre mois après l'adoption de la CMU, Dominique Strauss-Kahn, alors ministre de l'Économie et des Finances, annonçait victorieux l'existence d'un « trésor de guerre » constitué grâce à « la bonne santé » de l'économie. Son affectation allait donner lieu à toutes les supputations : baisse des impôts, réduction de la dette, augmentation des minimas sociaux, embauche de nouveaux fonctionnaires... La CMU a été votée trois mois trop tôt pour que l'on revienne en arrière en prélevant sur les 38 milliards apparus comme par enchantement les deux milliards manquant pour permettre à deux millions de Français d'accéder aux soins médicaux. La CMU a été votée en mai. En août, il est trop tard. Pour les pauvres, on ne repasse pas les plats.

La France lanterne rouge du G7

La France est à présent, avec l'Italie, la lanterne rouge des grands pays industrialisés du G7. Le Japon n'affichait, en[4] octobre 1999, qu'un taux de chômage de 4,6 % alors qu'il était de 10,6 % chez nous.

L'Italie partage le bonnet d'âne avec le pays de l'ENA. Ce n'est pas un hasard si les femmes ont une probabilité de connaître le chômage deux fois supérieure aux hommes. La parité dans le travail n'est pas à l'ordre du jour...

En France, la probabilité d'être chômeur augmente avec le niveau de formation et les diplômes pour tendre vers un risque trois fois supérieur pour les cadres et ceux qui ont fait des études universitaires. Au cours de la période de 1991 à 1996, le chômage a diminué de 15 % aux États-Unis. Il a progressé de plus de 30 % chez nous. Un malheur n'arrivant jamais seul, alors que l'emploi reculait globalement, les emplois publics augmentaient de 7,3 % au cours de la même période.

De telles statistiques se passent de tout commentaire.

Les chiffres[5] parlent d'eux-mêmes. Un ouvrier reste en moyenne 16 mois au chômage en France contre 3 mois aux États-Unis. Pour un cadre, la proportion est de 10 mois au pays du « steak un peu fou » contre 4 mois au royaume du « burger riche en hormones ».

Toutes catégories confondues, la durée du chômage est de 2 mois pour un moins de 24 ans aux États-Unis contre quatre fois plus en France. L'âge ne fait rien à l'affaire. S'il dépasse les 50 ans, c'est 5 mois qu'il doit attendre aux États-Unis pour 23 mois en moyenne[6] en France. S'agissant d'une durée moyenne, il faut beaucoup de patience à ceux qui se situent du mauvais côté de la statistique... Par son incidence néfaste, évidente sur l'évolution des salaires en période de « surabondance » de main-d'œuvre, ce chômage record influe sur le pouvoir d'achat moyen de ceux qui ont la chance d'avoir un emploi. La courbe de son évolution diminue inexorablement d'année en année. Quatre grandes périodes sont observées par l'INSEE, qui ne peut être taxée d'antigouvernementale...

Nos plus belles années

De 1951 à 1967, le pouvoir d'achat de l'ensemble des Français a confortablement progressé. Un peu plus vite chez les cadres supérieurs et les chefs d'entreprises, à peu près autant chez les ouvriers que chez les cadres moyens.

De 1967 à 1978, le pouvoir d'achat a continué à s'améliorer mais beaucoup moins pour les cadres et les chefs d'entreprises que pour les ouvriers et les employés.

De 1978 à 1991, seul le pouvoir d'achat des ouvriers a progressé encore mais de façon minime, les employés ont commencé à perdre légèrement, tandis que la tendance s'inversait déjà pour les cadres moyens, cadres supérieurs et chefs d'entreprises.

À partir de 1991, la tendance s'est durablement inversée pour l'ensemble des catégories socioprofessionnelles. Le progrès à l'envers a conduit à une perte du pouvoir d'achat, proportionnelle au niveau des revenus : atténuée chez les ouvriers, grâce à l'effet plancher du SMIC, plus forte chez les employés, les cadres et les chefs d'entreprise. De l'ouvrier au cadre en passant par l'employé, chacun a besoin de s'épanouir dans une entreprise en bonne santé. Le sort des uns est lié à celui des autres. Lorsque rien ne va plus et que rien n'est fait pour que cela change, il reste les miettes à se partager. C'est pour cela qu'a été inventé le concept des 35 heures...

Jeunes et pauvres déjà

La pauvreté chez les jeunes évolue dans des proportions intolérables. Le taux d'inactivité des jeunes de 15 à 24 ans était pour l'année 1995 de 30 % au Royaume-Uni, 33 % aux États-Unis et de 70 % dans notre beau pays. Une démocratie moderne peut-elle se regarder dans la glace, lorsque 18,5 % des ménages de jeunes de moins de 30 ans, près d'un ménage sur cinq, vivent dans un état que l'INSEE, vénérable institution qui n'a rien d'un repère de gauchistes, qualifie pudiquement de pauvreté ?...

Ce n'est pas un hasard si la France détient le triste record, pour l'Europe, du nombre de suicidés dans la population des jeunes[7] avec un taux de 18,3 pour 100 000 jeunes âgés de 15 à 24 ans ! Elle devance largement l'Allemagne (16,1), le Royaume-Uni (14,5) les

Pays-Bas (12,9) l'Espagne (9,3) l'Italie (7,3) le Portugal (6,3) et la Grèce (4,6). Contrairement à une idée reçue, les jeunes Japonais « s'en sortent mieux » que nos jeunes compatriotes avec un taux de 14,5, malgré l'embauche, en France, de milliers « d'agents d'ambiance »...

Comme des vieux de plus de 49 ans

Il n'est pas facile pour les jeunes d'entrer dans la vie active. Pour les plus âgés, si tant est que l'on puisse encore parler d'âgés à 50 ans, le tableau n'est pas plus gai, l'espoir est en moins, au fur et à mesure que se restreint l'expérience de vie professionnelle...

Entre 55 et 64 ans, le taux d'inactivité chez les hommes japonais est de 15 %. Il est de 34 % aux États-Unis contre 37 % au Royaume-Uni. En France, il est de 58 % pour les hommes alors que 7 Françaises sur 10, âgées de plus de 55 ans, connaissent l'insécurité de l'inactivité non choisie...

Au début était le commerce qui faisait vivre villages et centres-villes. Le vandalisme économique n'avait pas encore produit ses effets. Les activités commerciales, artisanales, de production de services, induisaient une multitude d'activités productrices de richesses. Chacun gagnait sa vie et chacun, par sa propre consommation, permettait aux autres de gagner la leur. Le 14 juin 1999, dans la « ville rouge » de Sosnowiec en Pologne, Karol Wojtyla, 79 ans, ancien ouvrier d'une usine de soude caustique, a prononcé un discours d'une extrême virulence. Devant 300 000 fidèles, rassemblés sur un immense terrain vague entouré de HLM délabrées datant de la Pologne communiste, Jean-Paul II a souligné : « Du fait des lois de marché, les droits de l'homme sont oubliés. Ceci se produit à des degrés divers partout dans le monde. Ce qui compte, c'est la valeur matérielle de ce qui est produit. L'homme n'est plus considéré comme quelqu'un qui crée mais comme un instrument de production. » Le symbole est fort venant de celui qui a tant fait pour libérer les pays de l'Est du joug communiste. Communisme, socialisme, capitalisme d'investissement, ont été évaporés par l'économie de marché et sa mondialisation.

Huitième partie

UN SYSTÈME EN EXPANSION

30.

Les chemins de la croissance ne mènent pas tous à l'homme

François d'Aubert, ancien ministre, député UDF et maire de Laval, fut le premier parlementaire à exhumer le dossier du Crédit Lyonnais. Rapporteur d'une étude sur la mafia, il est bien seul pour combattre la corruption. Toutefois, selon le champion de la communication des supermarchés [1], « François d'Aubert est peut-être un bon rapporteur anti-mafia mais à domicile, c'est un sacré menteur ! ». Cette réplique vise une déclaration du député-maire qui a osé dire qu'à Laval « sans les trois hypermarchés qui y sont implantés, 3 000 emplois supplémentaires pourraient être créés ».

L'inflation a disparu mais les distributeurs s'accrochent à cet unique argument : le prix. Ils jouent sur la corde sensible : le porte-monnaie du consommateur : « Notre combatif parlementaire se gardera bien d'expliquer aux Lavallois que, pour une consommation identique, les charges que représenteraient les 3 000 emplois supplémentaires exigeraient une hausse des prix de 25 % », explique Michel-Édouard Leclerc. L'argument est fallacieux. Trois mille chômeurs de moins, c'est autant d'indemnités économisées qui soulageraient les charges écrasant les salariés et les employeurs. Trois mille chômeurs de moins, c'est autant de pouvoir d'achat qui pourrait être injecté dans le circuit économique. Trois mille chômeurs de moins, pour la seule ville de Laval, ce serait six à huit milles personnes, femmes et enfants compris, retrouvant un statut social. Les grands distributeurs ne l'entendent pas ainsi. Pour eux, créer de l'emploi augmente les prix, maintenir l'emploi les fige. Le coût de la matière étant incompressible, la limitation de la part d'emploi contenue dans les prix de revient est devenue un objectif déterminant dans leur quête inlassable de prix comprimés.

La cause et les effets

Personne ne s'oppose à ce génocide économique. Le législateur français le pouvait. Il le devait. Il n'a rien fait de ce qui aurait pu l'être pour modifier le cours des choses. La France ne pourra faire l'économie d'une réglementation stricte destinée à ramener davantage de clarté et de loyauté dans le système. Il faudra revoir les lois existantes. Le pays ne pourra s'offrir le luxe d'attendre vingt-trois ans un nouveau lifting sommaire, comme celui que nous avons connu en 1996. D'un côté la brillante réussite des grands distributeurs, de l'autre le chômage, la misère et la précarité. On ne mélange pas les genres. Encore une fois, les causes et les effets sont ingénieusement et soigneusement dissociés par les communiquants du mensonge organisé.

Les économistes de cour ont un parler « correct » que n'ont pas les hommes de terrain. Certains parlent de croissance comme d'autres font de la prose, tout en le sachant. La croissance est une expression optimiste pour définir l'évolution des composantes du produit intérieur brut d'une année sur l'autre. De nombreux facteurs contribuent à la formation du PIB. Ils sont regroupés par grandes familles[2], parmi lesquelles la fameuse « consommation finale des ménages ». Cette part des ménages n'est jamais mentionnée par nos commentateurs patentés. La répartition à l'intérieur des différentes catégories de ménages serait un exercice beaucoup trop périlleux pour une présentation superficielle et standardisée des indices économiques, mais aussi et surtout beaucoup trop révélatrice. L'évolution des rémunérations du travail se traduit par une chute vertigineuse de la part des salaires nets dans la valeur ajoutée. En vingt ans la baisse représente plus de 22 %. Cette réalité économique n'est pas reconnue par la caste gouvernante. Pourtant le niveau de vie de nos concitoyens régresse. Les indicateurs de la croissance ont été déconnectés de l'emploi réel et productif. Prétendre que la France va sortir de la crise par la reprise mondiale relève de la supercherie. Sous prétexte que la croissance pourrait atteindre 3 % pour les douze prochains mois, la France sort les lampions. Il n'est donc point besoin de prendre quelque mesure que ce soit.

Le malheur des uns

La grande distribution n'en est pas pour autant exclusivement génératrice de misère pour tous. Il ne faut rien exagérer et surtout pas généraliser. Les grands noms de la grande distribution se sont constitué en quelques années de véritables fortunes. Le parcours des familles Fournier et Defforey est révélateur. Peu à peu, les industriels se sont effacés au hit-parade des dix premières fortunes françaises pour laisser leur place à nos conquérants de la vente en grande surfaces déshumanisées. Si Liliane Bettencourt, fille unique du fondateur de L'Oréal, se maintient en tête de ce classement, derrière elle vient la famille Mulliez (Auchan), puis en quatrième position François Pinault, patron de PPR, le groupe Pinault Printemps La Redoute, et en cinquième place la famille Defforey (Carrefour). La famille Halley (Promodès) se situe en septième position tandis que la famille Fournier (Carrefour, aussi...) ferme la marche en dixième position.

Les commerçants qui exploitent leurs magasins au sein de réseaux d'indépendants sont propriétaires de leurs propres structures, c'est pourquoi la famille Leclerc ne figure pas dans ce classement des plus grandes fortunes.

En additionnant les fortunes des deux « familles Carrefour », elles figureraient en troisième position, juste derrière les « Auchan ». Les industriels, créateurs de richesse, de valeur ajoutée et d'emplois sont les grands absents de ce classement. On a les Bill Gates que l'on mérite...

Promodès a introduit 22 % de son capital à la Bourse de Paris le 17 octobre 1979. Le cours de l'action [3] était de 62,98 francs lors de la première cotation. Le titre, qui a rejoint en novembre 1993 ses petits camarades Carrefour et Casino au très convoité CAC 40, s'est apprécié pendant vingt ans de 24 % l'an en moyenne. Les dividendes distribués ont augmenté dans le même temps de 13 % chaque année. Vingt ans après l'introduction en Bourse, le titre a progressé de plus de 6 700 %, avec une cotation à 4 287 francs ! Cela justifie bien la couverture du magazine *Le Revenu* : « Promodès, la richesse en actions... » Paul-Louis Halley sait bien ce que lui a apporté la Bourse. Interrogé par la journaliste Gaëlle Macke [4], il précise : « Le jugement quotidien de la Bourse a introduit une discipline interne de la performance. Quand c'est moi qui fixe un objectif de rentabilité, mes collaborateurs peuvent penser que je suis un actionnaire trop gourmand. La Bourse, elle, objective la performance. Et elle est intransigeante. Son verdict, c'est toujours : peut mieux faire. »

Comment et par quels moyens ? Ce n'est pas l'affaire des fonds de pension américains qui désormais contrôlent une grande partie des places financières européennes et dictent ainsi leur conduite aux managers.

La grande distribution a connu une croissance soutenue au cours de la dernière décennie. Ses profits ont augmenté de 10 à 15 % l'an alors que la consommation des ménages ne dépassait pas les 2 %. Une progression qui ne peut se faire sans contrepartie. Alors que l'indice CAC 40 progressait de 111 % en cinq ans, l'indice des valeurs de distribution flambait de 246 %. Dans le même temps, l'action Promodès connaissait une progression de 335 %. Le groupe ne veut pas en rester là. Paul-Louis Halley le confirme : « Dix fois plus grand et encore performant, c'est possible ! »

Face aux étrangers

Ententes, fusions, acquisitions, regroupements, centralisations, mises en place de cartels, permettent d'empêcher toutes velléités d'éventuels postulants. Les étrangers pourront conquérir les distributeurs français, mais ils devront le faire le carnet de chèques à la main, et au prix fort...

Avec un chiffre d'affaires de 137 milliards de dollars[5], 12 % de résultats nets et près d'un million de salariés, Wal-Mart est le leader mondial incontesté de la distribution. Le 4 juin 1999, David D. Glass, le président de Wal-Mart, a réuni ses actionnaires à Fayetteville, dans l'Arkansas au sud des États-Unis, pour leur demander l'autorisation de procéder à une augmentation de capital[6]. De moins de 5 milliards de dollars[7], il veut le porter à

11 milliards ! Son objectif : réaliser 25 % de son chiffre d'affaires à l'international contre 9 % aujourd'hui. Sa cible privilégiée : l'Europe et son marché de près de 400 millions de consommateurs.

Wal-Mart a racheté, en décembre 1998, les 74 hypermarchés Interspar du groupe allemand Spar, lui-même contrôlé depuis juin 1997 par le français Intermarché. Quelques mois auparavant, il avait digéré les 21 hypermarchés du groupe Wertkauf. Pour pénétrer le marché allemand, le géant américain n'a pas hésité à réduire ses prix de 10 % en rognant sur ses marges. Cela n'est pas du goût de tout le monde. Selon les estimations de plusieurs analystes, la filiale allemande de *Wal-Mart* devrait afficher cette année un chiffre d'affaires en hausse d'environ 8 % avec 6 milliards de marks[8], mais elle accuserait aussi plusieurs centaines de millions de pertes. L'Américain n'est pas regardant et en a les moyens. Il sait les enjeux que représente l'Allemagne qu'il définit comme son « laboratoire européen ». Après l'Allemagne, Wal-Mart, qui s'apprête à conquérir l'Angleterre, a lancé, le 14 juin 1999, une OPA amicale sur Asda, le troisième distributeur anglais[9], et ses 229 magasins.

L'Américain aurait fait des propositions à presque tous les distributeurs qui opèrent sur le continent européen. En Allemagne la plupart des poids lourds de la distribution ont verrouillé leur capital et ne seraient pas à vendre. Il en est de même en Angleterre. En Suisse, Wal-Mart négocierait les 22 supermarchés de Waro. Reste la France, où personne ne serait officiellement prêt à se livrer à l'ogre d'outre-Atlantique. Le géant américain aurait proposé 100 milliards de francs à la famille Mulliez, actionnaire d'Auchan. La publication de cette information « confidentielle » par *Le Nouvel Économiste*, le 21 mai 1999, a fait grimper le cours des valeurs du secteur de façon spectaculaire. Le capital de la plupart des distributeurs français est verrouillé. À l'exception de Carrefour, néanmoins devenu indigeste depuis sa fusion avec Promodès, aucun ne pourra passer sous le contrôle de Wal-Mart sans être consentant, mais dans le grand marché mondial, comme dans la grande distribution, tout n'est qu'une « affaire de prix ».

Les distributeurs français n'imaginaient pas devoir être concurrencés par les distributeurs étrangers sans toucher le jack-pot. En empêchant les étrangers de s'installer et en les obligeant à payer pour entrer, le législateur a comblé les distributeurs hexagonaux au-delà de leurs espérances. Juste renvoi d'ascenseur.

Tout concourt à la poursuite d'une croissance soutenue

Dans ce contexte ultra-favorable, les grands distributeurs ont confiance en leur avenir et ils ont bien raison. La conclusion du rapport de gestion de l'un d'eux, qui pourrait être l'œuvre de n'importe lequel de ses concurrents, vaut tous les discours et commentaires : « Tout concourt à la poursuite sur le moyen terme d'une croissance soutenue de l'activité et des profits du groupe, en ligne avec ses performances passées. » Aucun ministre de l'Économie ne peut se targuer de tels résultats.

La conquête du monde

C'est la vocation de toute entreprise dans le système capitaliste que de réaliser des profits. La recherche du profit pour le profit, à n'importe quel prix, ne peut toutefois être une fin en soi. Le profit est une locomotive s'il est réalisé dans un contexte concurrentiel et dans le cadre de relations loyales et saines. Il pourrait l'être si sa répartition était effectuée de façon honnête et équitable. Ces principes ne s'appliquent pas à la grande distribution, qui prétend se situer au-dessus des lois. La France n'est plus un avenir à la hauteur de ses ambitions. L'Europe tout entière puis le monde sont devenus sa cible.

Ce sont les bénéfices tirés de l'appauvrissement du commerce, de l'artisanat, de l'agriculture familiale, puis du secteur industriel[10], qui partent maintenant à la conquête du monde. La France a servi de brouillon, de « banc test », de maquette à « l'échelle un ». La démarche est au point. Le processus est parfaitement rodé. La machine est huilée et dispose de tous les atouts...

Avec leur puissance d'achat renforcée par l'internationalisation du système, un pouvoir de négociation surdimensionné associé à une puissance financière considérable, nos ultra-capitalistes hexagonaux peuvent désormais conquérir le monde. Ils vont mener dorénavant tous les combats de front. En France ils parachèveront leur œuvre. Les choses sont en bonne voie. Cela ne devrait pas durer trop longtemps. L'Europe est un challenge considérable. De belles pièces ont déjà été avancées sur l'échiquier étoilé. L'Asie est un marché colossal, mais qui mérite certaines précautions depuis quelques mois. Les dégâts seront bien pire encore dans ces pays où il n'existe pratiquement pas de couverture sociale. Ceux qui seront éliminés du circuit n'auront pas d'échappatoire, ce sera la misère, la pauvreté puis l'oubli et la mort... La Chine, les pays de l'Est, l'Amérique du Sud sont autant de terrains d'expérimentation. Il manque un sixième continent sur notre petite planète pour satisfaire l'appétit de la grande distribution française.

Nous vivons une véritable guerre économique. Celle que livrent les croisés du grand capitalisme se déroule sous nos yeux, en *live* et sans CNN. Ceux qui sont aux commandes de l'État favorisent, par leur complicité passive et leur incompétence active, l'éclosion de ce désastre annoncé. Sous ce régime qui n'ose avouer son nom, nous sommes nous aussi, en tant que consommateurs, les collaborateurs actifs et inconscients de notre propre perte...

Bruxelles, ma belle

La non-réglementation européenne sert de passeport au laisser-faire et laisser-aller qui érige le non-droit en norme internationale. L'Europe est balbutiante, elle n'a pas encore pris conscience de l'importance de l'enjeu. La France est incapable de se protéger des effets pervers de ce système dominateur qu'elle encourage et favorise. Elle serait bien incapable de demander à Bruxelles de légiférer contre des pratiques qui ne concernent qu'elle-même, et qu'elle s'est refusé, pour cause de lobbying actif, efficace et fort persuasif, jusqu'à présent d'identifier. La grande distribution française s'internationalise et exporte son savoir-faire dans les autres pays de l'Union européenne.

L'Espagne ne disposait que d'un commerce de proximité, fait de commerçants, citoyens et contribuables, faisant travailler leurs contemporains, consommant des biens et des services et nourrissant leurs familles. Comme le faisaient les Français dans les années 70, avant que le progrès ne frappe à leur porte. Le commerce espagnol n'était pas organisé et ne disposait ni de centrales d'achats, ni de plates-formes de distribution. Les malheureux Espagnols n'avaient, pour donner libre cours à leur fièvre acheteuse, que des commerces à taille humaine, ne correspondant en rien à ce qu'ont rêvé, pour leur confort et leur bien-être, les ultra-capitalistes de la pauvreté en libre-service. Il était temps que les Français répandent la bonne parole en éduquant ces peuples.

L'Espagne a énormément progressé. Elle a su, grâce à la capacité de travail et d'adaptation de sa population, se hisser à un rang tout à fait respectable parmi les pays industrialisés. Au Portugal comme en Espagne, les jeux sont faits. Les implantations se sont multipliées en quelques années, et il sera difficile de revenir en arrière. Ces pays avaient quelque retard sur les autres pays européens. Ils ont cru, en ouvrant leurs portes à la grande distribution, accéder au modernisme et au progrès. Ils ne mesurent pas encore les effets de ce système de consommation que la France est décidée à leur imposer.

Le groupe Promodès affiche une excellente santé. Son résultat d'exploitation a encore progressé de 1996 à 1997. Il affiche près de 20 % de bénéfices en plus alors que le pouvoir d'achat régresse chez les consommateurs. Une fort belle performance, qui ne peut s'opérer sans compensation. À l'exportation, le groupe pulvérise ses propres records : « + 6 % en Espagne, + 17 % en Grèce, + 20 % en Turquie et + 37 % au Portugal ». Modeste, la société précise que ces très belles performances ne tiennent pas compte des opérations de croissance externe réalisées fin 1997.

Continente, la petite sœur espagnole de notre Continent national, poursuit une politique active d'expansion. Cela s'est traduit par l'ouverture de 25 nouveaux hypermarchés en un an pour cette seule enseigne, alors que trente nouveaux magasins ont été ouverts au Portugal.

La révolte polonaise

À l'inverse, la Fédération polonaise du commerce et des services exige de ses autorités une sévère limitation du nombre d'autorisations délivrées pour l'implantation des grandes et moyennes surfaces (GMS). Elle réclame non seulement « l'interdiction d'installer des supermarchés dans les villes de moins de 100 000 habitants », mais aussi « dans le centre des grandes villes ». En 1996 on dénombrait 155 supermarchés à capitaux étrangers en Pologne[11], alors que 124 autres étaient déjà en construction.

Au printemps 1999 l'Inspection du travail a passé au crible 22 grandes surfaces parmi celles qui ont envahi les villes de Pologne (Géant, Auchan, Leclerc, Carrefour et autres), employant au total 10 984 salariés dont 68 % de femmes. Rendu public en septembre 1999, le rapport constate de nombreuses irrégularités. Ainsi, selon *Le Monde*[12] : « Certaines chaînes ont fait travailler leurs personnels jusqu'à dix-huit heures par jour, parfois sans rémunération adéquate et sans journées de récupération pour le travail du dimanche. Des congés payés n'étaient pas accordés. Un hypermarché faisait travailler des mineurs illégalement la nuit, les locaux d'un autre étaient en mauvais état technique au mépris des normes de sécurité. » Selon la porte-parole de l'Inspection du travail, la situation se serait améliorée : « Ce premier contact direct a révélé la bonne volonté des distributeurs, mais aussi un manque d'informations sur la réglementation polonaise du travail et sur son interprétation. »

À condition de garder l'anonymat, certains distributeurs se sont interrogés sur les véritables motivations des inspecteurs « au moment où les petits commerçants polonais ne cessent de dénoncer les effets désastreux du développement fulgurant de la grande distribution ».

Désormais, les contrôleurs se contentent de réagir aux plaintes des salariés qui continuent à affluer mais, presque partout, se créent des sections syndicales. Krystyna, une jeune femme qui travaille chez Auchan depuis l'ouverture du magasin, se souvient : « Au début, on recrutait surtout des jeunes dans les faubourgs et les localités proches de Varsovie. Actuellement, l'enseigne embauche aussi des personnes plus âgées, surtout des femmes venues de l'est du pays où le taux de chômage avoisine 30 %. Elles sont moins exigeantes. Toute nouvelle venue effectue toujours une période d'essai de trois mois. Des embauches s'effectuent particulièrement avant les fêtes et les vacances, quand les grandes surfaces ont besoin de renforts. Mais la plupart n'iront pas plus loin, quels que soient leurs efforts. Ici, on ne cherche pas à fidéliser les gens à qui il faudrait ensuite verser des primes. »

31.

Expansion et diversification

Si les grands distributeurs ont une vocation planétaire, ils n'en dédaignent pas pour autant leur pays d'origine. À l'intérieur de l'Hexagone, il reste d'excellents secteurs d'activités à investir. Ils sont d'autant plus prometteurs qu'ils seront traités avec la même philosophie que la distribution alimentaire, c'est-à-dire la rationalisation, la concentration des moyens, la normalisation et, au bout du compte, la régression sociale, en termes de nombre d'emplois offerts et de qualité des rémunérations distribuées.

La grande distribution a un objectif. Elle veut coloniser et dominer l'économie nationale puis internationale. La destruction du commerce de proximité et des emplois directs et indirects qui s'y rattachaient a été une première étape. Elle veut, à présent, se substituer aux acteurs économiques traditionnels, prendre leur place et les faire disparaître.

Les nouveaux secteurs

Les grands distributeurs disposent de surfaces de vente surdimensionnées. La France possède le privilège de la plus forte densité[1] de grandes surfaces par habitant. Sur le plan alimentaire, tout ce qui pouvait être gagné sur le commerce, l'artisanat, l'agricole et l'industrie l'a été. Il n'y a plus grand-chose à conquérir, en dehors des échoppes de proximité développées par des épiciers venus du Sud.

Tous les secteurs rentables et utilisant de la main-d'œuvre sont susceptibles d'intéresser la grande distribution. Un secteur largement consommateur de main-d'œuvre constitue une « niche » fantastique pour celui qui saura s'y investir. La suppression de nombre d'emplois constitue un gisement de profits quasi inépuisable. L'évolution de la technologie de l'information, de la télématique, de la robotisation fournit des arguments.

La parapharmacie s'est installée depuis 1988 dans les rayons des hypermarchés. Le téléphone portable y a trouvé une place de choix, comme la téléphonie dite de longues distances (interdépartementales et internationales). Carrefour, associé à Omnicom, s'est lancé dans la commercialisation du « 5 ». À son tour, le « 7 » de Cegetel a pénétré le monde de la grande distribution, sans distinction d'enseigne. À présent, France Télécom revendique la commercialisation de son « 8 », via le réseau des hypermarchés. La grande distribution est, plus que jamais, « branchée »...

Demain, viendront les rejoindre toutes les applications liées au transfert de l'information, les terminaux domestiques et la domotique pour ne citer que ces modestes exemples. Les clients, devenus captifs de ces grands réseaux, n'iront pas chercher ailleurs ces nouvelles technologies qui leur seront proposées en « pré-consommé ». La communication, la télévision à péage, par abonnement, par satellite, n'échappent déjà pas à ces grands réseaux dans leurs magasins spécialisés ou généralistes. Le groupe Mulliez (Auchan) a développé des enseignes spécialisées à côté de son enseigne phare. Elle exploite, avec succès, des marques aussi différenciées que Boulanger pour les produits « blancs » et « bruns », Décathlon pour le sport, Leroy-Merlin pour le bricolage, Kiabi pour le vestimentaire alors que d'autres, comme Carrefour, préfèrent et revendiquent un « tout sous le même toit ». Il est difficile pour le consommateur de ne pas abandonner une quotité de plus en plus importante de son pouvoir d'achat, à l'une ou l'autre de leurs enseignes.

L'assurance, la banque sont des secteurs qui occupent des masses considérables de salariés. Le pouvoir d'achat distribué n'y est pas négligeable. Il n'y a pas si longtemps, être employé d'une compagnie d'assurances ou d'une banque française était plutôt synonyme de confort de vie et de sécurité de l'emploi. La clientèle se rend en masse dans les hypermarchés. Les services y sont rendus jusqu'à 20, 21 et parfois même 22 heures du lundi au samedi, tandis que les agences bancaires sont le plus souvent fermées dès 16 heures. Il n'est pas nécessaire d'engager des investissements supplémentaires pour s'engouffrer dans ces nouveaux marchés, ou si peu par rapport à l'enjeu qu'ils représentent. Pas d'agences, pas de bureaux, comme peuvent en avoir les agents et courtiers d'assurances. Pas d'intermédiaires, pas de consommations intermédiaires non plus, qui pèsent sur les prix de revient de ces petits exploitants mais font vivre des milliers d'autres professionnels et avec eux les salariés qu'ils emploient. L'investissement se limite à un simple terminal derrière lequel prendra place une hôtesse payée au SMIC. De quoi proposer un service de proximité, à un tarif qui ne peut qu'être concurrentiel, au moins dans un premier temps. Déjà de nombreux services financiers standardisés sont *offerts* à la clientèle des hypermarchés : prêts à la consommation, pour le logement, assurance de la maison, de la voiture, crédits renouvelables, cartes accréditives. À lui seul, Carrefour a mis en circulation plus de 1,3 million de cartes Pass.

Les MDD à la sauce financière

Pour fêter dignement ses 35 ans et acquérir ses lettres de noblesse dans le monde très fermé de la finance et de l'épargne, Carrefour veut lancer un produit financier performant, simple et facile à vendre. Le distributeur souhaite faire mieux que le marché monétaire et assortir son offre d'une garantie à « effet de cliquet ». En 1998, le Crédit Commercial de France a racheté à JP Morgan, via CCF Capital Management, le fonds commun de placement « Épargne Libre » de Carrefour. C'est donc, tout naturellement, vers le CCF que Carrefour s'est tourné pour créer « Carrefour Garantie Management », son produit phare.

Le produit initial a été modifié à la demande de Carrefour pour permettre la distribution d'un coupon, impliquant pour le CCF « de changer le libellé de la garantie et de repasser devant la Commission des opérations de Bourse (COB), tandis que la gestion du fonds se trouvait lestée d'une contrainte supplémentaire avec le décompte des coupons encaissés ». Malgré ces exigences, la banque des Champs-Élysées a bouclé le projet en trois mois. Une fort belle performance, analysée avec fierté en mars 1999 dans *CCF Ressources*, la revue maison.

La responsable du « service clients et du développement auprès des réseaux de distribution » chez CCF Capital Management le confirme : « La simplicité du produit a été un élément important mais c'est surtout notre approche marketing qui a convaincu. Nous avons immédiatement fourni à Carrefour un argumentaire commercial, des propositions de plaquettes publicitaires et du matériel de formation. Livré clés en main, le fonds Garantie Europe a permis de consolider le partenariat entre CCF Capital Management, concepteur et gérant du fonds, et Carrefour, une enseigne qui possède un potentiel formidable de distribution à travers le monde. » Incontournables, les grands distributeurs le sont devenus dans le domaine financier aussi.

Le directeur de Carrefour Services financiers est optimiste : « Carrefour Garantie Europe a reçu un bon accueil, avec 10 400 comptes ouverts en 1998 sur deux mois pour un encours de 180 millions de francs. Cette épargne avoisine 17 000 francs en moyenne par compte et est vendue facilement par nos hôtesses. Elles ont un contact très personnalisé avec la clientèle, moins intimidant qu'avec le banquier. Nous faisons aussi de gros efforts de professionnalisation et de formation. La vente de produits financiers fait partie de la vocation d'un grand distributeur. Le marché de l'épargne, qui représente 7,5 milliards de francs d'en-cours chez Carrefour, est un métier qu'il nous reste à conquérir. Notre métier consiste en effet à deviner le type de produit que les clients ont envie d'acheter afin de le leur proposer. Et ce n'est pas nécessairement une boîte de petits pois... » On ne peut être plus clair. Les banquiers sont prévenus.

Au CCF, comme ailleurs, on est conscient du risque : « Même si les banques continueront de commercialiser des produits financiers, elles seront concurrencées par d'autres réseaux, tels que la grande distribution. » On se rassure en disant qu'« il était donc impératif d'anticiper, en emboîtant le pas de la grande distribution, sans toutefois délaisser les réseaux bancaires traditionnels ». Les « stratèges » de l'agroalimentaire ont tenu le même raisonnement, il y a plus de dix ans, avec le succès que l'on sait.

Il ne reste plus qu'à imaginer, lorsque ces services se seront développés et généralisés, la force qu'ils représenteront et la puissance d'achat qu'ils conféreront à la grande distribution à l'égard des réseaux bancaires ou d'assurances. Les distributeurs ne seront pas perdants. Ils casseront les prix pour mieux capter la clientèle de ces entreprises, et exigeront de leurs sous-traitants (les banques et les compagnies d'assurances) des prix extrêmement tendus. Ces derniers devront, pour résister, adopter les mêmes méthodes et comprimer leurs propres prix de revient et frais de gestion. Ils le devront pour que leurs produits soient référencés par ces grands noms de la distribution. Ils le devront aussi pour que leurs propres produits demeurent compétitifs, face à ces nouveaux concurrents.

Les salaires et les charges sociales sont des postes significatifs des comptes de résultat de ces entreprises. À titre préventif, elles vont devoir s'adapter et, à leur tour, réaliser des gains de productivité. De gré ou de force, sauf à se saborder, la banque et l'assurance vont devoir licencier, liquider, supprimer des emplois, par milliers. Cela n'interpellera pas davantage l'opinion publique que lorsqu'il s'est agi des salariés des revendeurs d'antennes paraboliques ou de micro-informatique, des bijoutiers, des exploitants d'agences de voyages, de réservation de billets de spectacles ou de la lente, mais inexorable, transhumance des ruraux vers les villes.

Au bureau comme à la maison

La grande distribution s'intéresse, de très près, au marché rémunérateur du matériel et des fournitures de bureau. Vingt milliards sont dépensés chaque année en seules fournitures de bureau sur les plus de 30 milliards de francs que représente ce marché. Carrefour, qui distribuait déjà sous le label Office Dépôt, s'est allié au groupe allemand Métro, pour distribuer sous l'enseigne Métro Bureau. Top Office est une filiale commune de Guilbert et de Kiabi, elle-même enseigne spécialisée du groupe Auchan. Pour se développer sans subir les foudres des commerçants de proximité, ces enseignes spécialisées exigent de leurs clients la possession d'une carte d'accès, qu'elles délivrent sur des critères peu regardants. Une façon élégante d'accroître les surfaces de ventes, en contournant l'inappliquée loi sur l'urbanisme commercial.

Autre habile démarche de nos grands distributeurs pour contourner la loi Raffarin, rendant plus difficile l'agrandissement des points de vente existants : ils externalisent certaines de leurs nouvelles activités en dehors de leurs surfaces de ventes traditionnelles. Cette démarche leur permet de redorer leur image, en se positionnant en professionnels dans des domaines où l'aspect technique ne fait pas bon ménage avec la promiscuité des rayons généralistes. Les grands distributeurs en profitent pour réaliser de très belles marges au passage. Cette démarche passe par des enseignes spécialisées, qui ne permettent pas toujours au consommateur de faire le lien entre les différents opérateurs. Boulanger, enseigne spécialisée d'Auchan, en est un exemple.

Leclerc va lancer une chaîne de parfumerie. Ses magasins seront situés dans les galeries commerciales, mais leur parenté avec les Centres ne sera pas détectable aux yeux du consommateur non initié. L'or attire les grands distributeurs. Leclerc a ouvert plus de 200 « manèges à bijoux ». Carrefour compte une centaine de « Polygone Or » alors que chez Auchan les « Sélection d'orfèvres » sont déjà une cinquantaine. Les bijoutiers de quartier comptent les chandelles, cependant que 36 % des ventes de bijoux passent désormais par la grande distribution.

Le vin, et les foires qui l'accompagnent, ont fait une entrée tonitruante dans les rayons de la grande distribution, depuis quelques années. Leclerc domine ce secteur avec 15 % des parts de ce lucratif marché, devant Intermarché et Carrefour réalisant un honorable 12 % chacun. Seuls les champagnes et les bourgognes font encore de la résistance. Les plus grands crus de Bordeaux s'exposent désormais, sans vergogne, sur les rayons de la grande distribution. Les centrales d'achats s'engagent sur le long terme et achètent deux ans à l'avance la majeure partie de la production des viticulteurs, bien avant de savoir quelle en sera la qualité finale. Cela donne l'assurance au producteur d'écouler ses moins bonnes années sans souci. Les meilleurs millésimes sont captés par la grande distribution, à un prix convenu à l'avance, qui ne tient pas compte de l'excellence de la qualité.

Le verdict connu, les propriétaires récoltants essayent de valoriser les quantités dont ils disposent, souvent guère plus de 10 % de la récolte, au prix de la cote établie par l'inévitable Robert Parker, ce gourou américain qui fait et défait la réputation des châteaux dans le monde entier. Ainsi, d'excellents millésimes peuvent être vendus moins cher dans les rayons de la grande distribution, qui ne se prive pas pour autant de réaliser de confortables marges.

Auchan fait l'actualité

Le mercredi 19 mai 1999, un titre racoleur, « La ruée vers le frais », barre une page entière de l'édition seine-et-marnaise du quotidien *Le Parisien.* L'événement est à la taille de l'espace journalistique qui lui est consacré : un nouvel hypermarché, à l'enseigne Les Halles d'Auchan, vient d'ouvrir ses portes sur les 4 000 m^2 qu'occupait feu Mammouth à Chelles en Seine-et-Marne.

« Une heure après l'ouverture, le parking de 400 places affiche complet. Les parcs à chariots se vident en vitesse et les files d'attente commencent à se former devant les 22 caisses. Au rayon charcuterie près de l'entrée, l'employée découpe du jambon devant les clients. Elle est vêtue de blanc avec une charlotte sur la tête. Ambiance laboratoire. »

Le lendemain de la parution de cet article, c'est au tour de l'édition des Yvelines du même quotidien[2] d'informer ses lecteurs de l'ouverture à Coignères d'un magasin Auchan entièrement dédié aux boissons. Le directeur de ce nouveau concept est confiant : « Nous avons vu passer 20 000 clients depuis l'ouverture. La moyenne des achats va de 250 à 500 francs. La cave a déjà vécu un record : un passionné a dépensé 73 000 francs d'un coup ! »

Le Parisien cite un sceptique : « Les alcools sont aussi chers qu'au supermarché Auchan voisin », grommelle un client. Le directeur du magasin ne le dément pas : « Sur les 20 à 25 % d'articles communs avec le centre commercial Auchan de Maurepas, les prix sont à peu près les mêmes. » Auchan aussi cher qu'Auchan ! Qu'en sera-t-il lorsque, à force d'absorption et de concentration, le choix ne sera plus qu'entre un distributeur et son homologue de la même famille ?

Ils le disent avec des fleurs

On observe aussi une montée en puissance de la grande distribution dans le commerce floral depuis quelques années. Elle s'est accaparé plus de 23 % du marché des fleurs et plantes, et ce n'est qu'un début.

Les centrales d'achats appliquent, à ce secteur parcellisé, les méthodes qu'elles ont mises en œuvre pour traiter d'autres marchés de masse : diversification des approvisionnements, logistique pointue pour maîtriser des produits ultra-fins, variété de l'offre, garantie de qualité allant même jusqu'à exiger l'apposition d'une date de péremption.

Depuis un an, en plus de ses rayons dédiés, Carrefour commercialise des fleurs dans les boutiques spécialisées qu'il a rachetées au hollandais Van Duyne et rebaptisées Pleine Saison. Le marché est estimé à 13 milliards de francs et à 200 millions de bouquets, bottes et plantes.

Le positionnement spectaculaire de la grande distribution sur ce nouveau créneau permet à Carrefour de revendiquer, dès aujourd'hui, la place tant convoitée de premier fleuriste de France.

Nouvelle diversification : depuis le 1er janvier 1999[3], il suffit aux clients de Continent, porteurs de la carte de fidélité du groupe Promodès, de composer un numéro « indigo » pour bénéficier 24 heures sur 24 et 7 jours sur 7 des services de l'un des 2 500 artisans représentant 21 corps de métiers susceptibles d'intervenir à la demande de l'enseigne. Le distributeur, qui a autre chose à faire, ne passe pas son temps à gérer et à organiser les plannings des électriciens et des serruriers. La prestation est sous-traitée à une société espagnole : Multi-Assistance, qui proposait déjà ce type de services aux clients de Promodès en Espagne. Un pays où « le coût social est beaucoup moins cher ».

En France, Continent facture le client final. Les artisans assument leurs propres charges sociales, tout comme leurs moments de sous-activité. Tout le monde est content.

La voiture de Monsieur est avancée

Depuis mars 1999, stationnent sur le parking des magasins Casino de Toulouse, Saint-Raphaël et Aix-en-Provence de petits véhicules électriques, importés tout droit des États-Unis. Ils sont destinés à raccompagner, leurs emplettes terminées, les consommateurs jusqu'à leur domicile. Il a été observé que les passagers de ces drôles de machines consomment en moyenne deux fois plus que les autres clients de ces magasins. Le système, qui pourrait être étendu, vient encore de s'améliorer. Désormais, sur un simple appel téléphonique, un chauffeur vient cueillir le consommateur au pied de son immeuble.

Les grands distributeurs en avaient rêvé, Géant Casino l'a fait ! En juin 1999, apparaît pour la première fois dans les rayons d'un hypermarché une automobile, une Daewoo Nubira. Affichée à 109 500 francs chez les concessionnaires de la marque coréenne, elle est littéralement bradée chez Géant Casino où elle s'affiche à 79 900 francs. Un rabais de 30 000 francs. Même les concessionnaires de la marque, qui ont le plus grand mal à les écouler, les payent plus cher à l'importateur. Du jamais-vu !

L'hebdomadaire *Auto-Plus* analyse les motivations de cette inédite opération[4] : « L'automobile représente le deuxième budget des ménages. Une manne financière que les hyper et supermarchés n'ont réussi à capter qu'en partie, via la distribution de carburants, d'accessoires automobiles et les opérations d'entretien réalisées dans les centres autos. » Les hypermarchés peuvent accueillir les expositions temporaires des concessionnaires dans leurs galeries commerciales, mais ils ne peuvent, légalement, pas exposer des voitures neuves dans leurs rayons, pour leur propre compte. L'activité est, en effet, réservée aux seuls professionnels jusqu'en 2002, date de l'échéance de la directive européenne réglementant la distribution automobile.

L'opération de Casino ne paraît pas être illégale puisque le distributeur ne se serait pas approvisionné directement chez le constructeur coréen. Elle fait néanmoins grand bruit dans le petit monde de l'automobile et l'importateur ne tardera pas à devoir se justifier. La société Daewoo France convoque, le 8 juin, une conférence de presse et jure la main sur le cœur qu'elle ignore la provenance des 308 Nubira proposées à la vente dans les rayons de Géant Casino. Chez les professionnels, c'est un tollé. La direction de Daewoo se ravise et donne, le 10 juin, une nouvelle version : « Nous nous sommes fait berner par un mystérieux négociant français, qui nous avait proposé de nous débarrasser de 308 voitures, invendables puisque devant être remplacées par un nouveau modèle. » Chez l'importateur, on se dit persuadé que ces voitures étaient destinées à l'exportation, probablement à un pays de l'Europe de l'Est.

Les 308 Nubira, toutes du même modèle, sont livrées en finition « supérieure », équipées de moteurs 2 litres. « Avec 27 % de remise, c'est en apparence une super affaire », souligne Pascal Pennec dans *Auto-Plus*. À y regarder de plus près : « La Nubira est une voiture de conception assez ancienne, le modèle est en fin de carrière et il sera remplacé à très court terme. Il s'agit, surtout, d'une 10 chevaux fiscaux, invendable sur le marché de l'occasion ! » Le prix ne justifie pas tout. Alors que le changement de millésime se fait au 1er juillet de chaque année, les modèles proposés à la vente en juin 1999 sont encore du millésime 99.

Coup de bluff ou coup de pub, quelques jours plus tard les concessionnaires Daewoo proposent des Nubira à 79 900 francs comme chez Géant Casino. Il s'agit cette fois de modèles bénéficiant des améliorations du millésime 2000 et, pour un franc de plus, la voiture peut même être équipée de la climatisation. Le 1er juillet 1999, 308 heureux clients de Géant Casino sont donc partis fièrement sous la canicule, au volant de leurs Nubira 1999 neuves mais déjà vieilles d'un an, payées le même prix qu'un modèle 2000, mais sans climatisation ! Dans le grand commerce, le client est toujours le roi...

L'affaire n'est pas sans rappeler celle de ces micro-ordinateurs vendus dans les rayons de certaines grandes surfaces, peu avant les fêtes de Noël 1998, et que les spécialistes dénonçaient, quelques mois plus tard, comme incapables de franchir le cap de l'an 2000 !

Les grands distributeurs aiment le commerce de proximité

« Au cœur de nos cités, ce sont les grandes chaînes capitalistes qui tissent désormais la toile reliant les milliers de commerces spécialisés, les mini-supérettes discount (Ed, Aldi, Norma, Franprix, etc.) non assujettis à la réglementation. » Ce n'est pas Lucien Rebuffel qui le dit mais Michel-Édouard Leclerc[5] Comme le loup a un penchant pour le Petit Chaperon rouge, la grande distribution est en train d'intégrer « les Arabes du coin ». Franchise pour les uns, accords exclusifs d'approvisionnement pour les autres, 12 000 épiceries de proximité, représentant 40 % des boutiques de quartier, ont déjà été phagocytées. Dix-huit mille restent à conquérir.

Ouverts tard le soir, le dimanche et les jours fériés, ces épiciers sont fort appréciés des citadins pressés. Ces commerçants achètent en faible quantité. Bien que leurs prix soient plus élevés que dans les hypermarchés, leurs marges n'en sont pas pour autant mirifiques, bien au contraire. En leur accordant des remises allant de 15 à 20 %, les centrales d'achat se font séduisantes et trouvent là une aubaine leur permettant d'engranger des profits décuplés. Par ce biais elles acquièrent à bon compte des positions stratégiques au cœur même des villes.

Le mot concurrence fait désormais partie du passé : hypermarché, supermarché, supérette ou épicier du coin... il est désormais devenu impossible de ne pas consommer grande distribution.

Un Djerbien, cette île de Tunisie d'où sont originaires nombre de ces épiciers de quartiers, raconte dans les colonnes de l'hebdomadaire *Marianne*[6] comment le miracle s'est opéré : « Un coup de peinture, une réorganisation de l'espace de ventes[7], des photos de Zidane[8] omniprésentes dans la petite boutique et les clients se mettent à affluer. » Le chiffre d'affaires a été multiplié par trois. Les autres, ceux qui s'accrochent à leur indépendance, ont de plus en plus de mal à résister. De 120 000 en 1980, les épiciers ne sont plus que 30 000 et l'érosion continue. Cernés par les hypermarchés de la périphérie, les supermarchés des centres-villes, les supérettes de proximité et maintenant leurs compatriotes roulant pour la même grande distribution, ils ne voient pas l'avenir avec optimisme.

Marianne, pour sa part, ne voit pas que des avantages dans cette évolution : « Elle génère une terrible déflation, évidemment répercutée sur les producteurs, et le commerçant perd son autonomie du fait de son partenariat avec ces grosses enseignes. La politique des prix échappe complètement à l'épicier. Les contrats définissent le prix d'achat et souvent le prix de vente auxquels il est tenu de se conformer. » Contrairement à la centrale d'achats, l'épicier arabe ne peut évoquer l'intérêt du consommateur pour exiger des prix de son fournisseur. Citant Jacques Maillot, le président fondateur de Nouvelles Frontières : « S'il n'y a pas concurrence, le consommateur n'a pas de liberté de choix ! Mais la concurrence organisée, c'est du protectionnisme !... »

Michel-Édouard Leclerc déclarait en 1993[9] : « Les discours protectionnistes font la loi. Les libéraux se planquent. Parler de déréglementation ou de concurrence devient une provocation ! Oser évoquer l'intérêt du consommateur devient franchement déplacé. On gêne ! » Ce qu'elles réclament pour elles, les centrales d'achats l'interdisent pourtant aux épiciers de quartier.

Marianne résume : « Perte de liberté en matière de prix, d'organisation, de choix des produits, de politique commerciale et obligations minimales de livraison, seuls les risques commerciaux et financiers restent en fait à la charge de l'épicier. Et pas question du moindre retard de paiement, sinon, toutes les livraisons s'arrêtent, sans possibilité légale de faire appel à un autre fournisseur. » Il ne faut rien exagérer. En cas de difficulté, là encore, les grands distributeurs sauraient tendre la main, pleine de petits francs bien symboliques.

Moins cher que moins cher : ce n'est pas possible

Les caméras de M6 ont enquêté pour l'émission « Capital » chez les revendeurs d'appareils électroménagers et chez les grands distributeurs, tous réputés se livrer une guerre farouche sur les prix. Un lave-linge largement plébiscité par les ménagères a été retenu pour l'enquête. L'appareil est affiché chez Darty, le leader national, à 4 290 francs. Chez Boulanger, Auchan, Carrefour, Continent, au B.H.V., comme chez les autres, il est aussi à 4 290 francs. Les journalistes renouvellent l'expérience avec un téléviseur proposé à 2 990 francs. Le constat est le même. Entente ? Les grands distributeurs s'en défendent : « Les espions chargés de relever les prix de la concurrence font bien leur travail. Et comme tout le monde épie tout le monde, les prix sont les mêmes partout. » Les grands distributeurs, spécialistes ou généralistes, se livreraient donc une concurrence farouche pour nous consentir les mêmes sacrifices et nous offrir les prix les plus bas en rognant sur leurs marges appauvries ?

Dans les banlieues, au sortir des agglomérations, dans des zones d'activités peu fréquentées, existe une autre race de magasins moins chers de 15 à 20 % en moyenne. Recel ? Marchandises tombées du camion ? Rien de tout cela.

Bien qu'ils paient leurs salariés, leurs impôts, leurs charges sociales et respectent toutes leurs obligations, ces commerçants vivent dans la quasi-clandestinité que leur impose la grande distribution. Dans son jargon, elle appelle ces irréductibles des « sous-marins ». Pour pouvoir exister, ils ne doivent pas faire de publicité et sont contraints de limiter l'accès de leurs magasins aux seuls clients titulaires de « passeports » : les plus exotiques : une carte de fonctionnaire, de membre de collectivité, d'enseignant, de club de sport, syndicale ou délivrée par un comité d'entreprise, fera l'affaire. La présentation d'un simple guide d'achat suffit le plus souvent pour se faire ouvrir toutes grandes les portes de ces magasins secrets. Aucune loi ne leur interdit de faire de la publicité. Aucune loi ne leur impose de limiter ainsi l'accès de leurs magasins. Aucune loi, pourtant...

Quelques-uns se sont risqués à faire de la publicité en communiquant sur des prix affichés meilleur marché que chez « les moins chers unanimes ». Aussitôt, de lourdes pressions ont été exercées sur les fabricants. Ils n'ont pas refusé de les livrer : le refus de vente est légalement interdit et passible de sanctions pénales. Curieusement, les fournisseurs (ces industriels qui se plaignent des pratiques abusives de la grande distribution à leur égard) ont allongé leurs délais de livraison. Les modèles commandés sont devenus indisponibles. Les tarifs et les conditions de vente ont été modifiés au point d'en devenir dissuasifs. Pour s'approvisionner, les sous-marins ont dû se rabattre sur des sous-marques ou des produits de seconde catégorie. Dans un cas comme dans l'autre, les produits ne sont plus comparables à ceux des grands réseaux et ne répondent plus à la demande de la clientèle. Immanquablement, celle-ci se détourne alors de ces audacieux qui avaient voulu croire en ces slogans usés : libéralisme, liberté des prix, libre concurrence, défense du consommateur, lutte contre la vie chère, qui font encore la fortune des grands distributeurs.

L'avenir est prometteur

Après le commerce, l'artisanat, l'agriculture, l'industrie, ce sont maintenant de nouveaux secteurs que les grands distributeurs investissent. Avec les mêmes techniques, avec des moyens renforcés, plus performants encore. Cela leur est d'autant plus facile que leur force de négociation leur permet d'acheter aux conditions qu'ils se sont fixées. Les disquaires n'y ont pas survécu. Les marchands de jouets ne s'en sont pas remis. Les revendeurs d'électroménager ont disparu. Les pétroliers eux-mêmes n'y résistent plus. Et ce n'est qu'un début. Les salariés n'ont pas leur place dans ce débat.

Mariage de raison

Casino et Cora viennent de regrouper leurs puissances d'achats. À leur tour, Leclerc et Système U se sont unis, tout en restant indépendants, pour acheter « à de meilleures conditions » et « peser » sur ceux qui ne peuvent faire autrement que de commercer avec la grande distribution. Pour fêter dignement l'événement, Leclerc et Système U réclament à leurs fournisseurs une « dîme » de 2 % de remise supplémentaire [10] que le mensuel *Capital* estime à 4 milliards de francs.

Carrefour et Promodès se marient. Le nouveau groupe devient le numéro 1 européen et détient déjà 29 % de parts du marché alimentaire français. Lucie (Leclerc allié à Système U) représente 22 % des parts de marché des centrales d'achats. Opéra (centrale d'achats regroupant Casino et Cora, mais aussi Franprix, Leader Price, Monoprix-Prisunic...) représente 19 %. Auchan les talonne avec 14 %, devant Intermarché à 13 %. Cinq centrales feront désormais la loi face aux industriels. Les trois premières représentent à elles seules 70 % du marché et les regroupements sont loin d'être terminés.

La mondialisation et le phénomène de concentration qu'elle induit ne vont pas faciliter les négociations commerciales avec ces oligarchies de la grande consommation. Julie Chauveau [11] cite un professionnel qui réalise quelque 400 millions de francs de chiffre d'affaires avec les centrales d'achats de la grande distribution : « On sait que le rapprochement entre deux enseignes se traduit généralement par l'exigence d'un surcroît de ristournes, que ce soit pour la rémunération de services supplémentaires (réels ou fictifs) ou en raison de l'alignement des conditions commerciales des deux groupes sur celles du mieux traité. Autrefois, il y avait des dizaines de distributeurs. Aujourd'hui, on arrive au bout du processus de concentration. Le dernier rapprochement en date, entre Casino et Cora, va nous coûter plusieurs millions de francs mais ne nous apportera rien de concret. »

« Les concentrations en cours entre les grandes enseignes de distribution, la constitution de supercentrales d'achats, Leclerc-Système U ou Casino-Cora en France, contribuent à faire peser un poids de plus en plus lourd sur les fournisseurs », affirme Pascal Galinier dans *Le Monde*[12]. Nos ministres n'ont pas le temps de lire la presse.

Les industriels, quant à eux, essayent enfin de s'organiser. L'anglais Reckitt and Colman[13] vient d'épouser le néerlandais Benckiser[14] pour tenter de résister à la montée en puissance des grandes surfaces. Les fournisseurs de la grande distribution française se sont regroupés au sein de l'Institut de liaison et d'études des industries de la consommation (ILEC). L'organisme a été créé pour faire face au diktat des grands distributeurs. Il regroupe 150 sociétés parmi les plus grands noms de l'industrie des produits de grande consommation tels que Béghin-Say, Coca-Cola, Danone, L'Oréal, Nestlé, Procter & Gamble, Unilever... Les fournisseurs, confrontés à l'émergence de véritables positions dominantes dues au regroupement des centrales d'achats de la grande distribution, n'avaient jamais entrepris d'actions légales pour en contester le principe et les conséquences. Cette nouvelle donne n'est, paraît-il, pas faite pour déplaire à la Direction générale de la consommation, de la concurrence et de la répression des fraudes, qui se dit « disposée à suivre de très près le dossier des relations fournisseurs-distributeurs », tout en ajoutant aussitôt « ne pouvoir se substituer aux fabricants pour demander l'ouverture d'une enquête ».

Les industriels français sortent de leur introversion et se font plus pressants. Dans une circulaire envoyée en mai 1999 à l'ensemble des distributeurs nationaux, l'ILEC menace, pour la première fois, d'utiliser les « voies de droit » à sa disposition, « si, à l'occasion des récents rapprochements de centrales d'achat, les entreprises tentent d'abuser de leur position dominante ». La lettre de l'ILEC situe le débat sur le seul plan juridique : « Quand deux entreprises fusionnent, nous n'avons pas de commentaire public à faire, car ces opérations sont placées sous le contrôle des autorités de la concurrence, européennes ou françaises : mais quand il s'agit de rapprochements sans liens capitalistiques entre des firmes ou des groupes qui restent indépendants les uns des autres, la situation est différente. C'est la législation sur les ententes qui s'applique. Si les entreprises tentent de bénéficier d'avantages sans contrepartie et sans apporter de débouchés supplémentaires, on peut considérer qu'elles abusent de leur position dominante et placent leurs fournisseurs en état de dépendance économique. » Cette fois l'ILEC s'adresse au Conseil de la concurrence français et à la Direction générale de la concurrence européenne. Il aurait bien voulu conserver un caractère confidentiel à son action et sa lettre n'aurait jamais dû parvenir dans les salles de rédaction. Paradoxe ! c'est Michel-Édouard Leclerc qui en a révélé l'existence, en essayant de retourner l'argument en faveur des mouvements de coopératives de commerçants. Au début de l'année 1999, l'Hollandais Durk Jager qui préside le groupe américain Procter & Gamble décide de mettre un terme à la pratique des marges arrière, cette « exception » imposée par les grands distributeurs français. Pour Philippe Charrier, qui dirige Procter-France, les marges arrière représentent de 8 à 30 % du chiffre d'affaires réalisé dans les hypers, selon les produits, soit une facture pour le groupe de 2 milliards de francs par an. « Farouchement opposés à toute remise en cause des marges arrière, la plupart des grands distributeurs ont répondu par un boycott des produits Procter[15]. » Durk Jager et Philippe Charrier n'ont pas pour autant fléchi : « D'abord, parce que la distribution ne peut se passer longtemps de marques comme Ariel, Pampers ou Always. Ensuite, parce que la France ne représente que 4 % des ventes du lessivier. Enfin, parce que Procter & Gamble a trouvé un allié de poids en la personne de Daniel Bemard, le patron de Carrefour, qui représente à lui seul un quart de la distribution française. À condition de bénéficier de relations resserrées avec Monsieur Propre, le numéro 1 des hypers aurait déjà négocié des baisses de tarifs contre une diminution de ses marges arrière », souligne Sylvain Courage. Les industriels observent avec intérêt l'évolution de ce bras de fer. Le mandat du président de l'ILEC étant venu à expiration, l'institut a désigné à sa tête, le 15 décembre 1999, Louis-Claude Salomon, ex-directeur commercial France de Procter & Gamble [16].

32.

Les socialistes aiment la grande distribution

En 1983 déjà, Catherine Lalumière, ministre du Commerce et de l'Artisanat du gouvernement Mauroy, avait fait, entre l'épicerie à vocation planétaire et le commerce à taille humaine, le « bon choix ». Elle déclarait, à propos de revendications de commerçants qualifiés à l'époque de poujadistes : « Je suis à la tête d'un ministère indépendant et imperméable aux revendications des professionnels. »

Quinze années plus tard, une autre femme, socialiste elle aussi, lui a succédé aux commandes du ministère, rétrogradé depuis au rang de secrétariat d'État.

Pendant que nos concitoyens faisaient la fortune des grandes surfaces qui jalonnent la route de leurs vacances, un titre accablant s'étalait dans un grand quotidien économique[1], au cœur de l'été 1998 : « Les autorisations de grandes surfaces ont été moins restrictives en 1997 » : « Discrètement libérale, la politique de la secrétaire d'État au Commerce, Marylise Lebranchu, a favorisé les autorisations d'ouverture de grandes surfaces : 1,24 million de mètres carrés de surface de vente l'an dernier, contre 576 700 en 1996. »

Une femme du terroir

Nommée le 4 juin 1997 dans le premier gouvernement Jospin en tant que secrétaire d'État chargée des PME et de ce qu'il reste du Commerce et de l'Artisanat, l'élue bretonne ne peut être taxée de parisianisme. Présidente du syndicat intercommunal à vocation multiple de Morlaix et chargée de cours à l'Université de Bretagne occidentale, elle a donné des instructions aux préfets pour qu'ils abandonnent la politique des recours systématiques du précédent gouvernement. De fait, le nombre de recours est tombé de 156 en 1996 à 13 en 1997. « Et encore, précise fièrement le secrétariat d'État, sur ces treize recours, dix l'ont été avant que nous n'arrivions au gouvernement. »

Les préfets peuvent dormir tranquilles, les affaires reprennent.

Les fameuses CDEC présentées comme *l'arme absolue* devant stopper l'implantation de nouvelles grandes surfaces ont bien travaillé en 1997. Un an après les lois Raffarin et Galland, 1 757 projets leur ont été soumis, représentant plus de 1 700 000 m^2 de nouvelles surfaces de vente. Les demandes des distributeurs ont reçu, dans 68,2 % des cas, un accueil favorable. En mètres carrés, les chiffres sont encore plus éloquents. En 1997, 72 % des surfaces demandées ont été autorisées alors que les chiffres n'étaient que de 48 % pour 1996 et de 43 % pour 1995.

Dans une interview accordée au quotidien *Les Échos*[2] la sous-ministre Marylise Lebranchu explique son impuissance et l'état de désuétude et de misère dans lequel se trouve son ministère en matière d'information : « Aujourd'hui, nous n'avons pas d'autre instrument d'analyse que des statistiques sur les autorisations de mètres carrés. Cela reste très quantitatif. » Pour le qualitatif, on attendra les résultats des travaux du nouvel

Observatoire national du commerce qui vient d'être créé. Ce nouvel instrument succède à l'éphémère Observatoire national de l'équipement commercial, mis en place par Alain Juppé, mais qui, dissous avec lui, n'a jamais pu fonctionner. Ces « observatoires » succédant aux « commissions » sont une spécificité française, permettant de ne pas prendre de décision...

Ils savent pourquoi

La droite française a déçu les libéraux. La gauche a depuis longtemps pris sa place dans le cœur des grands distributeurs. C'est peut-être pour cela que certains d'entre eux se laissèrent aller, un an après le retour de la droite au pouvoir en 1995, à de bien curieuses confessions[3] : « Jacques Chirac a toujours ménagé les agriculteurs, les petites entreprises et les artisans. Il a toujours été attentif aux discours du président de la Confédération générale des petites et moyennes entreprises (CGPME). La Coordination rurale a fait de la grande distribution sa tête de Turc. »

Puis nostalgiques : « La gauche nous aimait bien. Elle considérait que nous l'aidions en créant des emplois de salariés plus prompts à voter à gauche qu'à droite. »

Personne ne peut le nier : la grande distribution crée des emplois de salariés sous-prolétarisés « plus prompts à voter à gauche » et pour une durée « indéterminée ». Et si tous ceux dont les emplois sont détruits par le grand commerce sont autant de « convertis » potentiels, la gauche tricolore a un bel avenir devant elle ! De tels propos auraient pu être considérés comme injurieux pour les penseurs de gauche. Il n'en a rien été, bien au contraire. Ils ont été reçus comme autant d'encouragements.

Après la droite, la gauche revint aux affaires avec un nouveau Premier ministre. Deux années à peine après la mise en place du gouvernement Jospin, c'est plus d'un million de mètres carrés supplémentaires qui ont été généreusement accordés par la gauche plurielle à ses amis de toujours. Approche singulière des maux de notre société. Devant la presse[4], Michel-Édouard Leclerc, réputé pour être proche des courants libéraux, ne tarit pas d'éloges pour la politique économique du très libéral Lionel Jospin : « Les socialistes, ce sont des gens plus sérieux que les gens de droite. Ils font beaucoup de choses bien au niveau économique. Ils ont appris ce qu'était la culture d'entreprise et à être rigoureux. C'est pour cela que je pense beaucoup de bien d'eux. Mais il ne faut surtout pas le leur dire, ça pourrait leur donner l'idée de changer de politique. »

Conclusion

La grande confiscation

La grande distribution s'est approprié en quelques années des pans entiers de nos économies et, bien plus grave, de notre économie. Son objectif aujourd'hui est clair : il s'agit d'interrompre la chaîne, le plus tôt possible en amont. L'argent distribué sous forme de pouvoir d'achat doit être limité aux seuls acteurs économiques indispensables, en en restreignant le nombre, chaque fois que cela est possible. Le cheminement est savamment balisé. Le temps pendant lequel il circule entre les mains de ses utilisateurs provisoires et le moment où il doit revenir définitivement dans les caisses de nos grands capitalistes financiers doit être le plus court possible. Il n'y a pas de temps à perdre.

La suppression des intermédiaires nous a conduits à raccourcir les circuits économiques, en passant directement du producteur au consommateur, via le puissant grand distributeur. Les écarts entre prix à la production et prix dans le panier de la ménagère sont restés les mêmes. Seul le nombre des bénéficiaires s'est considérablement restreint. Des empires se sont constitués sur nos friches commerciales et industrielles, sur le principe de la délocalisation organisée en méthode de gestion, sur celui de la désindustrialisation et sur la déshumanisation de notre pays. Les bénéfices servent à auto-alimenter un système sans cesse plus destructeur et plus confiscateur, au seul profit des prédateurs de l'économie moderne. Leur objectif est clair : accaparer à leur seul bénéfice l'ensemble des secteurs marchands encore générateurs de profits.

Notre appauvrissement fera leur richesse

Du système de distribution moderne et performant de l'origine, la grande distribution n'a pas tardé à dévier vers un système extrêmement pervers qui l'a conduite à séduire le consommateur en l'appauvrissant chaque jour davantage. Le client appauvri recherche des prix bas. Il n'a plus le choix. Elle prétend vendre moins cher mais il n'est pas question pour elle que cela se ressente sur ses marges ni sur ses bénéfices. Elle ponctionne donc sans cesse ses fournisseurs, qui sont aussi nos employeurs. Ces derniers sont tellement « taxés » qu'ils tendent à disparaître, laissant la place à leurs concurrents étrangers.

Pour résister et offrir des prix sans cesse plus bas à des centrales d'achat insatiables, les fournisseurs doivent comprimer leurs coûts. Ils mécanisent, robotisent, rationalisent et dégraissent. C'est leur seul moyen de survie. Ils sont de plus en plus conduits à importer ou délocaliser.

Pour mener à bien son œuvre de destruction, la grande distribution bénéficie de la collaboration d'alliés incontournables : les consommateurs. Plus nous cantonnons notre consommation dans ces machines à fabriquer de la misère et plus nous nous rendons vulnérables. Plus nous nous appauvrissons, plus nous recherchons des prix et plus nous sommes nombreux à nous ruer dans les rayons de « la grande dérision ». Les prédateurs l'ont bien compris qui axent leurs campagnes de communication, quasiment exclusivement, sur les prix. Ces prix anormalement bas, puisque vidés de la quote-part de masse salariale qu'ils devraient contenir, ne sont pas ceux que les grands distributeurs *consentent* par leurs efforts financiers, mais bien ceux qu'ils obtiennent par tous les moyens, y compris celui de l'anéantissement de l'offre de travail. Le mécanisme est machiavélique, remarquablement huilé, imparable. Le crime est parfait et la victime consentante. Il était difficile de rêver mieux.

L'État c'est les autres

Les salaires que nous ne payons plus aux salariés pour le travail qu'ils ne font plus sont transférés sur la collectivité, via la protection sociale. Ce que nous ne payons plus à la caisse des commerçants, nous le payons sous forme de prélèvements sans cesse augmentés. La misère, la pauvreté et le désespoir sont en prime. Cela conduit à un renchérissement du coût du travail et donc des prix industriels. Cela induit inexorablement une baisse de compétitivité des entreprises nationales au profit d'une concurrence étrangère mieux disante à l'égard des centrales d'achats. Dans ce système pervers, le montant des charges et des impôts est déjà insuffisant pour faire face aux obligations inflationnistes de la couverture sociale, puisqu'il y a de moins en moins de cotisants et de plus en plus de besoins. Sournoisement, les prestations commencent, elles aussi, à s'appauvrir. Dans ce système qui marche sur la tête, le social coûte de plus en plus cher pour que les plus défavorisés soient de moins en moins bien traités.

Le capitalisme est en train de muter. Un ultra-capitalisme centralisateur, confiscateur et dominateur s'installe silencieusement et irrémédiablement. Des puissances nouvelles, aux pouvoirs illimités, s'approprient le monde. Les valeurs économiques l'emportent sur toutes autres considérations. L'argent roi a noyauté les mécanismes de notre société au point de la dominer avec insolence. Le pouvoir est confisqué par un système économique dévoué à la cause d'une poignée d'ultras sans scrupule. La société est déjà dominée par la puissance financière. Elle mute inexorablement en une véritable dictature économique.

Tous les chemins

Avec des intentions annoncées diamétralement opposées, le capitalisme sauvage et le collectivisme rampant parviennent, dans une complicité sans faille, au même résultat : l'effacement de l'Homme au profit de l'argent roi.

La grande distribution n'est pas seule responsable, mais elle a une large responsabilité dans la crise qui ne fait que commencer. Pour que ce système de distribution prenne la place qu'il occupe dans le cœur des Français, il aura fallu conjuguer les excès du commerce traditionnel, qui ignorait tout de la véritable concurrence, la corruption qui gangrène notre système politique, l'incurie de nos gestionnaires du court terme et l'aveuglement, le manque de discernement et la complicité sans faille des consommateurs que nous sommes. Forts de leur réussite incontestable au palmarès de cette dérisoire compétition, les Français exportent désormais leur savoir-faire. Grâce aux conquistadores du commerce déshumanisé, c'est un véritable cataclysme économique et humain qui se prépare à l'échelle européenne puis mondiale. Le modèle hexagonal est en marche. Les Français ne seront bientôt plus les seuls à connaître les charmes incommensurables du « capitaclysme à la française ».

Deux hypothèses

Les dirigeants politiques ont le choix entre deux politiques. L'une, courageuse, qui consisterait à réagir, à prendre les mesures qui s'imposent. Les relations commerciales seraient revues de façon à ce que la loyauté et l'éthique trouvent enfin leur place dans un réel partenariat. La vérité sur les prix serait assurée afin que puissent être mesurées sans détour la marge réelle des grands distributeurs et la quote-part de salaires et charges sociales incluse dans les prix de cession. Cette observation permettrait de privilégier les activités et filières fortement créatrices d'emplois.

Si les Européens se mettaient d'accord pour harmoniser l'étiquetage des prix de vente, les producteurs fixeraient le prix de vente au consommateur, comme pour les livres, les cigarettes ou les journaux. Les industriels auraient à se positionner par rapport à leurs concurrents et la concurrence jouerait à plein sur la prestation et le service.

Le ministère de l'Économie et des Finances, après avoir dressé un inventaire exhaustif des mètres carrés exploités, l'avoir comparé aux permis de construire et aux autorisations administratives nécessaires, pourrait, quant à lui, exiger la fermeture des surfaces exploitées illégalement. Une simple règle de trois permettrait de déterminer le chiffre d'affaires encaissé anormalement depuis le début de l'exploitation illicite. Les pénalités infligées aux délinquants serviraient à financer le redéploiement d'entreprises situées dans des secteurs identifiés comme étant grands consommateurs de main-d'œuvre.

Le problème du chômage serait approché par la création d'emplois réels favorisés par une approche économique des entraves à l'embauche, dans les PME et les PMI. Des réseaux de magasins « éthiques », offrant au consommateur des produits à marges raisonnables, non confiscatoires, pourraient se développer. Les prix seraient négociés dans le cadre des relations normales permettant de relocaliser et de redéployer une économie de plein-emploi. Les textes seraient modifiés pour permettre aux commerçants de s'approvisionner auprès des centrales d'achats de la grande distribution aux mêmes conditions que les hypermarchés, quelles que soient les quantités commandées.

Les prix des produits agricoles de qualité seraient largement revus à la hausse pour les producteurs. Cette mesure serait sans incidence pour le consommateur puisque la compensation se ferait sur les marges des distributeurs qui, démasqués, ne pourraient s'y opposer. Des mesures analogues seraient progressivement appliquées aux prix industriels. D'importantes mesures incitatoires permettraient de réorienter l'agriculture polluante vers une agriculture respectueuse de l'homme et de l'environnement.

Les autorités françaises prendraient toutes les mesures efficaces et nécessaires pour que cesse la corruption politique. Elles renonceraient à ces « amnisties déguisées » qui, régulièrement, se glissent subrepticement dans nos textes de lois.

Si le pouvoir politique tourne le dos à cette démarche de justice et d'efficacité, c'est qu'une fois de plus, il aura cédé à ses amis de toujours. Il se bornera à réunir quelques commissions présidées par des amis en attente d'un « grand destin » dont les conclusions se noieront dans des considérations générales.

Au cours de l'été 1999, profitant de l'incarcération largement médiatisée de leur leader, les militants de la Confédération paysanne ont attiré l'attention de l'opinion sur les relations producteurs/distributeurs. Le double étiquetage n'ayant pas suffi à calmer les esprits, le Premier ministre avait promis la réunion d'Assises de la distribution qui devaient se tenir, initialement, à la fin du premier trimestre 2000. À deux reprises, la date a été avancée pour qu'elles se tiennent finalement le 13 janvier 2000 à Paris, sous la haute protection d'un très impressionnant dispositif policier. Cette précipitation inexpliquée a obligé la mission d'information parlementaire dirigée par Jean-Yves Le Déaut (PS) à rendre sa copie[1] dans des délais extrêmements courts.

Reprenant les travaux de la mission d'information présidée par Jean-Paul Charié (RPR), elle constate que : « Les rapports entre les producteurs de biens de consommation (70 000 entreprises, 400 000 agriculteurs) et les 60 millions de consommateurs sont analogues au passage dans le goulot d'étranglement d'un sablier. Au point d'étranglement, cinq groupements de distributeurs contrôlent la vente de plus de 90 % des produits de grande consommation. » Pourtant les parlementaires se contentent de préconiser de bien modestes solutions. Pour eux, les ministres concernés ont les moyens des ambitions qu'ils voudront bien se donner : « Les textes législatifs peuvent et doivent être améliorés, mais il est d'abord indispensable de faire appliquer les textes existants. Les gouvernements, par une volonté politique plus ferme, doivent faire évoluer des cultures et des attitudes au sein de certaines de leurs propres administrations.»

Discrètement, les députés ajoutent même une bien curieuse proposition : « Notre souhait unanime d'accroître la présence des PME-PMI impose d'allonger les linéaires disponibles. Nous recommandons instamment de permettre aux enseignes d'accroître leurs surfaces de vente pour ces motifs. » Les hypermarchés n'osaient le demander !

Lionel Jospin, Christian Sautter, Jean Glavany et Marylise Lebranchu se sont succédé à la tribune pour présenter des propositions que les conseillers des grands distributeurs qualifient eux-mêmes de programme minimum : « Loin d'aboutir à la mise en place d'un nouvel arsenal législatif tant redouté, ces Assises se soldent par des propositions relativement modérées pour la distribution : corriger les déséquilibres les plus marqués, prévenir les abus qu'ils rendent possibles, garantir que ces actes seront sanctionnés. » Pourtant, Jean-Yves Le Déaut a mis en garde le gouvernement : « La mission d'information avertit solennellement qu'une nouvelle crise comme celle de l'été 1999 ne pourra pas être à nouveau amortie par les agriculteurs. »

Henri Loizeau décode pour *LSA*[2] (la revue des GMS) la méthode Jospin : « Ces Assises posent plus de questions qu'elles n'en résolvent. Aucun des problèmes à l'origine du mécontentement des producteurs de fruits et légumes, l'été dernier, n'est véritablement réglé. Il faudra attendre la fin d'un long débat parlementaire, dont tout porte à croire qu'il pourrait bien durcir les intentions gouvernementales, pour connaître les conditions exactes dans lesquelles distributeurs et fournisseurs seront appelés à évoluer. » Et de s'interroger sur les réelles intentions de réforme du personnel politique : « Un peu plus d'un mois après l'affirmation de l'émergence du citoyen-consommateur à Seattle, celui-ci est resté étrangement absent des débats des Assises. Or, c'est bien ce citoyen-consommateur qui, demain, pourrait, plus encore que les pouvoirs publics, arbitrer les différends entre fournisseurs et distributeurs. Avec notamment pour allié de poids le commerce électronique. »

Consciemment ou inconsciemment, nos dirigeants ont fait le jeu d'un pouvoir confiscateur, spéculateur et anti-économique. Le choix n'est pas entre un système capitaliste, mesuré, organisé autour de l'homme et de son environnement, et un autre système qui reste à inventer. Il nous est posé, faute de mieux, entre un capitalisme d'investissement, humain, social, de répartition équitable, et un capitalisme financier, spéculateur, déshumanisé, sauvage, tel que tentent de nous l'imposer ses intégristes, associés, en la circonstance, aux tenants du collectivisme administratif. Ce dernier, en organisant le pillage des petites et moyennes entreprises, ruine les initiatives humaines pour laisser la place aux multinationales déshumanisées. Nous arrivons à la fin de ce système.

C'est le consommateur qui décide, le citoyen qui vote et le contribuable qui paie. À chacun de prendre *ses* responsabilités en décidant dans le respect des autres... que nous sommes.

ANNEXES

Les principaux groupes de super et d'hypermarchés

AUCHAN

Raison sociale : AUCHAN

Création : 1961

Forme Juridique : SA

Capital : 529 238 000 de francs

Siège Social : 40, Avenue de Flandre - BP 139 - 59964 Cedex

Enseignes :

Hypermarchés :

Auchan, Alcampo, Jumbo, Citta Mercato, Atac, Eco Service, Sabeco, Supermercados Expresso, SMA, Robert.

Restauration :

Flunch, Pizza Pai, Pic Pain, Amarine.

Distribution Spécialisée :

Leroy Merlin, Décathlon, Kiabi, Boulanger, Alinea.

Dates clés :

1961 création par les exploitants de l'une des plus importantes filatures du nord, d'un premier magasin de 600 m² dans le quartier des "*Hauts Champs* " à Roubaix.
1967 ouverture du premier Hypermarché à Roncq dans la banlieue Lilloise.
1979 entrée des actionnaires d'Auchan dans le capital de Leroy Merlin.
1980 création de la société espagnole Alcampo
1982 entrée minoritaire des actionnaires d'Auchan dans le capital des établissements Boulanger
1984 création d'ARCI (Association pour les Relations Commerce-Industrie) supercentrale regroupant : Auchan, Miniper, Carrefour, Promodès, Casino, Comptoirs Modernes et Métro.
1984 ouverture du premier magasin franchisé aux Etats Unis en association avec l'américain Super Value
1986 prise de contrôle majoritaire dans Boulanger
1987 dissolution de la supercentrale ARCI crée en 1984.
1989 ouverture d'un premier Auchan en Italie.
1996 prise de contrôle de Docks de France : 67 hypermarchés Mammouth, 223 supermarchés Atac, 641 magasins de proximité Eco Service.
1997 implantations en Pologne, au Luxembourg, au Portugal, et au Mexique.
1997 association avec IFIL, propriètaire de *La Rinascente, premeir groupe de distribution italien.*
1998 intégration des magasins Mamouth sous l'enseigne Auchan.
première ouverture en Hongrie, en Thaïlande, au Mexique et en Argentine.

(source : Ministère de l'Economie, des Finances et de l'Industrie)

AUCHAN

Chiffres clés :

CA année 1997:	139 milliards de francs
Effectif :	101 695 collaborateurs
Surfaces de vente :	2 360 000 mètres carrés
Réseau :	203 hypermarchés
	474 supermarchés
	591 magasins de proximité

Prestations financières du groupe Auchan - Banque Accord :
(gère un million de cartes Accord - encours de crédit de 2 milliards de francs.)

Répartition :

France :	
	120 hypermarchés (Auchan et Mamouth),
	228 supermarchés (Atac),
	591 magasins de proximité (Eco Service).
Espagne :	35 hypermarchés (Alcampo)
	90 supermarchés (Sabeco, Linea 2000, Expresso)
Italie (associé à La Rinascente) **:**	29 hypermarchés (Auchan et Citta Mercato)
	148 supermarchés (SMA)
	146 magasins populaires (UPIM)
	14 grands magasins (La Rinascente)
	37 magasins de bricolage (Brico Center BRICO et Leroy Merlin)
Portugal :	11 hypermarchés (Jumbo et Pao de Açucar)
Luxembourg :	1 hypermarché (Auchan)
Pologne :	2 hypermarchés (Auchan)
	8 supermarchés (Robert)
Hongrie :	1 hypermarché (Auchan)
USA :	1 hypermarché (Auchan)
Mexique :	1 hypermarché (Auchan)
Argentine :	1 hypermarché (Auchan)
Thaïlande :	1 hypermarché (Auchan)

(source : Ministère de l'Economie, des Finances et de l'Industrie)

CARREFOUR

Raison sociale : CARREFOUR

Création : 1963

Forme Juridique : SA

Capital : 3 847 535 400 de francs

Siège Social : 6, Avenue Raymond Poincaré - 75116 - Paris

Enseignes : Carrefour, Pryca, Ed L'Epicier, Europa Discount, Picard Surgelés, Ed Le Marché Discount.

Dates clés :

1959 création à Annecy du premier supermarché Carrefour par les familles Fournier et Defforey.
1963 création du premier hypermarché français à Sainte Geneviève des Bois dans l'Essonne.
1967 création de la centrale d'achats : Société d'Achats Modernes (SAMOD).
1969 première implantation en Belgique, Suisse, Italie et Grande Bretagne.
1970 Introduction du titre Carrefour en Bourse
1973 Ouverture du premier hypermarché Pryca en Espagne
1975 Ouverture du premier hypermarché Carrefour au Brésil
1982 Ouverture du premier hypermarché Carrefour en Argentine
1989 premiers pas de Carrefour aux Etats Unis et à Taïwan
création d'un réseau d'alliance avec des distributeurs spécialisés :
Comptoirs Modernes, Costco, Office Dépôt, But, Média Concorde, Carpetland.
1991 rachat de Montlaur
rachat d'Euromarché
1992 Cession des activités de bricolage et de restauration d'Euromarché
lancement de la Boule Bio - Engagement de Carrefour sur le marché des produits biologiques
Définition d'une Charte de l'Environnement
1993 Ouverture du premier hypermarché Carrefour en Italie
1993 Ouverture du premier hypermarché Carrefour en Turquie
1994 prise de participation majoritaire dans le capital de Picard Surgelés
1994 Ouverture du premier hypermarché Carrefour au Mexique
Ouverture du premier hypermarché Carrefour en Malaisie
1995 Ouverture du premier hypermarché Çarrefour en Chine
1996 lancement du label FQC (Filière Qualité Carrefour)
prise de participation de 41% dans la GMB qui contrôle le groupe CORA
Ouverture du premier hypermarché Carrefour à Hong Kong
Ouverture du premier hypermarché Carrefour en Corée
Ouverture du premier hypermarché Carrefour en Thaïlande
1997 Accords avec Guyenne et Gascogne, Coop Atlantique et Chareton
(leurs 16 hypermarchés prennent l'enseigne Carrefour)
Mise en place d'un Plan Environnement dans l'ensemble des magasins de l'enseigne
Ouverture du premier hypermarché Carrefour en Pologne
Ouverture du premier hypermarché Carrefour à Singapour
1998 OPA / OPE sur les Comptoirs Modernes
(Marché Plus, Comod, Stoc pour la France et Maxim, Maxor et Supeco pour l'Espagne),
Ouverture du premier hypermarché Carrefour en République Tchèque
Ouverture du premier hypermarché Carrefour en Colombie
Ouverture du premier hypermarché Carrefour au Chili
Ouverture du premier hypermarché Carrefour en Indonèsie
1999 Rapprochement de Promodès et de Carrefour pour former le numéro un de la distribution
européenne et le numéro deux au plan mondial derrière Wal-Mart

(source : Ministère de l'Economie, des Finances et de l'Industrie)

CARREFOUR

Chiffres clés :

CA année 1998 :	179 milliards de francs
Effectif :	113 300 collaborateurs

M.D.D:

Top Bike : cyclisme
Tex : produits textiles
Escapades Gourmandes et produits Carrefour Bio pour l'alimentaire

Couverture Géographique :

France :	117 hypermarchés 138 Ed L'Epicier 229 Europa Discount 321 Picard Surgelés
Espagne :	60 hypermarchés (Pryca)
Italie :	6 hypermarchés (Carrefour Italia Commerciale et Societa Sviluppo Commerciale)
Portugal :	5 hypermarchés
Turquie :	2 hypermarchés (Carrefour Ticaret Merkezi)
Pologne :	5 hypermarchés (Oscar SP Z00)
République Tchèque :	1 hypermarché
Brésil :	61 hypermarchés (BREPA et ses filiales)
Argentine :	24 hypermarchés (Carrefour Argentina)
Mexique :	21 hypermarchés (Carrefour de Mexico)
Colombie :	1 hypermarché (Grandes Superficies de Colombia)
Chili :	1 hypermarché
Taïwan :	25 hypermarchés (Presicarre)
Chine :	21 hypermarchés (Carhua, Beijnig Jiachuang Commercial, Shenzhen Lerong)
Hong Kong :	6 hypermarchés
Corée :	9 hypermarchés (Korea)
Thaïlande :	8 hypermarchés (Cencar)
Malaisie :	7 hypermarchés
Singapour :	1 hypermarché
Indonésie :	1 hypermarché (PT Cartisa Properti)

(source : Ministère de l'Economie, des Finances et de l'Industrie)

CASINO

Raison sociale : CASINO GUICHARD-PERRACHON

Création : 1898

Forme Juridique : SA

Capital : 792 337 940 de francs

Siège Social : 24, rue de la Montat - BP 306 - 42008 SAINT ETIENNE Cedex 2

Enseignes : Geant, Casino, Petit Casino, Franprix, Leader Price, Auto Service, Casino Cafétéria, Disco, Smart & Final.
Dates clés :

1898 création de la société Casino par Geoffroy Guichard
1980 lancement de la chaine de restauration rapide QUICK
1984 OPA sur Thrifty Mart (sociéte de "cash and carry") implantée aux Etats Unis, prenant le nom, peu de temps après de " Smart and Final ".
1989 accords de partenariat avec les groupes Ahold (Pays Bas) et Argyll (Grande Bretagne).
1990 acquisition de La Ruche Méridionale
1992 apport à Casino des activités de distribution et de restauration de la société Rallye.
1994 ouverture d'un premier hypermarché Casino en Pologne
1995 accords avec Médis, Codim 2, Francap et Coop de Normandie-Picardie
1996 développement de la politique de franchise : création de Spar France
1996 accord de partenariat avec Dairy Farm pour le développement d'un réseau d'hypermarchés en Asie.
1996 prise d'une participation de 21,6% dans le capital de Monoprix, lors de son rapprochement avec Prisunic
1997 acquisition des réseaux Franprix et Leader Price
accord de colaboration avec Disco pour l'exploitation d'un hypermarché Géant en Uruguay
acquisition de la société Libertad en Argentine
reprise des activités de "cash and carry" d'United Grocers aux Etats Unis
prise de participation de 50% dans le groupe Disco en Uruguay

Chiffres clés :

CA année 1997:	76 milliards de francs
Effectif :	58 626 collaborateurs
Surfaces de vente (France) :	1 996 000 mètres carrés

France :	109 hypermarchés (Géant)
	480 supermarchés (Casino)
	2 233 magasins de proximité (Petit Casino)
	975 franchisés (dont 470 Spar)
	383 magasins Franprix
	265 magasins Leader Price
Pologne :	3 hypermarchés (Géant)
USA :	206 magasins
Mexique :	5 magasins

(source : Ministère de l'Economie, des Finances et de l'Industrie)

CORA

Raison sociale : CORA

Création : 1965

Forme Juridique : SA

Capital : 37 021 700 de francs

Siège Social : 40, rue La Boétie - 75008 - Paris

Enseignes : Cora, Match, Truffaut

Dates clés :

1965 Création par regroupement de cinq sociétés succursalistes fondées entre 1904 et 1920 :
Docks du Nord (Lille), B.Mielle (Chalons sur Marne), Sanal (Nancy), Mielle Cailloux (Metz)
et Sadal (Strasbourg).

1968 le groupe Docks du Nord-Mielle conclut un accord de franchise avec Carrefour
les magasins seront exploités sous l'enseigne Cora

1969 ouverture d'un premier hypermarché Cora

1975 Cora quitte la franchise Carrefour et exploite ses 10 hypermarchés sous sa propre enseigne

1984 Cora acquiert 15 hypermarchés Radar

1989 Cora acquiert la SES (Société Européenne de Supermarchés) constituée de 7 hypermarchés
à l'enseigne Record et 74 supermarchés à l'enseigne Migros

1990 acquisition des jardineries Truffaut cédées par les groupes Lafarge-Coppée et Rhône Poulenc

1991 Accord avec la Coopérative Migros (Suisse) qui acquiert de la Société Européenne de
Supermarchés l'enseigne Migros pour la France et qui affilie aux centrales d'achats de Cora
les hypermarchés de Migros France SA.

1994 création d'un bureau commun entre Cora et Migros à Hong Kong

1996 prise d'une minorité de blocage par Carrefour dans la GMB controlant Cora

(source : Ministère de l'Economie, des Finances et de l'Industrie)

I.T.M. ENTREPRISES

Raison sociale : I.T.M ENTREPRISES

Création : 1969

Forme Juridique : SA

Siège Social : Parc de Tréville - 1, allée des Mousquetaires - 91078 - Bondoufle

Enseignes :

Intermarché, Ecomarché, CDM, Relais des Mousquetaires, Bricomarché, Logimarché, Vêtimarché, Stationmarché, Restaumarché, Bistrot du marché, Procomarché

Dates clés :

1969 création d'Ex par 75 dissidents de Leclerc emmenés par Jean Pierre Le Roch
Très vite le groupement est rebaptisé Intermarché
1979 lancement de Bricomarché, confirmant le crédo du groupement : "*un homme, un métier*"
1980 ouverture du premier RESTAUMARCHE
1982 Création des centres-autos STATIONMARCHE
1985 Lancement du premier "*Argus de la distribution*"
1986 ouverture du premier VETIMARCHE
Création d'ECOMARCHE
1988 création du premier PROCOMARCHE
ouverture du premier INTERMARCHE en Espagne
1989 ouverture du premier RELAIS des MOUSQUETAIRES
1990 ouverture du premier BISTROT du MARCHE
1991 création de l'enseigne maxidiscount CDM
ouverture du premier INTERMARCHE en Belgique
ouverture du premier INTERMARCHE au Portugal
1993 ouverture du premier INTERMARCHE en Italie
1995 ouverture du premier ECOMARCHE au Portugal
1996 ouverture du premier ECOMARCHE en Belgique
ouverture du 500 éme Relais des Mousquetaires
1997 ouverture du premier BRICOMARCHE en Belgique
ouverture du premier INTERMARCHE en Pologne
prise de contrôle de l'Allemand SPAR HANDELS AG
1998 Cession de l'Allemand SPAR HANDELS AG à l'Américain WAL-MART

(source : Ministère de l'Economie, des Finances et de l'Industrie)

I.T.M. ENTREPRISES

Chiffres clés :

CA année 1997:	141	milliards de francs
Effectif :	79 000	collaborateurs
Surfaces de vente :	3 075 000	mètres carrés
Réseau :	3 051	points de vente

Prestations financières du groupe Intermarché :

Banque CHABRIERES contrôlée majoritairement par le groupement

Répartition :

France :

1 663 Intermarché (point de vente alimentaire de proximité)
308 Ecomarché (point de vente alimentaire en zone rurale)
185 C.D.M. (distribution alimentaire discount)
26 Procomarché (libre service de gros pour les professionnels)
49 Restaumarché (restauration traditionnelle)
393 Bricomarché (enseigne de bricolage et de jardinage)
115 Vêtimarché (enseigne de l'habillement)
121 Stationmarché (centre automobile et de réparation rapide)
635 Relais des Mousquetaires (points de vente alimentaires implantés dans des villages n'ayant plus d'épicerie)

Espagne : 38 Intermarché

Italie : 7 Intermarché

Portugal : 71 Intermarché
29 Ecomarché

(source : Ministère de l'Economie, des Finances et de l'Industrie et "Dossier Gris" des Mousquetaires)

E. LECLERC

Raison sociale : Association des Centres E. LECLERC

Création : 1949

Siège Social : 149, rue Saint Honoré - 75001 - Paris

Enseignes : E. LECLERC

Dates clés :

1949 ouverture du premier magasin Leclerc à Landerneau
1969 scission au sein du groupe : 75 adhérents quittent le mouvement Leclerc pour créer EX-ENTREPRISE qui deviendra, plus tard, Intermarché
1970 mise en place de l'A.C.D.LEC (Association des Centres E.Leclerc et du GALEC (Groupement d'achats des Centres E. Leclerc)
1978 rachat des abattoirs GILLES en Bretagne qui deviennent les abattoirs KERMENE
1979 création de la société d'importation SIPLEC dédiée à l'importation de carburants Son champ d'intervention sera par la suite élargi aux produits manufacturés et alimentaires
1985 SIPLEC se lance dans l'importation industrielle de produits pétroliers
1987 création, en partenariat avec le groupe Bolloré, d'une centrale d'achats de produits touristiques
1988 La Cour d'Appel de Paris donne raison au mouvement Leclerc dans le conflit qui l'oppose au Conseil de l'Ordre des Pharmaciens pour la distribution des produits de Parapharmacie
1989 prise de participation minoritaire dans le capital de la Banque GUIRAUD
1991 Les Centres Leclerc contrôlent les deux tiers du capital de la banque GUIRAUD Le dernier tiers est détenu par le Crédit Coopératif
1992 première ouverture en Espagne Les Centres E.Leclerc deviennent, dans la grande distribution, les premiers vendeurs de bijoux en or en France et réalisent des ventes totalisant un milliard de francs sur ce secteur. L'activité de voyage développée au sein du groupement sous le nom "E. Leclerc Voyages" continue à se renforcer avec 35 implantations.
1995 première ouverture en Pologne
1995 première ouverture au Portugal
1999 Création de Lucie, centrale d'achats commune à Leclerc et Système U

Chiffres clés :

Réseau :

356 hypermarchés
147 supermarchés
35 magasins de vêtements
2 magasins de meubles

(source : Ministère de l'Economie, des Finances et de l'Industrie)

SYSTEME U

Raison sociale : SYSTEME U CENTRALE NATIONALE

Création : 1922

Forme Juridique : Société Anonyme Coopérative

Siège Social : 9-11, rue Georges Enesco - 94008 CRETEIL Cedex

Enseignes : Marché U, Super U, Hyper U

Dates clés :

1922 création du comptoir Coopératif d'Achats regroupant 60 coopératives régionales d'épiciers indépendants
1973 développement des enseignes Unico et Super U
1983 lancement du concept global fédérateur " SYSTEME U" et développement de quatre enseignes, de la supérette à l'hyper : Utile, Unico, Super U et Avenue
1989 lancement de l'enseigne Hyper U
1994 lancement du concept : "Les Nouveaux Commerçants"
1999 Création de Lucie, centrale d'achats commune à Leclerc et Système U.

Chiffres clés :

CA année 1998 :	50 milliards de francs
Effectif :	24 000 collaborateurs
Surfaces de vente :	1 043 129 mètres carrés
Réseau :	34 hypermarchés Hyper U
	542 supermarchés Super U
	197 magasins Marché U
	69 autres

(source : Ministère de l'Economie, des Finances et de l'Industrie)

PROMODES

Raison sociale : PROMODES

Création : 1961

Forme Juridique : SA

Capital : 382 865 400 francs

Siège Social : Route de Paris - 14120 - MONDEVILLE

Enseignes :
Continent, Continente, Champion, Shopi, 8 à huit, Promocash, Puntocash, Prodirest, Prodim, Logidis, Prodis-Boissons.

Dates clés :

1961 ouverture du premier supermarché à Mantes la Ville
1964 création du premier cash and carry au Havre
1969 apparition de l'enseigne Champion à Bayeux
1970 ouverture du premier hyperrmarché à Mondeville
1972 adoption de l'enseigne Continent pour les hypermarchés du groupe
arrivée de l'enseigne Shopi
1976 ouverture du premier Continent Hypermarkt en Allemagne
ouverture du premier Continente en Espagne
1977 lancement de l'enseigne 8 à Huit
1979 ouverture des premiers magasins en maxidiscount DIA en Espagne
1979 introduction de Promodès à la Bourse de Paris
1980 achat de la société américaine Red Food Stores
1985 ouverture du premier hypermarché au Portugal
1987 ouverture du premier Continente en Italie
1987 reprise de 19 grandes surfaces du groupe Coop des Flandres et d'Artois
1988 reprise de 128 supermarchés du groupe Primistères
accord avec les Coop de Champagne
1990 reprise de la société Codec
achat des 980 magasins de distribution ibériques Dirsa
accord signé avec le groupe Arlaud dont les magasins prennent l'enseigne Continent
achat de 47 hypermarchés Plaza en Allemagne
1991 ouverture du premier Continent en Grèce
1993 Promodès entre dans le CAC 40
prise de contrôle de Discol
ouverture du premier Dia au Portugal
prise de participation de 33 % dans le groupe italien Garosci
rapprochement en Grèce avec le groupe Marinopoulos
1994 introduction de Continente à la Bourse de Madrid
accord commercial au Maroc avec le groupe ONA
1995 ouverture du premier Continent à Taïwan
ouverture du premier Continent en Turquie
1996 prise de contrôle de l'italien Garosci
accords en Espagne avec le groupe Luis Pina pour développer la franchise Continente
désengagement de Promodès en Allemagne
cession de Dia France et de Dia Italie
ouverture du premier Champion au Portugal
reprise de 105 magasins parisiens Felix Potin
lancement de la gamme Reflets de France
1997 ouverture du premier Dia en Argentine
tentative repoussée d'OPA sur Casino et Rallye
adhésion de Casino à la CIM, centrale d'achats de Promodès pour le non alimentaire
Dia filiale de Promodès rachète à Alcampo, filiale d'Auchan, les 125 magasins en maxidiscount portant l'enseigne Minipreço
démarrage du commerce electronique sur quelques produits-tests
accords avec Benetton et Del Vecchio en vue de la fusion future des activités italiennes de Promodès avec celles de GS SPA, filiale de Benetton et Del Vecchio
reprise de Catteau exploitant 7 hypermarchés Hypercedico, 73 supermarchés et 24 magasins de proximité Cédimarché
prise de participation de 27,5% dans le capital de GB, le pôle de distribution alimentaire du groupe GIB, leader de la distribution belge
1998 Promodès prend, en Argentine, une participation de 49 % dans le capital de Supermercados Norte, contrôlée par le groupe Exxel
ouverture du premier Continent en Indonésie
accords de partenariat entre 8 à Huit et BP pour l'implantation de rayons alimentaires présentant 2000 produits dans une centaine de stations-service
adhésion de Promodès à SA 8000, norme de certication sociale
Promodès est la première société française à adhèrer au CEPAA
(Council on Economic Priorities Accreditation)
1999 Rapprochement de Promodès et de Carrefour pour former le numéro un de la distribution européenne et le numéro deux au plan mondial derrière Wal-Mart

(source : Ministère de l'Economie, des Finances et de l'Industrie)

PROMODES

Chiffres clés :

CA année 1997:	110 milliards de francs
Effectif :	57 391 collaborateurs
Réseau :	175 hypermarchés
	728 supermarchés
	2 061 maxidiscount
	1 747 magasins de proximité
France :	
	86 hypermarchés Continent
	535 supermarchés Champion
	1 491 magasins de proximité
	128 Cash and Carry
	40 établissements Prodirest
Espagne :	52 hypermarchés Continente
	1 830 magasins en maxidiscount Dia
	33 Cash and Carry Puntocash
Italie :	13 hypermarchés Continente
	17 supermarchés Mega Fresco
	233 magasins de proximité Di per Di
	9 Cash and Carry Docks Market et Grossiper
Portugal :	10 hypermarchés Continente
	46 supermarchés Modelo et Champion
	156 magasins en maxidiscount Dia
Grèce	6 hypermarchés Continente
	73 supermarchés
	66 magasins en maxidiscount Dia
	23 supérettes
Belgique :	2 hypermarchés Bigg's Continent
	56 supermarchés Super M et Champion

(source : Ministère de l'Economie, des Finances et de l'Industrie)

Abréviations

ADAGI : Association de défense des adhérents du groupe Intermarché
ADCAM : Association de défense des commerçants et artisans de Miramas
CDEC : Commission départementale d'équipement commercial
CDUC : Commission départementale d'urbanisme commercial
CGPME : Confédération générale des petites et moyennes entreprises
CNEC : Commission nationale d'équipement commercial
CNJA : Centre national des jeunes agriculteurs
CNN : Cable News Network
CNUC : Commission nationale d'urbanisme commercial
COP : Céréales oléo-protéagineux
CP : Confédération paysanne
CREDES : Centre de recherche, d'étude et de documentation en économie de la santé
DDE : Direction départementale de l'équipement
DGCCRF : Direction générale de la consommation, de la concurrence et de la répression des fraudes
ECR : Efficient Consumer Response
EDI : Échange de données informatiques
ETF : En toute franchise
FCD : Fédération du commerce et de la distribution
FNSEA : Fédération nationale des syndicats d'exploitants agricoles

ABRÉVIATIONS

GMS :	Grandes ou moyennes surfaces
GPS :	Grand projet social
ILEC :	Institut de liaison et d'études des industries de la consommation
INSEE :	Institut national de la statistique et des études économiques
ITME :	Intermarché entreprises
MDD :	Marque de distributeur
MNEF :	Mutuelle nationale des étudiants de France
OCDE :	Organisation de coopération et de développement économique
OGM :	Organisme génétiquement modifié
OIT :	Organisation internationale du travail
PAC :	Politique agricole commune
PACA :	Provence-Alpes-Côte d'Azur
RAABM :	Recueil des actes administratifs et bulletin des mairies
SBAM :	Sourire, Bonjour, Au revoir, Merci
SCM :	Société civile des Mousquetaires
SRPJ :	Service régional de police judiciaire
SYCOPA :	Syndicat du commerce parisien
TAN :	Tronc d'assortiment national
TMS :	Troubles musculo-squelettiques
UDAF :	Union départementale des associations familiales
UFIP :	Union française des industries pétrolières

Notes

I. LES « CONTRATS » DE LA GRANDE DISTRIBUTION

1. Le référencement

1. Rédigé à la hâte à la suite des difficultés économiques et financières des années 1806 et 1807, il ne présente pas les qualités qui ont fait la réputation de notre Code civil.
2. « Un enjeu de société : vers une concurrence libre et loyale », rapport à l'Assemblée nationale n° 836.
3. Émission *Capital* diffusée sur M6 le 8 août 1999.

2. La négociation commerciale

1. Auteur avec Véronique Guienne, en 1998, du dérangeant essai *Au carrefour de l'exploitation*, Desclée de Brouwer, 1998.
2. Jacques Chapus, de Boston Consulting Group, *L'Essentiel du management*, édition de mai 1995.

3. Le modèle Carrefour

1. « Être fournisseur de Carrefour est un privilège qui se monnaie cher », *L'Essentiel du management*, édition de septembre 1996.
2. « Négociation : la méthode secrète du roi Carrefour », *L'Essentiel du management*, édition de septembre 1996.
3. Les hypermarchés Carrefour mais aussi les magasins à l'enseigne Europa Discount, Ed l'épicier et Picard Surgelés...

5. L'informatique : une arme de progrès

1. *1984*, George Orwell.

6. Les meilleurs emplacements

1. Fabriqués au Japon, ces petits « animaux » virtuels requièrent les plus grands soins. On les collectionne. On se les échange. La moindre inattention peut leur être fatale. Leur disparition fait pleurer. Ces animaux électroniques rendent sensibles leurs maîtres, beaucoup plus que ces chats et ces chiens abandonnés par milliers sur les routes de nos vacances.

7. La promotion des ventes

1. *La Tribune*, 4 avril 1997.

8. Les relations financières

1. « Des Mousquetaires sous influence », *L'Humanité-Dimanche*, décembre 1996.
2. « Exemples de pratiques anormales dans les négociations interentreprises », Jean-Paul Charié, rapport à l'Assemblée nationale, n° 836, tome 1.

II. LES PARTENAIRES DE JEU

11. L'industrie délocalise

1. Plon, 1994.
2. Déclaration de cessation des paiements, cette « formalité » est plus connue des initiés sous le nom poétique de « dépôt de bilan »...

12. La défaite des pétroliers

1. *La Tribune Desfossés*, 12 avril 1995.
2. L'UFIP est une union de syndicats qui regroupe : la Chambre syndicale de l'exploration-production d'hydrocarbures (CSEP), la Chambre syndicale du raffinage du pétrole (CSR), la Chambre syn-

dicale des transports pétroliers (CSTP), la Chambre syndicale de la distribution des produits pétroliers (CSDPP), le Groupement professionnel des bitumes (GPB). On compte parmi ses membres les plus représentatifs : Agip, BP, Elf-Antar, Esso, Fina, Mobil-Oil, Shell, Total, Butagaz, Elf-Antargaz, Primagaz, Total-Gaz...

3. « Les effets pervers des produits d'appel permanents », revue *Arguments*, n° 20, mars 1997.

4. Michel-Édouard Leclerc, *La Fronde des caddies, op. cit.*

5. « Les effets pervers des produits d'appel permanents », art. cit.

6. *Ibid.*

7. *Arguments*, mars 1997.

8. Dont 70 000 dans la seule distribution.

13. L'agriculture dénaturée

1. Plus connue sous l'appellation de « maladie de la vache folle ».

2. *Le Canard enchaîné*, 19 mai 1999.

3. Nord-Pas-de-Calais, Picardie, Champagne-Ardenne, Lorraine, Bourgogne, Haute-Normandie, Île-de-France, Centre.

4. « Choux-fleurs bradés et producteurs paumés. À qui la faute ? » Communiqué de la Confédération paysanne du 14 avril 1998.

5. *Marianne*, 30 août 1999.

6. « Un double étiquetage mi-figue mi-raisin », 14 août 1999.

7. *Marianne*, 30 août 1999.

8. *La Fronde des caddies, op. cit.*

9. « Technologies génétiques : pour un moratoire sur la mise en culture et la commercialisation, pour l'application du principe de précaution », dossier d'analyses et de propositions de la Confédération paysanne, 18 mars 1997.

10. *La Tribune*, 18 juin 1998.

11. Ces listes sont diffusées gratuitement par Greenpeace (21, rue Godot-de-Mauroy, 75009 Paris) ; accessibles par serveur vocal au 01 53 43 85 70 ou sur Internet à l'adresse de l'association : www.greenpeace.fr

12. Loi n° 96-588 dite « loi Galland », du nom de son promoteur.

13. « Pour une politique agricole européenne ambitieuse », dossier « Les réponses de la Confédération paysanne au Paquet Santer », janvier 1998.

14. « Crise de la dioxine. Il faut réorienter les politiques agricoles vers une autre agriculture », communiqué du 11 juin 1999.

15. La symbiose qui unit les élus de gauche et les grands distributeurs empêche parfois de discerner qui est le souteneur de qui...

14. La culture en « pack de six »

1. *Marianne*, 22 septembre 1998.
2. Liber, Raisons d'Agir.
3. *La Fronde des caddies, op. cit.*
4. Quatre-vingt francs en Allemagne, 120 francs en Espagne et 140 francs en Italie. À ce tarif, en suivant la logique de nos grands distributeurs, l'Italie devrait être sous-développée culturellement par rapport à la France !

III. DU COMMERCE À L'IDÉOLOGIE

15. Les Mousquetaires de la distribution

1. *Le Point*, 10 février 1996.

16. L'avenir du franchisé

1. Sur 241 ouvertures planifiées, 22 le sont par création et 219 par reprises...
2. À titre d'exemple, dès 1987, le clairvoyant groupement estimait pouvoir « reprendre », huit ans plus tard, pour la seule année 1995 : 219 Intermarchés, 136 Écomarchés, 100 Bricomarchés 101 Vêtimarchés, 65 Logimarchés et 91 Stationmarchés...
3. « Des Mousquetaires sous influence », Serge Garde, *L'Humanité-Dimanche*, 5 décembre 1996.

17. Duel avec la presse

1. « Le monde impitoyable d'Intermarché », Serge Garde, *L'Humanité*, 5 décembre 1996.
2. *Capital*, avril 1997.
3. « Intermarché se trompe-t-il d'époque ? », *Le Revenu français*, 16 mai 1997.
4. L'article L 230-1 de la loi n° 94-475 du 10 juin 1994 prévoit que : « Lorsque le commissaire aux comptes d'une société anonyme relève, à l'occasion de l'exercice de sa mission, des faits de nature à compromettre la continuité de l'exploitation, il doit en informer le président du conseil d'administration ou du directoire, dans les conditions fixées par décret en Conseil d'État. À défaut de réponse

sous quinze jours ou si celle-ci ne permet pas d'être assuré de la continuité de l'exploitation, le commissaire aux comptes invite, par écrit, le président du conseil d'administration ou le directoire à faire délibérer le conseil d'administration ou le conseil de surveillance sur les faits relevés. La délibération du conseil d'administration ou du conseil de surveillance est communiquée au comité d'entreprise. Le commissaire aux comptes en informe le président du tribunal de commerce. »

5. Jugement (RP 9711 — RG 97/6076 — ASS/28.02.97) prononcé en audience publique, contradictoire, le 1er juillet 1998 par le tribunal de grande instance de Paris, 1re chambre, 1re section (audience tenue publiquement le 13 mai 1998).

6. *L'Humanité*, 3 juillet 1998.

7. « Le Monde impitoyable d'Intermarché », art. cit.

8. *Le Figaro Économie*, 24 février 1997.

9. Il résulte en effet de l'article D.293 du décret n° 67-236 du 23 mars 1967 que « toute société par actions est tenue de déposer en double exemplaire, au greffe du tribunal, pour être annexés au registre du commerce et des sociétés, dans le mois qui suit l'approbation des comptes annuels par l'assemblée générale des actionnaires [...] : les bilans, compte de résultat et annexe constituant les comptes annuels, le rapport de gestion, le rapport du commissaire aux comptes ainsi que la proposition d'affectation des résultats ».

10. Toute infraction aux dispositions de l'article D.293 du décret est « punie de l'amende prévue pour les contraventions de la cinquième classe » : 50 000 francs au plus pour les personnes morales. L'amende peut être doublée en cas de récidive.

11. ITM pour *In*Ter*M*arché et *E* pour Entreprises.

12. Et, fait extrêmement rare, l'obtient par une décision rendue en octobre 1996 par le tribunal de commerce de Marennes...

13. « Les déçus d'Intermarché témoignent », *Capital*, mai 1998.

IV. LA DESTRUCTION DES EMPLOIS

18. Une étrange conception du progrès social

1. Revendiqués au 31 décembre 1997 dans le « dossier gris » des Mousquetaires.

2. Véronique Guienne est maître de conférences à l'université Paris-X-Nanterre.

3. *Au carrefour de l'exploitation, op. cit.*

4. « Des petits boulots... aux vrais emplois », in *La Fronde des caddies, op. cit.*

5. Pourvu que la clientèle ne se présente pas toute au même moment de la journée !

6. Les chiffres cités donnent le vertige : 40 % à la Fnac, 40 % chez Ikea, 42 % au Printemps, 50 % chez Casino, 63 % chez Marks & Spencer et même 90 % dans les magasins dits *populaires* (Prisunic, Monoprix, Franprix).

7. *La Tribune*, 6 mars 1998.

8. La plage de « disponibilité » se situe donc généralement entre 8 h 30 et 22 heures.

9. La « région parisienne » est ici définie au sens de l'Île-de-France.

10. *Le Figaro*, 22 décembre 1998.

11. *La Fronde des caddies, op. cit.*

12. « Des hypers qui marchandent aussi des salariés à tout faire », Jean-François Julliard, *Le Canard enchaîné*, 21 juillet 1999.

13. *Ibid.*

14. *La Femme mondialisée*, Christa Wichterich, Éditions Actes Sud, 1999.

19. En route vers les temps modernes

1. « Carrefour veut se donner une image sociale », *Le Figaro*, 9 juillet 1998.

2. 35 % des salariés du distributeur lui sont liés par un contrat à temps partiel.

3. *Au carrefour de l'exploitation, op. cit.*

V. CORRUPTION ET TRAVAUX PRATIQUES

20. Les conséquences insoupçonnées de la loi Royer

1. *La Fronde des caddies, op. cit.*

21. Les grains de sable de Vitrolles

1. *Le Pavé*, 18 mars 1999.

2. 12 662 m² + 4 878 m² ont été identifiés avec précision comme étant illégaux par En toute franchise.

3. *La Provence*, 12 mars 1999.
4. Mémoire de la société Carrefour déposé au greffe du tribunal administratif de Marseille en date du 26 septembre 1996.
5. Note de présentation en date du 24 septembre 1984, établie par M. Maurice Matteoni — architecte DPLG.
6. Permis de construire n° 13117.84 F 1185.
7. Loi n° 78-753 du 17 juillet 1978, relative à la communication des documents administratifs.
8. *Libération*, 3 décembre 1998.
9. À l'époque des faits, la ville était aux mains du parti socialiste qui, grâce à sa « gestion rigoureuse », a ouvert toutes grandes les portes de la mairie à la droite extrême...
10. Originaux ou modificatifs, chronologiquement :
— demande de permis de construire n° 13.117.1.52-03850 du 23 mars 1981 ;
— demande de permis modificatif n° 13.117.85 F 0067 B du 20 mai 1988 ;
— demande de permis de construire n° 13.117.89 F 0259 du 13 juin 1989 ;
— demande de permis modificatif n° 13.117.85 F 0067 C du 15 mai 1991 ;
— demande de permis de construire n° 13.117.94 F 1071 du 6 juillet 1994.
11. Ces faits sont consignés dans le constat établi le 26 octobre 1995 par Me Moutout, huissier de justice, auquel est annexé le rapport d'expertise de M. Morin, expert-géomètre.
12. La société AERIAL sise à Aix-en-Provence.
13. 17,86 % très précisément.
14. « Vitrolles : des petits commerçants accusent la grande distribution », *Les Échos*, 15 mars 1999.

22. Des pratiques généralisées

1. Le 20 août 1999.
2. Jugement Société COPAL C/Société Espérance, n° 99/00579, rôle n° 98/05160.
3. *Capital*, novembre 1998.
4. Décision confirmée par le Conseil d'État le 20 octobre 1995.
5. Pour cause de récidive, le « tarif journalier » de 2 000 francs a été porté à 2 500 francs.
6. Infligées pour « ouverture illégale » suite aux condamnations par les tribunaux.

7. Caisse obligatoire de retraite des commerçants et artisans.
8. « Noël toute l'année », *Le Canard enchaîné*, 14 avril 1999.
9. *La Fronde des caddies, op. cit.*
10. Source : extrait « K bis » de la société immatriculée sous le numéro B 057 803 090 au RCS de Marseille.
11. Immatriculée sous le numéro B 324 600 956 au RCS de Marseille.
12. Sous le numéro ME/PC/84/131-11.
13. *Libération*, 3 décembre 1998.
14. Sous la référence : « Arrêté municipal n° 98211 ».
15. Sous la référence : « Arrêté municipal n° 98325 ».
16. Pendant une durée de deux mois, en application de l'article 3 du décret n° 75-910 du 6 octobre 1975.
17. Le 4 septembre 1996 sous la référence : « B5 113663 07 96 ».
18. Propos rapportés par Sylvain Courage dans *La Vérité sur Carrefour, op. cit.*

VI. DEUX NOUVELLES LOIS POUR RIEN

23. Des élus atypiques

1. *La Fronde des caddies, op. cit.*
2. *Combat Nature*, mai 1999.
3. Rapport d'information enregistré à la présidence de l'Assemblée nationale le 9 décembre 1993 sous le n° 836.
4. Rapport d'information enregistré à la présidence de l'Assemblée nationale le 27 juillet 1995 sous le n° 2187.
5. En décembre 1995, la FCD revendique l'adhésion des principales enseignes suivantes : Aldi, Atac, Auchan, Bravo, Carrefour, Casino, Cedico, Champion, Coccinelle, Codec, Comod, Continent, Coop, Cora, Corsaire, Dia %, Ed L'épicier, Europa Discount, Franprix, Géant, G20, Hyper U, Leader Price, Mammouth, Match, Maximarché, Monoprix, Prisunic, PG, Provencia, Rapid'Marché, Score, Shopi, Squale, Stoc, Suma, Super U, Tigre, Timy, Topco, UGA.

Leclerc et Intermarché ne sont pas affiliés à la FCD.

6. Communiqué de presse de la FCD en date du 19 mars 1996. Enquête IFOP, mars 1995, sur 1 006 individus âgés de 15 ans et plus.
7. Enquête Sofres-Distribution effectuée en juillet 1995 sur 10 000 foyers.

24. Les initiatives du législateur

1. Propos de Jacques Chirac rapportés par Michel-Édouard Leclerc dans *La Fronde des caddies, op. cit.*
2. Justice, Économie et Finances, Industrie, Poste et Télécommunications, Agriculture, Pêche et Alimentation, Petites et Moyennes Entreprises, Commerce et Artisanat, Commerce extérieur.
3. Yves Galland a été PDG de trois agences de publicité.
4. *Arguments*, mars 1997.
5. Rapport annuel 1997 de l'Union française des industries pétrolières.

25. Quatre parades préventives

1. *La Fronde des caddies, op. cit.*
2. *Ibid.*
3. *Les Échos*, 23 novembre 1998.
4. Pour le groupe Promodès : Continent, Champion, Cedico, Shopi, Huit à huit...
5. Pour Leclerc.
6. Pour Intermarché/Spar AG.
7. *La Fronde des caddies, op. cit.*
8. « La guerre des marques de distributeurs », *La Tribune*, 4 avril 1997.
9. Michel-Édouard Leclerc, cité par la revue *Points de vente*, 20 mars 1996.
10. « Interdire les prix trop bas ? », propos recueillis par Corinne Scemama, *L'Express*, 21 novembre 1996.
11. Article 14 de la loi n° 96-588 du 1er juillet 1996 modifiant l'article 36 de l'ordonnance n° 86-1243 du 1er décembre 1986.

VII. LA DÉMISSION DES RESPONSABLES POLITIQUES

26. Un scénario qui se répète

1. « PS — Le racket des supermarchés », *L'Express*, 19 octobre 1995.
2. *Le Monde*, 3 août 1995.
3. *Le Monde*, 25 septembre 1995.
4. *Le Monde*, 17 décembre 1997.
5. *Le Monde*, 18 décembre 1997.

27. *Au pays du cassoulet*

1. *La Vérité sur Carrefour — L'épicier planétaire aux 2 millions de clients par jour, op. cit.*
2. *Journal intime des affaires en cours*, Denis Robert et Philippe Harel, Éditions Stock, 1998.
3. « Le péage de Blagnac », *L'Express*, 19 octobre 1995.
4. *La Fronde des caddies, op. cit.*
5. *Ibid.*
6. *Le Monde* du 4 mai 1999.
7. *La Dépêche du Midi*, 2 mai 1999.
8. *La Fronde des caddies, op. cit.*
9. *La Tribune Desfossés*, 24 décembre 1997.
10. *La République des Vanités — Petits et Grands secrets du capitalisme français*, Nazanine Ravaî (journaliste au Figaro), Grasset, 1997.
11. *La Tribune Desfossés*, 24 septembre 1998.

28. *Des hommes sous influence*

1. Le mensuel *Capital*, dans son numéro de juin 1998, a consacré près de quarante pages à un dossier spécial traitant du « lobbying français ».
2. *La Fronde des caddies, op. cit.*
3. *Ibid.*
4. *Ibid.*
5. *In ibid.*
6. « Le racket des supermarchés », *L'Express*, 19 octobre 1995.
7. « Les hypers à l'index », Florent Leclerc, *L'Express*, 19 octobre 1995.

29. *Les chiffres interdits*

1. « Chômage : le cas français », Henri Guaino, rapport au Premier ministre, La Documentation française.
2. *Le Monde*, 12 mars 1999.
3. Les bénéficiaires de la CMU devront : avoir un revenu mensuel inférieur à 3 500 francs pour une personne, disposer de 5 250 francs pour deux et de 6 300 francs pour trois. Chaque personne supplémentaire entraîne une augmentation du barème de 1 400 francs.
4. Taux de chômage standardisés source : OCDE.
5. Source OCDE, Perspective de l'emploi.

6. « Chômage : le cas français », tableau n° 34 : « Durée moyenne dans le chômage... »
7. Source Unicef/OMS, annuaire de statistiques sanitaires mondiales.

VIII. UN SYSTÈME EN EXPANSION

30. Les chemins de la croissance ne mènent pas tous à l'homme

1. *La Fronde des caddies, op. cit.*
2. La consommation finale des ménages et celle des administrations publiques, la formation brute de capital fixe, les variations de stocks, les échanges extérieurs de biens et services (importations et exportations)...
3. Cours ajusté des divisions du nominal ou des augmentations de capital intervenues depuis l'introduction (source : *Le Revenu*, juin 1999).
4. « Heureux comme un actionnaire de Promodès », *Le Revenu*, 4 juin 1999.
5. Sensiblement 117 milliards d'euros, alors que Carrefour ne réalise que 26 milliards d'euros, Auchan 23 milliards, Promodès 20 milliards et Casino 14 milliards...
6. « Wal-Mart attaque ! », Nathalie Funès et Caroline Talbot, *Le Nouvel Économiste*, 18 juin 1999.
7. 4,72 milliards de dollars avant augmentation.
8. 20,1 milliards de francs ou 3 milliards d'euros.
9. Réalisant un chiffre d'affaires annuel de 80 milliards de francs soit plus de 12 milliards d'euros.
10. Auxquels s'ajouteront bientôt ceux du dépeçage des services, de la banque, de l'assurance, et tout ce qui gagne encore un peu d'argent.
11. *Les Échos*, 14 novembre 1996.
12. *Le Monde*, 16 novembre 1999.

31. Expansion et diversification

1. La France est le pays européen où l'on dénombre le plus grand nombre d'hypermarchés. Pour 100 000 habitants, il y en a 1,5 dans l'Hexagone contre 1,3 en Allemagne et au Royaume-Uni. En Belgique on en compte 1 pour le même nombre d'habitants, en Espagne 0,3 et seulement 0,2 en Italie.

2. « Petit succès pour le supermarché de la boisson », *Le Parisien*, 20 mai 1999.
3. *La Tribune*, 23 février 1999.
4. *Auto-Plus*, 15 juin 1999.
5. *La Fronde des caddies, op. cit.*
6. 19 juillet 1999.
7. Standardisation de l'image oblige, le franchiseur alloue 1 000 francs par mètre carré pour la rénovation de chaque magasin.
8. Vantant les produits de Leader Price, la marque de distributeur de Franprix.
9. *Op. cit.*
10. « Le "racket" des centrales d'achat », *Le Nouvel Économiste*, 18 juin 1999.
11. *La Tribune*, 31 mai 1999.
12. *Le Monde*, 29 juillet 1999.
13. Airwick, Fabulon, Harpic, O'Cedar, Woolite...
14. Calgon, Saint-Marc...
15. « Monsieur Propre défie les géants de la distribution », *Capital*, décembre 1999.
16. *LSA*, 16 décembre 1999.

32. Les socialistes aiment la grande distribution

1. *Les Échos*, 27 juillet 1998.
2. « L'État doit réguler le commerce plutôt que le réglementer », *Les Échos*, 5 octobre 1998.
3. « Enjeux », *Les Échos*, janvier 1996.
4. *Le Canard enchaîné*, 11 août 1999.

CONCLUSION

1. « Rapport sur l'évolution de la distribution : de la coopération à la domination commerciale », Jean-Yves Le Déaut, rapport à l'Assemblée nationale n° 2072.
2. « Arbitre — Le consommateur est resté étrangement absent des débats des Assises », *LSA*, 20 janvier 2000.

Table

La composition de cet ouvrage
a été réalisée par Nord Compo,
l'impression et le brochage ont été effectués
sur presse Cameron
dans les ateliers de **Bussière Camedan Imprimeries**
à Saint-Amand-Montrond (Cher),
pour le compte des Éditions Albin Michel.

Achevé d'imprimer en février 2000.
N° d'édition : 18852. N° d'impression : 000922/4.
Dépôt légal : mars 2000.